Recht –
schnell erfasst

Hermann Fenger

Insolvenzrecht

Schnell erfasst

Reihenherausgeber
Dr. iur. Detlef Kröger
Dipl.-Jur. Claas Hanken

Autor
Dr. iur. Hermann Fenger
Hedwigstraße 12
48149 Münster

Graphiken
Dirk Hoffmann

ISSN 1431-7559
ISBN 3-540-00941-8 Springer Berlin Heidelberg New York

Bibliografische Information Der Deutschen Bibliothek
Die Deutsche Bibliothek verzeichnet diese Publikation in der Deutschen Nationalbibliografie; detaillierte bibliografische Daten sind im Internet über <http://dnb.ddb.de> abrufbar.

Dieses Werk ist urheberrechtlich geschützt. Die dadurch begründeten Rechte, insbesondere die der Übersetzung, des Nachdrucks, des Vortrags, der Entnahme von Abbildungen und Tabellen, der Funksendung, der Mikroverfilmung oder der Vervielfältigung auf anderen Wegen und der Speicherung in Datenverarbeitungsanlagen, bleiben, auch bei nur auszugsweiser Verwertung, vorbehalten. Eine Vervielfältigung dieses Werkes oder von Teilen dieses Werkes ist auch im Einzelfall nur in den Grenzen der gesetzlichen Bestimmungen des Urheberrechtsgesetzes der Bundesrepublik Deutschland vom 9. September 1965 in der jeweils geltenden Fassung zulässig. Sie ist grundsätzlich vergütungspflichtig. Zuwiderhandlungen unterliegen den Strafbestimmungen des Urheberrechtsgesetzes.

Springer ist ein Unternehmen von Springer Science+Business Media

springer.de

© Springer-Verlag Berlin Heidelberg 2005
Printed in Germany

Die Wiedergabe von Gebrauchsnamen, Handelsnamen, Warenbezeichnungen usw. in diesem Werk berechtigt auch ohne besondere Kennzeichnung nicht zu der Annahme, dass solche Namen im Sinne der Warenzeichen- und Markenschutz-Gesetzgebung als frei zu betrachten wären und daher von jedermann benutzt werden dürften.

Umschlaggestaltung: design & production GmbH, Heidelberg

SPIN 10922637   64/3130/DK-5 4 3 2 1 0 – Gedruckt auf säurefreiem Papier

Vorwort

Eine notwendige Ergänzung zum Zivilprozessrecht ist das Insolvenzrecht. Vielfach zieht eine erfolgreiche Prozessführung mit anschließender erfolgloser Einzelzwangsvollstreckung die Insolvenz des Schuldners und damit die Anwendung des Insolvenzrechts nach sich.

Die zum 01.01.1999 in Kraft getretene Insolvenzordnung führte zu einer Vereinheitlichung des Verfahrens. Sie löste die Konkursordnung ab und ersetzte die in den neuen Bundesländern bis dahin geltende Gesamtvollstreckungsordnung. Gleichzeitig wurde hierdurch das bisherige Nebeneinander der Konkurs- und Vergleichsordnung beseitigt.

Allerdings ist das neue Regelwerk nicht so übersichtlich, wie man dies eigentlich bei einer derart langen Dauer des Gesetzgebungsverfahrens hätte erwarten dürfen.

Dieses Buch gibt Interessierten, insbesondere Studenten der Rechts- und Wirtschaftswissenschaften der Fachhoch- und Berufsschulen sowie den sich in der Ausbildung befindenden Angehörigen des mittleren Dienstes der Justizbehörden, Verwaltungen, Versicherungen und Firmen einen raschen Überblick.

Die teilweise verstreuten Regelungen werden komprimiert dargestellt und erläutert. Das Buch bietet einen schnellen Einstieg in die Materie und ist als Hilfsmittel für eine kurzfristige Wiederholung vor einer Prüfung gedacht.

Das Buch soll Spaß an einem eigentlich nicht so erfreulichen Thema vermitteln.

Mein Dank gilt für die ausgezeichnete Betreuung durch den Verlag Frau Ass. jur. Brigitte Reschke und für die logistische Betreuung Fr. M. Kleinlein in Münster.

Münster, August 2004   Dr. Hermann Fenger

Inhaltsübersicht

Einleitung 1

- Insolvenzrecht – Was ist das? ▪ Arbeiten mit dem formellen und materiellen Recht ▪ Die Schritte zur Falllösung ▪ Auf den Punkt gebracht ▪

Das Verfahren auf Eröffnung der Insolvenz 17

- Voraussetzungen ▪ Die einzelnen Sicherungsmaßnahmen ▪ Die Rechtstellung des vorläufigen Insolvenzverwalters ▪ Rechtsbehelfe ▪ Der Eröffnungsbeschluss ▪ Besondere Arten des Insolvenzverfahrens ▪

Materielles Insolvenzrecht 47

- Der Insolvenzschuldner ▪ Der Insolvenzverwalter ▪ Aussonderungsberechtigte ▪ Absonderungsberechtigte ▪ Aufrechnungsberechtigte ▪ Massegläubiger ▪ Insolvenzgläubiger ▪

Anfechtung nach dem Anfechtungsgesetz 105

- Sinn und Zweck einer Anfechtung ▪ Das Anfechtungsrecht ▪

Beendigung des Insolvenzverfahrens 115

- Einstellung des Verfahrens ▪ Aufhebung des Verfahrens ▪ Rechtsfolgen ▪ Der Insolvenzplan ▪ Insolvenzstrafrecht ▪ Persönliche Haftung ▪

Verbraucherinsolvenz und Restschuldbefreiung 135

- Verbraucherinsolvenzverfahren ▪ Restschuldbefreiung ▪

Außergerichtlicher Vergleich 155

- Allgemeines ▪ Verschiedene Formen ▪ Das Außergerichtliche Vergleichsverfahren ▪

Klausurfälle 173

- Tipps für Klausuren ▪ Tipps für Hausarbeiten ▪ Ein Fall zur Eröffnung des Insolvenzverfahrens ▪ Ein Fall aus dem Insolvenzanfechtungsrecht ▪

Register/Glossar 189

	Zivil-recht		**Öffentliches Recht**	

Bürgerliches Recht	**Arbeitsrecht**	**Verfassungsrecht**	**Europarecht**
Das Recht des täglichen Lebens. Es regelt die privaten Lebensverhältnisse aller Personen untereinander	Das Sonderrecht der Arbeitnehmer. Es regelt die Beziehungen zwischen Arbeitnehmer und Arbeitgeber	Die Verfassung legt die Grundordnung des Staates und die Grundsätze des gesellschaftlichen Zusammenlebens fest	In West- und Zentraleuropa geltendes inter- und supranationales Recht mit teilweise erheblichen innerstaatlichen Wirkungen

Vom Überblick zum Durchblick!

Das Geheimnis des Lernens ist nicht, wie häufig praktiziert, möglichst viel Wissen in sich hineinzuschaufeln, sondern Zusammenhänge zu verstehen.
Alle Bücher dieser Reihe liefern einen schnellen Einstieg in die Methodik und die Anwendung des juristischen »Handwerkszeuges« eines jeden Rechtsgebietes.

Insolvenzrecht	**Verwaltungsrecht**	**Strafrecht**
Es regelt die Gesamtbereinigung aller Schulden durch gleichmäßige Befriedigung aller persönlichen Gläubiger eines Schuldners	Es bestimmt die Beziehungen zwischen staatlichen Organen (Behörden) sowie zwischen Staat und Bürgern	Es regelt Umfang und Inhalt der Strafbefugnisse des Staates gegenüber den seiner Hoheitsgewalt unterstellten Personen

Gesellschaftsrecht		**Steuerrecht**
Das Recht der privatrechtlichen Personenvereinigungen, die zur Erreichung eines bestimmten gemeinsamen Zwecks durch Rechtsgeschäft begründet werden		Es regelt die staatlichen Befugnisse (Finanzamt) der Steuererhebung gegenüber allen steuerpflichtigen Personen

Einleitung

1.	**Insolvenzrecht – was ist das?**	**2**
2.	**Arbeiten mit dem formellen und materiellen Recht**	**4**
2.1.	Aufgabe des Insolvenzrechts	6
2.2.	Systematik der Insolvenzordnung	6
3.	**Die Schritte zur Falllösung**	**8**
3.1.	Der Sachverhalt	8
3.2.	Anspruchsnormen in der InsO und im AnfG	11
3.3.	Rechtliche Prüfung	14
3.4.	Formulieren der Lösung	15
4.	**Auf den Punkt gebracht**	**16**

Einleitung

1. Insolvenzrecht – Was ist das?

Diese Frage beantwortet die Insolvenzordnung mit ihrer ersten gesetzlichen Bestimmung selbst. Das Insolvenzverfahren dient dazu, die Gläubiger eines Schuldners gemeinschaftlich zu befriedigen, indem das Vermögen des Schuldners verwertet und der Erlös verteilt oder in einem Insolvenzplan eine abweichende Regelung insbesondere zum Erhalt des Unternehmens getroffen wird. Dem redlichen Schuldner wird Gelegenheit gegeben, sich von seinen restlichen Verbindlichkeiten zu befreien.

Während die Einzelzwangsvollstreckung der ZPO der Befriedigung eines konkreten Gläubigers dient, bezweckt das Insolvenzverfahren eine Gesamtbereinigung aller Schulden durch gleichmäßige Befriedigung aller persönlichen Gläubiger aus dem Vermögen des Insolvenzschuldners. Deshalb gilt hier nicht das Prioritätsprinzip der Einzelzwangsvollstreckung der ZPO. Vielmehr gilt das Prinzip der gleichmäßigen, quotenmäßigen Befriedigung aller persönlichen Gläubiger. Dabei ist es unerheblich, ob die Forderung tituliert ist oder nicht und wann sie entstanden ist.

Die Einzelzwangsvollstreckung erfolgt auf Initiative eines einzelnen Gläubigers. Das Insolvenzverfahren wird durch die Gläubigergemeinschaft selbst (Gläubigerversammlung und Gläubigerausschuss) sowie den Insolvenzverwalter durchgeführt. Das Verfahren untersteht der Aufsicht des Insolvenzgerichtes.

InsolvenzO

Die Insolvenzordnung ist am 01.01.1999 in Kraft getreten. Sie trat an die Stelle der Konkursordnung (KO) von 1877, die in Westdeutschland galt und an die Stelle der Gesamtvollstreckungsordnung vom 06.06.1990, die für die neuen Bundesländer maßgebend war.

Die Insolvenzrechtsreform hatte zum Hauptziel, Maßnahmen gegen die Massearmut zu ergreifen, damit möglichst zahlreiche Verfahren eröffnet und durchgeführt und so möglichst viele Insolvenzfälle in einem geordneten Verfahren abgewickelt werden können.

Realisierung der Vermögenshaftung

Die Realisierung der Vermögenshaftung kann auf drei gleichrangigen Wegen vorgenommen werden:

- Durch Liquidation des Schuldnervermögens
- durch Sanierung des gemeinschuldnerischen Unternehmens
- durch übertragende Sanierung (das sanierende Unternehmen wird vom zu liquidierenden Unternehmensträger getrennt).

Ferner soll die außergerichtliche Sanierung gefördert werden. Die übertragende Sanierung außerhalb der Insolvenz soll erleichtert werden. Sowohl bei der außergerichtlichen Sanierung, durch die ein Unternehmen des liquiden Unternehmers erworben wird als auch bei der übertragenden Sanierung durch den Insolvenzverwalter übernimmt der Erwerber die Rechte und Pflichten aus den dem Betrieb zuzuordnenden Arbeitsverhältnissen.

Sanierung

Ebenfalls bedeutsam sind die Maßnahmen gegen die Massearmut. So soll erreicht werden, dass die Verfahrenseröffnung nicht schon mangels Masse unterbleibt. Deshalb ist der Eröffnungsgrund der drohenden Zahlungsunfähigkeit eingeführt worden. Davon ist auszugehen, wenn die Zahlungspflichten voraussichtlich im Zeitpunkt der Fälligkeit nicht mehr erfüllt werden können.

Die Gläubigerautonomie ist gestärkt worden. Die Gläubigerversammlung und der Gläubigerausschuss sind die Instrumente hierzu. Von Bedeutung ist hier die Zuständigkeit der Gläubigerversammlung vor allem für die Abwahl des Insolvenzverwalters und die Wahl eines neuen Verwalters.

Gläubigerautonomie

Die Stärkung der Gläubigerautonomie zeigt sich insbesondere in der Möglichkeit, einen Insolvenzplan zu erstellen. Er soll eine einvernehmliche Bewältigung der Insolvenz ermöglichen. Der Insolvenzplan besteht aus 2 Teilen. Im darstellenden Teil ist über das bisherige Geschehen und die Grundlagen sowie Auswirkungen des Planes zu informieren. Im gestaltenden Teil wird festgelegt, wie die Rechtsstellung der Beteiligten durch den Plan geändert werden, also in welchem Umfang Forderungen erfüllt werden sollen.

Mit der sog. Finanzsicherheitsnovelle hat der Gesetzgeber ergänzende Bestimmungen erlassen und damit die Richtlinie 2002/47/EG über Finanzsicherheiten in nationales Recht umgesetzt. So ist nunmehr geregelt, dass die Anordnung von Sicherungsmaßnahmen oder die Eröffnung des Insolvenzverfahrens nicht die Verwertung von Finanzsicherheiten berührt. Allerdings werden die üblichen Kreditsicherheiten zwischen Bank und Sicherungsgeber nicht erfasst.

Von großer praktischer Bedeutung ist das Verbraucherinsolvenzverfahren. Es wird bei natürlichen Personen, die keine oder nur eine geringfügige selbstständige Tätigkeit ausüben, durchgeführt. Es findet ein Insolvenzverfahren statt, wenn eine außergerichtliche Einigung nachweisbar nicht durchgeführt werden konnte. Der Schuldner hat ein Vermögensverzeichnis und einen Schuldenbereinigungsplan beizubringen. Das Insolvenzgericht entscheidet hierüber nach Anhörung der Gläubiger. Nehmen die Gläubiger den Plan an, hat dies die Wirkung eines Prozessvergleiches. Lehnen die Gläubiger den Schuldenbereinigungsplan ab, wird das Insolvenzverfahren eröffnet. Hierbei handelt es

Insolvenzverfahren nach Ablehnung des Schuldenbereinigungsplans

sich um ein vereinfachtes Verfahren, das auch in einer Restschuldbefreiung enden kann.

Das Instrument der Restschuldbefreiung erfreut sich großer Aufmerksamkeit. Der Grundgedanke besteht darin, dass natürliche Personen unter bestimmten Voraussetzungen von ihren Schulden befreit werden, soweit die Verbindlichkeiten im Insolvenzverfahren ungedeckt blieben. Im Ergebnis muss der Schuldner Wohlverhalten an den Tag legen und insbesondere für die Dauer von 6 Jahren seine Arbeitskraft nutzen und den pfändbaren Teil seines Einkommens einem Treuhänder zur Verfügung stellen. Der Treuhänder kehrt die Zahlungseingänge an die Gläubiger aus. Verstößt der Schuldner gegen Obliegenheiten, ist die Restschuldbefreiung zu widerrufen.

2. Arbeiten mit dem formellen und materiellen Recht

Das Insolvenzrecht beinhaltet sowohl materielles (Prüfung des Anspruchgrundes) als auch formelles Recht (gerichtliche Geltendmachung und Durchsetzung).

Schlüsselbegriffe des Insolvenzrechts

- Insolvenzfähigkeit – Ein Insolvenzverfahren kann über das Vermögen jeder natürlichen und juristischen Person des Privatrechts, eines nicht rechtsfähigen Vereins, einer Personengesellschaft sowie über einen Nachlass oder das Gesamtgut einer Gütergemeinschaft eröffnet werden

- Zahlungsunfähigkeit – Schuldner ist nicht mehr in der Lage, seine fälligen Zahlungsverpflichtungen zu erfüllen

- Überschuldung – Vermögen des Schuldners deckt nicht mehr dessen bestehende Verbindlichkeiten

- starker Verwalter – Zu allen Rechtshandlungen ermächtigter Insolvenzverwalter

- schwacher Verwalter – Gericht bestimmt die Pflichten des vorläufigen Insolvenzverwalters, wobei dem Schuldner kein allgemeines Verfügungsverbot auferlegt wird

- Eröffnungsbeschluss – Eröffnung des Insolvenzverfahrens auf Antrag eines Gläubigers oder des Schuldners durch das Insolvenzgericht

- Absonderung – Gläubiger, der wegen einer persönlichen Forderung gegen den Schuldner durch ein dingliches Recht an einen zur Insolvenzmasse gehörenden Gegenstand gesichert ist, kann eine vom Insolvenzverfahren abgesonderte Befriedigung verlangen

- Aussonderung – Anspruch auf Herausgabe außerhalb des Insolvenzverfahrens durch die Feststellung, dass ein Gegenstand im Besitz des Schuldners nicht zur Insolvenzmasse gehört

- Massegläubiger – Gläubiger, deren Ansprüche durch das Verfahren selbst veranlasst werden, die vorweg vor den Insolvenzgläubigern zu befriedigen sind (Verfahrenskosten)

- Insolvenzgläubiger – Persönliche Gläubiger, die einen zurzeit der Eröffnung des Verfahrens begründeten Vermögensanspruch gegen den Schuldner haben

- Insolvenzplan – Möglichkeit der Beteiligten, abweichend von den gesetzlichen Regelungen der Verwertung oder Verteilung der Masse, eine einvernehmliche Lösung zu treffen

- Anfechtung – Ermöglichung einer Zwangsvollstreckung gegen den Schuldner, wenn dieser Vermögensgegenstände unter anfechtbaren Voraussetzungen veräußert oder beiseite geschafft hat

- Verbraucherinsolvenz – Vereinfachte Art der Abwicklung akuter Liquiditätsprobleme natürlicher Personen

- Restschuldbefreiung – Hat ein Insolvenzverfahren nicht zur vollen Befriedigung der Insolvenzgläubiger geführt, kann der Schuldner, der eine natürliche Person ist, unter bestimmten Voraussetzungen von diesen Verbindlichkeiten befreit werden

Einleitung

2.1. Aufgabe des Insolvenzrechts

Gemeinschaftliche Befriedigung der Gläubiger

Das Insolvenzrecht dient der Gesamtbereinigung aller Schulden des Schuldners durch gleichmäßige Befriedigung aller persönlichen Gläubiger aus dem Vermögen des Insolvenzschuldners.

2.2. Systematik der Insolvenzordnung (InsO)

Das Verfahren nach der InsO gliedert sich in drei große Bereiche.

Das Insolvenzeröffnungsverfahren

Verfahren wird nur auf Antrag eröffnet.

Hierdurch werden die Voraussetzungen geprüft, ob eine Insolvenz eröffnet werden kann. In diesem Verfahren werden die Zulässigkeit und Begründetheit des Insolvenzantrages festgestellt. Es können einzelne Sicherungsmaßnahmen erlassen werden, um die Masse zu schützen. Der vorläufige Insolvenzverwalter wird bestellt.

Dieses Verfahren ist im ersten Teil der Insolvenzordnung geregelt.

Das materielle Insolvenzrecht

Hier werden die einzelnen Rechte der Beteiligten festgelegt. Die Verwaltung und Verwertung der Insolvenzmasse wird ebenso geregelt wie die Befriedigung der Insolvenzgläubiger.

Die Regelungen finden sich im dritten, vierten und fünften Teil der InsO.

Der Insolvenzplan

Verwalter oder Schuldner können Insolvenzplan vorlegen.

Dieser der Privatautonomie der Beteiligten unterstellte Bereich ist im sechsten Teil der InsO geregelt. Hier kann abweichend von den Vorschriften der InsO eine für alle Beteiligten verbindliche Regelung getroffen werden.

Restschuldbefreiung und Verbraucherinsolvenz

Befreiung von verbleibenden Schulden

Diese praktisch bedeutsamen Regelungen, nach denen der Schuldner unter bestimmten Voraussetzungen seiner Verbindlichkeiten ledig werden kann, sind im 8. und 9. Teil geregelt.

Insgesamt besteht die InsO aus 12 Teilen:
- Allgemeine Vorschriften §§ 1-10
- Eröffnung des Insolvenzverfahrens §§ 11-79
- Wirkungen der Eröffnung des Insolvenzverfahrens §§ 80-147

- Verwaltung und Verwertung der Insolvenzmasse §§ 148-173
- Befriedigung der Insolvenzgläubiger §§ 174-216
- Insolvenzplan §§ 217-269
- Eigenverwaltung §§ 270-285
- Restschuldbefreiung §§ 286-303
- Verbraucherinsolvenzverfahren §§ 304-314
- Besondere Arten des Insolvenzverfahrens §§ 315-334
- Internationales Insolvenzrecht §§ 335-358
- Inkrafttreten § 359.

SCHLIESSUNG EINER FIRMA

3. Die Schritte zur Falllösung

Probleme sind dazu da, dass sie erkannt, angegangen und gelöst werden. Dies gilt auch für die Bearbeitung juristischer Fälle. Fast immer hilft hierbei die Beachtung der gleichen Schrittfolge.

Entscheidend ist nicht, dass man zum richtigen Ergebnis kommt, sondern wie man zum richtigen Ergebnis kommt. Ein juristisch einwandfreier Lösungsweg in den Schritten 2. ⇨ 3. ⇨ 4. wird verlangt.

1. Ausgangspunkt einer Falllösung ist es, den Sachverhalt zu erfassen und die Fragestellung herauszuarbeiten. Die Fragestellung zielt meist auf die Ansprüche der Beteiligten.
2. Im Hinblick auf die Fragestellung sind geeignete Anspruchsnormen in der InsO und im AnfG zu suchen. Die Frage muss sein: »Aus welchen Normen können sich die gesuchten Rechtsfolgen ergeben?«
3. Im nächsten Schritt ist nach »Haftungsnormen« zu suchen. Damit sind Normen gemeint, die klarstellen, gegen wen ein Anspruch geltend gemacht werden kann.
4. Schließlich müssen die ausgewählten Anspruchsnormen in Verbindung mit den »Haftungsnormen« dem Sachverhalt zugeordnet werden. Dieses Vorgehen bezeichnet man als Subsumtion. Es ist also zu prüfen, ob die tatsächlichen Voraussetzungen im Sachverhalt den gesetzlichen Voraussetzungen entsprechen. Nur wenn Übereinstimmung gegeben ist, ist der Anspruch begründet.
5. Erst am Ende wird ein Ergebnis im Gutachtenstil formuliert.

Subsumtion

3.1. Der Sachverhalt

Vor der Erstellung eines Gutachtens ist zunächst der Fall gedanklich zu lösen. Dazu muss der Sachverhalt vollständig erfasst und die Fragestellung der Aufgabe verstanden sein. Dabei ist es ratsam, zunächst den Bearbeitervermerk in einer Prüfungsaufgabe zu lesen. Unter Beachtung der Fragestellung muss der Sachverhalt dann vollständig erfasst werden. In einer Prüfungsaufgabe darf man davon ausgehen, dass jede Information wichtig ist. Es empfiehlt sich daher, den Sachverhalt mehrmals zu lesen, wobei es wichtig ist, sich beim ersten Lesen sofort einen Überblick zu verschaffen. Danach sind die Probleme, die der Fall aufwirft, zu suchen und zu lösen.

Vorgehensweise im Insolvenzrecht

Die Methodik der Fallbearbeitung

1. Schritt	**Sachverhalt analysieren**	Sachverhalt erfassen und Fragestellung erarbeiten
2. Schritt	**Normensuche »woraus«**	Welche Paragrafen können für einen möglichen Anspruch die gesetzlichen Grundlagen bieten?
3. Schritt	**Normensuche »gegen wen«**	Welche Paragrafen bestimmen gegen wen ein bestehender Anspruch geltend gemacht werden kann?
4. Schritt	**Rechtliche Prüfung**	Prüfen, ob alle tatsächlichen den gesetzlichen Voraussetzungen entsprechen (Subsumtion)
5. Schritt	**Ergebnis formulieren**	Formulieren der Lösung im Stil eines Gutachtens

Einleitung

<small>Skizzen erleichtern den Überblick.</small>

Bei umfangreicheren Sachverhalten und Beteiligung mehrerer Personen ist es hilfreich, eine grafische Skizze mit den Beziehungen zwischen den Personen anzufertigen. Bezieht sich der Sachverhalt auf einen längeren Zeitraum, empfiehlt es sich, den Sachverhalt chronologisch aufzulisten.

Zahlenangaben sind besonders zu beachten. Die Angabe von Daten lässt den Schluss zu, dass Fristen oder die Frage der Verjährung besonders geprüft werden müssen.

Wie wird das Gericht entscheiden?

Folgende Punkte sind zu beachten:

- Wer sind die am Verfahren Beteiligten?
- Was ist das prozessuale Begehren?
- Welche Prozesssituation ist gegeben?
- Welche prozessualen Möglichkeiten haben die Beteiligten in der konkreten Prozesssituation?
- Was müssen Sie tun, um den Prozess weiter zu führen oder zu beenden?

Beispiel: Der künftige Insolvenzschuldner Sauer hat gegen Adam aus Warenlieferungen eine Kaufpreisforderung iHv 100.000,- €.

Sauer seinerseits ist Schuldner einer Kaufpreisforderung aus Warenlieferungen seines Vorlieferanten Berger.

Nach Eröffnung des Insolvenzverfahrens über das Vermögen des Sauer tritt Berger die Forderung gegen Sauer an seinen Geschäftsfreund Adam ab. Wie ist die Rechtslage?

Lösung: Berger muss als Insolvenzgläubiger seine Kaufpreisforderung nach §§ 87, 174 ff. InsO zur Insolvenztabelle anmelden und erhält lediglich die Insolvenzquote.

Adam muss dagegen den Kaufpreis an die Insolvenzmasse leisten, vgl. §§ 80 Abs. 1, 82 InsO.

Mit Abtretung der Forderung gegen den Insolvenzschuldner Sauer von Berger an Adam wird Adam nunmehr auch Insolvenzgläubiger mit der Folge, dass er mit dieser Forderung gegenüber der Insolvenzmasse aufrechnen könnte, §§ 387 ff. BGB.

Nach § 96 Abs. 1 Nr. 2 InsO ist jedoch die Aufrechnung unzulässig, wenn wie vorliegend, ein Insolvenzgläubiger, hier Adam, seine Forderung erst nach der Eröffnung des Verfahrens von einem anderen Gläubiger, hier Berger, erworben hat.

<small>Fragestellung genau beachten!</small>

Bei der Prüfung des Sachverhaltes sollten Sie die Fragestellung immer im Auge behalten. Sie grenzt den Prüfungsauftrag ein und gibt Hinweise auf die verlangten Antworten. Die Prüfungsfragen sind in der

Reihenfolge zu beantworten, wie sie vorgegeben wurden. Auf die Ansichten der Beteiligten ist einzugehen.

In unserem Beispiel wird die Frage nach der Rechtslage gestellt. Sie müssen daher alle in Betracht kommenden Möglichkeiten prüfen. Dabei sind allgemeine, lehrbuchartige Ausführungen zu unterlassen. Vielmehr müssen die erkannten Rechtsprobleme immer »Hart am Fall« unter Berücksichtigung der Fragestellung bearbeitet werden.

3.2. Anspruchsnormen in der InsO und im AnfG

Als zweiter Schritt der Fallbearbeitung ist zu klären, ob durch eine Handlung eine bestimmte Rechtswirkung eingetreten ist oder welche Rechtsfolge sich bei Vornahme bestimmter Handlungen ergeben wird. Es wird nach einer Rechtsfolge gefragt. Daher muss der Bearbeiter die jeweiligen Normen des Insolvenzrechts ausfindig machen, die diese Rechtsfolgen bewirken. Voraussetzung ist also, dass der Bearbeiter die Systematik der Insolvenzordnung kennt. Er muss wissen, wo das Gesetz die entsprechende Frage regelt. Insoweit unterscheidet sich die Bearbeitung eines Insolvenzrechtsfalles nicht von der eines Zivilrechts- oder Prozessrechtsfalles.

<small>Welche Rechtsfolge ergibt sich?</small>

Beispiel: Am 03.05. beantragt Günter die Eröffnung des Insolvenzverfahrens über das Vermögen des Schulz. Das Insolvenzgericht lässt den Antrag zu. Am 10.05. wird ein Vollstreckungsverbot ausgesprochen und am 12.05. dem Schulz zugestellt. Die öffentliche Bekanntmachung in der Tageszeitung erfolgt am 12.05. Albers lässt am 15.05. das Klavier des Schulz durch den Gerichtsvollzieher pfänden. Der Insolvenzverwalter Wolf legt nach Eröffnung des Insolvenzverfahrens am 01.06. Vollstreckungserinnerung nach § 766 ZPO ein.

Hier sind die Zulässigkeit und Begründetheit der Vollstreckungserinnerung zu prüfen.

A. Zulässigkeit Vollstreckungserinnerung

1. Statthaftigkeit

Bei einem Verstoß gegen vollstreckungsrechtliche Verfahrensvorschriften bei der Pfändung durch einen Gerichtsvollzieher ist die Erinnerung statthaft. Wolf beruft sich auf einen Verstoß gegen §§ 21 Abs. 2 Nr. 3, 89 Abs. 1 InsO, so dass die Erinnerung statthaft ist.

<small>§ 766 Abs. 1 ZPO</small>

Einleitung

2. *Zuständigkeit*

§§89 Abs. 3, 2 Abs. 1 InsO
§20 Nr. 17 RPflG

Zuständig ist das Insolvenzgericht und nicht das Vollstreckungsgericht.
Der Richter ist funktionell zuständig.

3. *Allgemeine Prozessvoraussetzungen*
Die Partei- und Prozessfähigkeit müssen ebenso wie die Prozessvollmacht vorliegen. Daran bestehen im vorliegenden Fall keine Bedenken.

4. *Form*
Die Erinnerung ist schriftlich oder zu Protokoll der Geschäftsstelle einzureichen.

5. *Frist*
Die Erinnerung ist unbefristet möglich. Sie kann bis zum Ende des Vollstreckungsverfahrens geltend gemacht werden.

6. *Erinnerungsbefugnis des Wolf*
Der Insolvenzverwalter hat ein umfassendes Verwaltungs- und Verfügungsrecht. Er hat die Interessen des Insolvenzschuldners wahrzunehmen.

Gesamtes Vermögen des Schuldners wird erfasst.
§35 InsO

Dabei ist streitig, ob der Insolvenzverwalter gesetzlicher Vertreter der Insolvenzgläubiger oder des Insolvenzschuldners oder aber Vertreter der Insolvenzmasse ist. Allgemein wird der Insolvenzverwalter als ein im eigenen Namen handelndes Rechtspflegeorgan, das als Partei kraft Amtes im eigenen Namen mit Wirkung für und gegen den Insolvenzschuldner handelt, angesehen. Das gepfändete Klavier muss in die Insolvenzmasse fallen.

Dies ist im vorliegenden Fall zweifelsfrei gegeben.

7. *Rechtsschutzinteresse*
Wenn die Zwangsvollstreckung begonnen und noch nicht beendet ist, liegt ein entsprechendes Rechtsschutzinteresse vor.
Die Erinnerung des Wolf ist somit zulässig.

B. Begründetheit der Erinnerung

Die Erinnerung ist begründet, wenn die angefochtene Vollstreckungsmaßnahme unzulässig ist.

Hier ist zunächst das gesamte Zwangsvollstreckungsverfahren zu überprüfen und auf Verfahrensfehler zu untersuchen. Dabei ist auf die Verhältnisse zum Zeitpunkt der Beschlussfassung abzustellen.

1. Zu den allgemeinen Verfahrensvoraussetzungen sowie den allgemeinen und besonderen Voraussetzungen der durchgeführten Zwangsvollstreckung bestehen keine Bedenken.

2. Es könnte jedoch ein Vollstreckungshindernis den Zwangsvollstreckungsmaßnahmen nach §§ 21 Abs. 2 Nr. 3, 89 Abs. 1 InsO entgegenstehen. Dies hat folgende Voraussetzungen:

a. Das Klavier muss zu dem Vermögen des Schuldners gehören. Davon ist im vorliegenden Fall auszugehen.

b. Die Zwangsvollstreckung ist bei der Eröffnung des Insolvenzverfahrens noch nicht beendet. Auch diese Voraussetzung ist gegeben.

c. Albers muss Insolvenzgläubiger sein.

§38 InsO

Insolvenzgläubiger ist der persönliche Gläubiger, der einen Vermögensanspruch hat, der auf Geld gerichtet ist oder sich in einen Geldanspruch umwandeln lässt und zum Zeitpunkt der Insolvenzeröffnung begründet ist. Nach dem Wirksamwerden des Vollstreckungsverbotes hat Albers durch die Pfändung kein Pfändungspfandrecht erworben. Ferner wird das Sicherungsrecht allein infolge der Insolvenzeröffnung unwirksam (Rückschlagsperre).

Gläubiger muss begründeten Anspruch gegen Schuldner haben.

§88 InsO

Albers hat das Recht im letzten Monat vor dem Antrag auf Eröffnung des Insolvenzverfahrens erworben. Die Vollstreckungsmaßnahme ist daher von Amts wegen aufzuheben.

Albers ist somit Insolvenzgläubiger. Bei der Pfändung des Klaviers hat der Gerichtsvollzieher gegen §§ 21 Abs. 2 Nr. 3, 89 Abs. 1 InsO verstoßen.

Daher ist die Erinnerung begründet.

Das Gericht wird daher entscheiden:

Die Zwangsvollstreckung in das Klavier ... wird für unzulässig erklärt.

Die Kosten des Verfahrens trägt Albers.

Die Vollziehung der Entscheidung wird bis zum Ablauf der Beschwerdefrist ausgesetzt.

Einleitung

3.3. Rechtliche Prüfung

Normen müssen in logischer Reihenfolge überprüft werden.

Wenn alle einschlägigen Vorschriften gefunden wurden, ist man auf dem besten Wege zu einer »sauberen« Lösung. Vor der Niederschrift sollte die gefundene Lösung noch einmal überprüft werden. Die Normen müssen in logischer Reihenfolge auf Übereinstimmung mit den Fakten des Sachverhaltes überprüft werden. Es ist darauf zu achten, dass die gestellten Fragen beantwortet werden. Oft findet sich unter dem Sachverhalt die Frage, welchen Rat der Rechtsanwalt erteilt. Dann ist zu prüfen, wie das Gericht im Fall einer Klage entscheiden wird. Der Fall ist damit jedoch noch nicht endgültig gelöst. Vielmehr muss überlegt werden, ob der Anwalt bei der zu erwartenden Entscheidung zu einer Klage raten kann oder nicht.

Es empfiehlt sich, die Gedankenführung bei Einzelproblemen noch einmal kurz zu überprüfen. Es muss darauf geachtet werden, dass kein Problem übersehen wird oder ähnliche miteinander verwechselt werden. Liegt etwa der Beitritt einer Partei vor, so darf dies nicht unter der Problemstellung des Parteiwechsels erörtert werden. Vielmehr muss vom Parteibeitritt ausgehend geprüft werden, ob die für den Parteiwechsel geltenden Grundsätze auch für den Parteibeitritt anzuwenden sind.

Bei der Bearbeitung von Insolvenzrechtsfällen orientiert sich das Ergebnis an den rechtlichen und wirtschaftlichen Auswirkungen der gefundenen Lösung. Vielfach wird überlegt, ob die gefundene Lösung im Hinblick auf den zu bearbeitenden Sachverhalt gerecht erscheint. Dies ist bei der Bearbeitung von Insolvenzrechtsfällen anders. Es ist zu berücksichtigen, dass Form- und Fristvorschriften eine besondere Rolle spielen. Deshalb kann das Ergebnis bei der Bearbeitung dieser Fälle auf den ersten Blick ungerecht erscheinen. Das Ergebnis dient jedoch letztlich der Rechtssicherheit.

3.4. Formulierung der Lösung

Im fünften und letzten Schritt ist die gefundene Lösung zu formulieren. Das Ergebnis der rechtlichen Prüfung ist mit den gebotenen Fachausdrücken und unter Zitieren der einschlägigen Vorschriften niederzuschreiben.

Aus der Technik der Subsumtion ergibt sich der Gutachtenstil. Dieser steht im Gegensatz zum richterlichen Urteilsstil. Ausgehend von der ausgewählten Norm ist zu beurteilen, ob die jeweiligen Tatbestandsvoraussetzungen gegeben sind.

Gutachtenstil

Auf den ersten Blick mag die hierfür zu wählende Sprache dem Ungeübten merkwürdig erscheinen. Man beginnt bei der Prüfung mit dem sog. Obersatz, immer im Konjunktiv »... könnte Aussicht auf Erfolg haben ...« Im Laufe der Falllösung werden Zwischenergebnisse festgestellt. Logisch weiter folgernd wird durch Formulierungen wie »deshalb« oder »daraus folgt« der Leser zum Endergebnis geführt. Dieses wird am Schluss mit einem kurzen Satz im Indikativ zusammengefasst.

Der Stil des Gutachtens:
- Übersichtlich gegliedert
- Von der Hypothese zur Feststellung
- Geordnet nach rechtlicher Wichtigkeit
- Klare und verständliche Sätze

Auch im Beispielsfall der Vollstreckungserinnerung beginnt man mit einem Obersatz. Danach wird der Lösungsweg der Prüfung formuliert, um abschließend in einem Schlusssatz das Ergebnis mitzuteilen.

Obersatz
Schlusssatz

Die Vollstreckungserinnerung des Insolvenzverwalters müsste zulässig und begründet sein.

Schlusssatz: Die zulässige Vollstreckungserinnerung ist unbegründet und daher abzuweisen.

4. Auf den Punkt gebracht

Die vorangegangene Einführung hat aufgezeigt, wie die meisten Probleme aus dem Insolvenzrecht prinzipiell gelöst werden.

Ausgangspunkt jeder Bearbeitung eines Insolvenzrechtfalles ist die Fragestellung. Diese ist während der gesamten Bearbeitung zu beachten.

Gehen Sie bei der Bearbeitung in fünf Schritten vor:

1. Der Sachverhalt ist genau zu erfassen. Bei Beteiligung mehrerer Personen fertigen Sie sich eine Skizze.
2. Suchen Sie die maßgebenden Paragrafen aus. Die für das formelle Recht maßgeblichen Vorschriften finden Sie in der InsO und ergänzend in der ZPO, diejenigen für das materielle Recht finden sich im Wesentlichen im BGB.
3. Prüfen Sie sorgfältig die Einwendungen des Beklagten.
4. Der Sachverhalt wird der Anspruchsnorm untergeordnet.
5. Danach ist im Gutachtenstil zu formulieren. Das Ergebnis ist am Ende in einem Satz zusammenzufassen.

In den folgenden Kapiteln sind die wichtigsten Paragrafen wörtlich abgedruckt (wobei teilweise auf weniger wichtige Passagen verzichtet wurde).

Beispiele sind am kursiven Druck zu erkennen. Allerdings können geringe Änderungen im Sachverhalt zu einem ganz anderen Prüfungs- und Lösungsweg führen. Deshalb klammern Sie sich nicht an diese Beispielsfälle.

Viel Spaß beim Durcharbeiten dieses Buches und Erfolg in Ihren Prüfungen!

Das Verfahren auf Eröffnung der Insolvenz

1.	**Voraussetzungen**	**18**
1.1.	Zulässigkeit des Insolvenzantrages	18
1.2.	Begründetheit des Insolvenzantrages	23
2.	**Einzelne Sicherungsmaßnahmen**	**26**
2.1.	Allgemeines Verfügungsverbot	27
2.2.	Einstweilige Einstellung oder Untersagung der Zwangsvollstreckung	28
3.	**Die Rechtstellung des vorläufigen Insolvenzverwalters**	**30**
3.1.	Mit Verwaltungs- und Verfügungsbefugnis	30
3.2.	Ohne Verwaltungs- und Verfügungsbefugnis	32
4.	**Rechtsbehelfe**	**33**
4.1.	Gegen die Anordnung von Sicherungsmaßnahmen	33
4.2.	Sonstige Rechtsbehelfe	33
5.	**Der Eröffnungsbeschluss**	**34**
6.	**Besondere Arten des Insolvenzverfahrens**	**39**
6.1.	Nachlassinsolvenzverfahren	39
6.2.	Gütergemeinschaft	41
7.	**Wiederholungsfragen**	**45**

1. Voraussetzungen

Die Eröffnung eines Insolvenzverfahrens setzt einen zulässigen und begründeten Insolvenzantrag voraus.

1.1. Zulässigkeit des Insolvenzantrages

§13 InsO

Eröffnungsantrag

(1) Das Insolvenzverfahren wird nur auf Antrag eröffnet. Antragsberechtigt sind die Gläubiger und der Schuldner.

(2) Der Antrag kann zurückgenommen werden, bis das Insolvenzverfahren eröffnet oder der Antrag rechtskräftig abgewiesen ist.

§14 InsO

Antrag eines Gläubigers

(1) Der Antrag eines Gläubigers ist zulässig, wenn der Gläubiger ein rechtliches Interesse an der Eröffnung des Insolvenzverfahrens hat und seine Forderung und den Eröffnungsgrund glaubhaft macht.

(2) Ist der Antrag zulässig, so hat das Insolvenzgericht den Schuldner zu hören.

Ein Insolvenzverfahren wird nur auf Antrag eröffnet.

§13 Abs. 1 Satz 1 InsO

§4 InsO i.V.m. §496 ZPO, 24 Abs. 2 RPflG

Ein Insolvenzverfahren wird nicht von Amts wegen sondern nur auf Antrag, der schriftlich oder zu Protokoll der Geschäftsstelle oder des Rechtspflegers gestellt werden muss, eröffnet.

Antragsberechtigt sind:

- **Der (künftige) Insolvenzschuldner**

Im Fall der Prozessunfähigkeit ist sein gesetzlicher Vertreter berufen.

§15 Abs. 1 InsO

Antragsrecht bei juristischen Personen und Gesellschaften ohne Rechtspersönlichkeit

Zum Antrag auf Eröffnung eines Insolvenzverfahrens über das Vermögen einer juristischen Person oder einer Gesellschaft ohne Rechtspersönlichkeit ist außer den Gläubigern jedes Mitglied des Vertretungsorgans, bei einer Gesellschaft ohne Rechtspersönlichkeit oder bei einer Kommanditgesellschaft auf Aktien jeder persönlich haftende Gesellschafter, sowie jeder Abwickler berechtigt.

Im Falle der Antragspflicht ist der Eröffnungsantrag ohne schuldhaftes Zögern, spätestens aber drei Wochen nach Eintritt der Zahlungsunfähigkeit oder Überschuldung zu stellen. Die Drei-Wochen-Frist beginnt bei Überschuldung mit der Kenntnis des zuständigen Organs vom Vorliegen dieses Insolvenzgrundes, wobei ein Aufwand zu verlangen ist, der eine zuverlässige Eigenprüfung ermöglicht. Im Falle der Zahlungsunfähigkeit beschränkt sich die Verpflichtung zur Eigenprüfung auf die Liquidität des Unternehmens.

- **Jeder künftige Insolvenzgläubiger** §§13 Abs. 1 S. 2, 14 InsO

Der Antrag kann kostenpflichtig zurückgenommen werden. Dies ist jedoch nicht mehr nach Eröffnung des Insolvenzverfahrens oder nach rechtskräftiger Abweisung des Antrages möglich Nach diesem Zeitpunkt hat der Antragsteller auf den Fortgang des Verfahrens keinen Einfluss mehr.

Rücknahme des Antrags *bis* zur gerichtlichen Entscheidung ist möglich.

Ferner müssen die allgemeinen Verfahrensvoraussetzungen gegeben sein:

- Zuständigkeit
- Insolvenzfähigkeit
- Verfahrensvollmacht
- Rechtsschutzinteresse
- Angabe des Eröffnungsgrundes
- Glaubhaftmachung

Sachlich zuständig ist das Amtsgericht, in dessen Bezirk ein Landgericht seinen Sitz hat.

§2 Abs. 1 InsO

Die Landesregierungen sind ermächtigt, zur sachdienlichen Förderung oder schnelleren Erledigung der Verfahren durch Rechtsverordnung andere oder zusätzliche Amtsgerichte zu Insolvenzgerichten zu bestimmen und die Bezirke der Insolvenzgerichte abweichend festzulegen.

Örtlich ist das Gericht zuständig, in dessen Bezirk der Schuldner seinen allgemeinen Gerichtsstand hat bzw. der Schwerpunkt seiner selbstständig wirtschaftlichen Tätigkeit liegt.

Allgemeiner Gerichtsstand des Schuldners begründet Zuständigkeit.

Bei Unternehmen kommt es in erster Linie darauf an, wo sich ihre Hauptniederlassung befindet. Zu deren Begründung genügen die bloße Anmeldung eines Gewerbetriebes und die Eintragung im Handelsregister nicht. Vielmehr ist es notwendig, dass ein Erwerbsgeschäft ständig betrieben wird und sich dieses in äußeren Erscheinungen kundtut.

Funktionell zuständig ist der Richter.

§18 Abs. 1 RPflG

§ 4 InsO

Anwendbarkeit der Zivilprozeßordnung

(1) Für das Insolvenzverfahren gelten, soweit dieses Gesetz nichts anderes bestimmt, die Vorschriften der Zivilprozeßordnung entsprechend.

Jede natürliche oder juristische Person kann InsO-Schuldner sein.

§ 11 Abs. 1 InsO

Die Parteifähigkeit für ein Insolvenzverfahren wird auf der Seite des Schuldners als Insolvenzfähigkeit bezeichnet. Insolvenzfähig sind alle natürlichen und juristischen Personen, wobei der nicht rechtsfähige Verein einer juristischen Person gleichgestellt wird. Nach § 11 Abs. 2 InsO kann ein Insolvenzverfahren auch über das Vermögen einer Gesellschaft ohne Rechtspersönlichkeit eingeleitet werden. Auch Vorgesellschaften sind insolvenzfähig.

§§ 80 ff. ZPO

Die Vollmacht im Insolvenzverfahren ist von Amts wegen zu prüfen. Es gelten hier die Bestimmungen der ZPO ergänzend.

§ 14 Abs. 1 InsO

Voraussetzung zur Einleitung eines Insolvenzverfahrens durch einen Gläubiger ist das Vorliegen eines Rechtsschutzinteresses, was von Amts wegen zu prüfen ist. Dieses ist grundsätzlich auf der Seite des Gläubigers gegeben. Eine Ausnahme besteht dann, wenn der Gläubiger auf einfache und zweckmäßigere Art und Weise die Befriedigung seiner Forderung erreichen kann. Dies ist etwa der Fall, wenn bereits eine ausreichende Sicherheit durch Pfandrechte besteht. Ein Rechtsschutzinteresse für einen Insolvenzantrag fehlt nicht, wenn die Forderung des Antrag stellenden Gläubigers gering ist. Andernfalls würden wirtschaftlich schwächere Gläubiger benachteiligt.

Der Eröffnungsgrund ist im Antrag anzugeben. Als Eröffnungsgründe kommen die Zahlungsunfähigkeit, die drohende Zahlungsunfähigkeit und die Überschuldung in Betracht.

§ 17 InsO

Zahlungsunfähigkeit

(1) Allgemeiner Eröffnungsgrund ist die Zahlungsunfähigkeit.

(2) Der Schuldner ist zahlungsunfähig, wenn er nicht in der Lage ist, die fälligen Zahlungspflichten zu erfüllen. Zahlungsunfähigkeit ist in der Regel anzunehmen, wenn der Schuldner seine Zahlungen eingestellt hat.

§ 17 Abs. 1 InsO Zahlungsunfähigkeit ist allgemeiner Eröffnungsgrund.

Die Zahlungsunfähigkeit ist der allgemeine Eröffnungsgrund.

§ 17 Abs. 2 InsO

Sie kann bei natürlichen und juristischen Personen, dem nicht rechtsfähigen Verein und den Gesellschaften ohne Rechtspersönlichkeit vorliegen. Zahlungsunfähig ist ein Schuldner, wenn er nicht in der Lage ist, die fälligen Zahlungspflichten zu erfüllen.

Nach außen erkennbar wird die Zahlungsunfähigkeit in der Regel, wenn der Schuldner seine Zahlungen eingestellt hat. Diese widerlegbare gesetzliche Vermutung indiziert die Zahlungsunfähigkeit. Hiervon zu unterscheiden ist eine so genannte Zahlungsstockung. Hier liegt nur ein kurzfristiger Geldmangel vor, der umgehend durch eine Kreditaufnahme behoben werden kann. Ein Zeitraum von drei bis höchstens vier Wochen ist als kurzfristig anzusehen. Eine einmal eingetretene Zahlungsunfähigkeit wird regelmäßig dann beseitigt, wenn die geschuldeten Zahlungen an die Gesamtheit der Gläubiger wieder aufgenommen werden können.

ZAHLUNGSUNFÄHIGKEIT

Eine drohende Zahlungsunfähigkeit ist ebenfalls ein Eröffnungsgrund. Dieser Grund liegt vor, wenn der Schuldner voraussichtlich nicht in der Lage sein wird, die bestehenden Zahlungspflichten im Zeitpunkt der Fälligkeit zu erfüllen. Es werden die noch nicht fälligen Verbindlichkeiten erfasst. Ferner zählen hierzu die zwar noch nicht begründeten Verbindlichkeiten, deren Entstehung jedoch voraussehbar ist. Hier soll bereits im Vorfeld einer wirtschaftlichen Krise auf die rechtzeitige Eröffnung eines Insolvenzverfahrens hingewirkt werden, um die Chancen einer Sanierung zu erhöhen. Auf diesen Eröffnungsgrund kann sich jedoch nur der Schuldner selbst berufen.

§ 18 Abs. 1 InsO

Drohende Zahlungsunfähigkeit ist Eröffnungsgrund bei Antrag des Schuldners.

Er hat auf Verlangen des Gerichts einen Liquiditätsplan vorzulegen. Hierdurch soll vermieden werden, dass Gläubiger den Schuldner schon im Vorfeld der Insolvenz durch einen Insolvenzantrag unter Druck setzen können.

§ 18 Abs. 1 InsO

Als Eröffnungsgrund bei juristischen Personen greift die Überschuldung.

§ 19 Abs. 1 InsO

§ 19 InsO

Überschuldung

(1) Bei einer juristischen Person ist auch die Überschuldung Eröffnungsgrund.

(2) Überschuldung liegt vor, wenn das Vermögen des Schuldners die bestehenden Verbindlichkeiten nicht mehr deckt. Bei der Bewertung des Vermögens des Schuldners ist jedoch die Fortführung des Unternehmens zugrunde zu legen, wenn diese nach den Umständen überwiegend wahrscheinlich ist.

(3) ...

GmbH & Co. KG

Dies gilt auch bei nicht rechtsfähigen Vereinen sowie bei Gesellschaften ohne Rechtspersönlichkeit, bei denen keiner der persönlich haftenden Gesellschafter eine natürliche Person ist. Der Hauptanwendungsfall ist die GmbH & Co. KG.

§ 19 Abs. 2 InsO

Eine Überschuldung liegt vor, wenn das Vermögen des Schuldners die bestehenden Verbindlichkeiten nicht mehr deckt.

Die Feststellung der Überschuldung setzt eine Überschuldungsbilanz voraus. In dieser sind Aktiva und Passiva gegenüber gestellt. Dabei sind die Aktiva grundsätzlich mit dem Liquidationswert, d.h. so anzusetzen, als würde zum Bilanzstichtag die Liquidation beschlossen und das Unternehmen in seinen einzelnen Bestandteilen veräußert. Ergibt sich danach rechnerisch eine Überschuldung, erfolgt in einem zweiten Schritt eine Fortführungsprognose.

Wahrscheinlichkeit der Fortführung des Unternehmens.

Nach dieser ist zu ermitteln, ob eine Fortführung des Unternehmens überwiegend wahrscheinlich ist. Stellt sich danach das Unternehmen als fortführungsfähig dar, ist in einem dritten Schritt eine weitere Überschuldungsbilanz zu erstellen, in der Aktiva mit den Fortführungswerten einzusetzen sind. Maßgebend ist die Ermittlung des bei einer Veräußerung des gesamten Unternehmens zu erzielenden Unternehmenswertes einschließlich aller stillen Reserven und des »Good will«.

Ermittlung stiller Reserven und »Good will«

§ 14 Abs. 1 InsO

Der Antrag eines Gläubigers auf Eröffnung der Insolvenz setzt eine Glaubhaftmachung voraus.

Der Antrag eines Gläubigers ist nur zulässig, wenn

Glaubhaftmachung ist eine Beweisführung, die dem Gericht einen geringeren Grad von Wahrscheinlichkeit vermittelt als ein Beweis.

- der Bestand der Forderung, deren Titulierung grundsätzlich nicht erforderlich ist, glaubhaft gemacht ist. Eine Ausnahme gilt, wenn die dem Insolvenzantrag zugrunde liegende Forderung die einzige ist, die für den Fall ihres Bestehens den Insolvenzgrund ausmachen würde, und diese Forderung vom künftigen Insolvenzschuldner bestritten wird. Hier muss die Forderung voll bewiesen werden,

und

§ 294 ZPO

- der Insolvenzgrund glaubhaft gemacht wird.

Die Glaubhaftmachung erfolgt durch Vorlage von Urkunden (Kontoauszüge oder Rechnungen über Warenlieferungen). Die Zahlungsunfähigkeit wird durch Vorlage einer Bescheinigung des Gerichtsvollziehers über die Fruchtlosigkeit der Zwangsvollstreckung glaubhaft gemacht.

Die Überschuldung kann durch den Gläubiger nur schwer glaubhaft gemacht werden. Dies ist der Fall bei Vorlage testierter Jahresabschlüsse.

Die Prüfung der Zulässigkeit eines Insolvenzantrages ist eine interne vorbereitende Prüfungstätigkeit des Insolvenzrichters. Sie ist keine selbstständige, mit der sofortigen Beschwerde anfechtbare Entscheidung. Fehlt eine der vorstehend genannten Voraussetzungen, wird der Antrag als unzulässig zurückgewiesen. Hiergegen kann der Antragsteller die sofortige Beschwerde einlegen.

§§ 34 Abs. 1,6 InsO, 567 ZPO

1.2. Begründetheit des Insolvenzantrages

Verfahrensgrundsätze

§5 Abs. 1 InsO

Das Insolvenzgericht hat von Amts wegen alle Umstände zu ermitteln, die für das Insolvenzverfahren von Bedeutung sind. Es kann zu diesem Zweck insbesondere Zeugen und Sachverständige vernehmen.

Wenn das Gericht die Zulässigkeit des Insolvenzantrages festgestellt hat, ist von Amts wegen zu prüfen, ob der Insolvenzantrag auch begründet ist. Dabei ist insbesondere zu prüfen, ob ein Insolvenzgrund vorliegt. Insoweit genügt die Glaubhaftmachung nicht. Hierzu ist der Schuldner zu hören. Handelt es sich um eine oHG, sind alle Gesellschafter zu hören.

Ermittlung von Amts wegen

§5 Abs. 1 InsO

Wenn der Schuldner seine Zahlungsunfähigkeit nicht einräumt, muss das Insolvenzgericht nach pflichtgemäßem Ermessen die Zahlungsunfähigkeit feststellen, wobei sich das Gericht oft eines Gutachters bedient. Als Sachverständiger kommt vorrangig ein gerichtlich bestellter vorläufiger Insolvenzverwalter in Betracht.

§22 Abs. 1 S. 2, Abs. 2 InsO

Soweit es um das Bestehen einer Forderung geht, ist die Glaubhaftmachung ausreichend, wie dies auch im Rahmen der Prüfung der Zulässigkeit der Fall ist. Etwas anderes gilt dann, wenn gerade diese Forderung für das Vorliegen des Insolvenzgrundes maßgebend ist.

Eine Streitfrage ist, ob die Befriedigung des den Insolvenzantrag stellenden Gläubigers nach Wirksamwerden des Eröffnungsbeschlusses die vom Schuldner erhobene Beschwerde erfolgreich sein lassen kann. Zunächst ist darauf zu verweisen, dass eine derartige Befriedigung eines Gläubigers nur dann wirksam sein kann, wenn sie aus insolvenz-

Kann Erfüllung der Gläubigerforderung den Eröffnungsgrund beseitigen?

freiem Vermögen oder von Seiten Dritter geleistet wird. Die Leistung des Schuldners aus der Insolvenzmasse wäre unwirksam.

§81 Abs. 1 S. 1 InsO

In der Rechtsprechung wurde früher angenommen, dass mit der Befriedigung des den Antrag stellenden Gläubigers die gesetzlichen Voraussetzungen für die Verfahrenseröffnung weggefallen seien – was das Beschwerdegericht bis zum Zeitpunkt seiner Entscheidung zu berücksichtigen habe – und damit der Eröffnungsbeschluss aufgehoben werden müsse.

Heute wird überwiegend die Ansicht vertreten, dass der Wegfall der Forderung als ursprüngliche materielle Insolvenzvoraussetzung unerheblich sei, wenn der Insolvenzgrund weiterhin vorliegt.

Diese Auffassung steht in Übereinstimmung mit § 13 Abs. 2 InsO, wonach der Antrag nach Eröffnung des Insolvenzverfahrens nicht mehr zurückgenommen werden kann, weil das Verfahren in ein Amtsverfahren übergegangen ist. Da es sich um ein reines Amtsverfahren handelt, kann es auf den Wegfall der Forderung als materielle Vorraussetzung nicht ankommen, wenn der Insolvenzgrund als solcher weiterhin objektiv vorliegt. Dies wird auch durch § 213 InsO bestätigt, wonach im Gegensatz zur Konkursordnung die Möglichkeit besteht, auch nach der Eröffnung das Verfahren auf Antrag des Schuldners mit Zustimmung aller Insolvenzgläubiger einzustellen. Wenn eine solche Zustimmung nicht vorliegt, muss das Verfahren fortgesetzt werden. Dabei kommt es nicht darauf an, ob der den Antrag stellende Gläubiger befriedigt wurde.

Unbegründetheit des Eröffnungsantrages

Der Insolvenzantrag ist nicht begründet, auch wenn die materiellen Insolvenzvoraussetzungen vorliegen, wenn der Eröffnung andere Hindernisse entgegenstehen:

§ 26 Abs. 1 S. 1 InsO

Der Eröffnungsantrag ist abzuweisen, wenn eine die Kosten des Verfahrens (vgl. § 54 InsO) deckende Masse nicht vorhanden ist.

§ 54 Nr. 1 InsO

Die Kosten des Verfahrens sind die Gerichtskosten für das Insolvenzverfahren. Die Vergütung und die Auslagen des vorläufigen Insolvenzverwalters, des Insolvenzverwalters und der Mitglieder des Gläubigerausschusses. Die übrigen Masseverbindlichkeiten werden demgemäß bei der Prüfung der Kostendeckung nicht mehr berücksichtigt.

§ 54 Nr. 2 InsO

§ 55 InsO

§208 Abs. 1 InsO

Können die sonstigen Masseverbindlichkeiten i.S.d. § 55 InsO im eröffneten Verfahren nicht mehr gedeckt werden, führt dies zur Masseunzulänglichkeit.

§ 26 Abs. 1 S. 1 InsO

Das Insolvenzgericht hat, ggf. nach Einholung eines Sachverständigengutachtens, zu prüfen, ob die Verfahrenskosten des gesamten Verfahrens gedeckt sind. Bei der Prognose ist auf den bei Verwertung der Masse zu erwartenden Erlös abzustellen. Einzustellen sind auch Forderungen, die nur prozessual durchzusetzen sind, z.B. die Insolvenzan-

Abweisung mangels Masse

fechtung. Dabei sind die Prozessaussichten und das Kostenrisiko – unter Einbeziehung eines Prozesskostenhilfeverfahrens – zu berücksichtigen.

§§114 ff, 116 S. 1 ZPO

Sehr streitig ist, ob das Insolvenzverfahren bei hinreichend sicherer Feststellung fehlender Deckung für notwendige Maßnahmen des Insolvenzverwalters zu eröffnen ist.

Eine – isolierte – Anfechtung der Kostenentscheidung nach Abweisung des Eröffnungsantrages mangels Masse ist unzulässig.

Die Abweisung mangels Masse unterbleibt, wenn ein zur Deckung der voraussichtlichen Kosten des Insolvenzverfahrens i.S.d. § 54 InsO dienender Kostenvorschuss geleistet wird. Dies ist dann sachdienlich, wenn anzunehmen ist, dass die vorhandene Masse nach Eröffnung des Insolvenzverfahrens z.B. durch Anfechtungsprozesse oder Fortsetzung der Produktion angereichert werden kann.

§26 Abs. 1 S. 2 InsO

Der Vorschuss kann durch den Antragsteller, einen sonstigen Gläubiger oder einen Dritten geleistet werden. Er wird nicht Teil der Insolvenzmasse und ist auf ein bei dem künftigen Insolvenzverwalter einzurichtendes Anderkonto oder bei der Gerichtskasse einzuzahlen.

Wurde ein Eröffnungsantrag mangels Masse abgewiesen, so ist ein erneuter Eröffnungsantrag zulässig, wenn glaubhaft gemacht ist, dass zwischenzeitlich ausreichendes Schuldnervermögen ermittelt wurde.

Neuer Eröffnungsantrag ist zulässig.

Auch die Einzahlung eines Kostenvorschusses genügt.

Im Falle der Abweisung des Insolvenzantrages mangels Masse werden die AG, die KG a.A. und die GmbH mit Eintritt der Rechtskraft des Abweisungsbeschlusses aufgelöst. Ist der Schuldner eine natürliche Person, hat das Insolvenzgericht ihn in das Schuldnerverzeichnis gemäß § 26 Abs. 2 ZPO einzutragen.

§§131 Abs. 1 Nr. 3, Abs. 2 Nr. 2 HGB, 262 Abs. 1 Nr. 4 AktG, 60 Abs. 1 Nr. 5 GmbHG

Streitig ist, ob die Bestimmung des § 765 a ZPO, wonach der Schuldner Vollstreckungsschutz genießt, wenn die Vollstreckungsmaßnahme wegen ganz besonderer Umstände für ihn eine Härte bedeutet, die mit den guten Sitten nicht vereinbar ist, auf das Insolvenzverfahren Anwendung findet.

Keine Anwendung des Vollstreckungsschutzes im Insolvenzverfahren.

Es wird die Meinung vertreten, dass § 765 a ZPO nur eine auf die Einzelzwangsvollstreckung zugeschnittene Vollstreckungsschutzvorschrift ist.

Nach anderer Auffassung stellt § 765 a ZPO dagegen einen allgemeinen Rechtsschutzgrundsatz dar, der auch auf das Insolvenzverfahren anzuwenden ist.

2. Einzelne Sicherungsmaßnahmen

Das Insolvenzgericht kann:

- einen vorläufigen Insolvenzverwalter bestellen
- dem Schuldner ein allgemeines Verfügungsverbot auferlegen oder anordnen, dass Verfügungen des Schuldners nur mit Zustimmung des vorläufigen Insolvenzverwalters wirksam sind
- Maßnahmen der Zwangsvollstreckung gegen den Schuldner untersagen oder einstweilen einstellen, soweit nicht unbewegliche Gegenstände betroffen sind
- eine vorläufige Postsperre anordnen.
- Reichen andere Maßnahmen nicht aus, so kann das Gericht den Schuldner zwangsweise vorführen und nach Anhörung in Haft nehmen lassen.

Die Anordnung von Sicherungsmaßnahmen berührt nicht die Wirksamkeit von Verfügungen über Finanzsicherheiten nach § 1 Abs. 17 des Kreditwesengesetzes und die Wirksamkeit der Verrechnung von Ansprüchen und Leistungen aus Überweisungs-, Zahlungs- oder Übertragungsverträgen, die in ein System nach § 1 Abs. 16 des Kreditwesengesetzes eingebracht wurden. Finanzsicherheiten sind Barsicherheiten oder Finanzinstrumente nach Art. 1 Abs. 4 a der Richtlinie 2002/47/EG des Europäischen Parlaments und des Rates vom 06.06.2002 über Finanzsicherheiten (ABl.EG-Nr. L 168 S. 43 ff.), die als Sicherheit in Form eines beschränkten dinglichen Sicherungsrechtes oder im Wege der Vollrechtsübertragung aufgrund einer Vereinbarung zwischen einem Sicherungsnehmer und einem Sicherungsgeber, der den Voraussetzungen des Art. 1 Abs. 2 a-d der Richtlinie 2002/47/EG aufgeführten Kategorien entsprechen muss, bereitgestellt werden. Hierbei handelt es sich um öffentlich-rechtliche Körperschaften einschließlich der öffentlichen Stellen der Mitgliedstaaten, die für die Verwaltung der Schulden der öffentlichen Hand zuständig sind oder daran mitwirken und der öffentlichen Stellen der Mitgliedstaaten, die berechtigt sind, Konten für Kunden zu führen. Die vorstehenden Regelungen erfassen allerdings nicht die üblichen Kreditsicherheiten zwischen Bank und Sicherungsgeber im Inland

Sicherungsmaßnahmen können durch einen gerichtlichen Beschluss angeordnet werden. Sie dienen der Sicherung und Erhaltung des Schuldnervermögens zum Schutz der Insolvenzgläubiger.

Ferner sollen die aus- und absonderungsberechtigten Gläubiger ebenfalls geschützt werden. Derartige vorläufige Sicherungsmaßnahmen dürfen nur bei Zulässigkeit des Antrages auf Eröffnung des Insolvenzverfahrens angeordnet werden.

§§ 47 ff. InsO

2.1. Allgemeines Verfügungsverbot

Das Insolvenzgericht hat zwei Möglichkeiten im Eröffnungsbeschluss Sicherungsmaßnahmen auszusprechen:

§ 21 Abs. 2 Nr. 2 InsO

- Es kann dem Schuldner ein allgemeines Verfügungsverbot auferlegen oder
- den Schuldner in seiner Verfügungsbefugnis mit der Maßgabe beschränken, dass seine Verfügungen nur mit Zustimmung des vorläufigen Insolvenzverwalters wirksam sind.

Wenn der Beschluss eines Verfügungsverbotes verkündet wird, tritt mit der Verkündung dessen Wirksamkeit ein. Ob der Betroffene bei der Verkündung anwesend ist oder nicht, ist unerheblich.

Verfügungsverbot wird mit Verkündung wirksam.

Wenn ein Beschluss mit dem Inhalt eines Verfügungsverbotes nicht verkündet wird, stellt sich die Frage nach dem Zeitpunkt der Wirksamkeit dieses Verbotes. Dabei kann man sich auf den Standpunkt stellen, dass die Wirksamkeit erst mit Zustellung des Verbotes an den Schuldner eintritt.

Ebenso ist es vertretbar, die Wirksamkeit des Verfügungsverbotes zum Zeitpunkt des ersten Ausganges aus dem inneren Geschäftsbetrieb des Gerichtes annehmen zu wollen.

Eine weitere, wohl im Vordringen befindliche Meinung sieht das allgemeine Verfügungsverbot bereits mit seinem Erlass als wirksam an. Daneben wird die öffentliche Bekanntmachung empfohlen, um die Möglichkeit eines gutgläubigen Erwerbes zu verhindern.

Das allgemeine Verfügungsverbot wird praktisch unter der auflösenden Bedingung der rechtskräftigen Aufhebung des Eröffnungsbeschlusses erlassen. Mit der Rechtskraft dieses Beschlusses verliert das Verfügungsverbot seine Wirkung.

Verfügungen des Schuldners

§81 InsO

(1) Hat der Schuldner nach der Eröffnung des Insolvenzverfahrens über einen Gegenstand der Insolvenzmasse verfügt, so ist diese Verfügung unwirksam. Unberührt bleiben die §§ 892, 893 des Bürgerlichen Gesetzbuchs, §§ 16, 17 des Gesetzes über Rechte an eingetragenen Schiffen und Schiffsbauwerken und §§ 16, 17 des Gesetzes über Rechte an Luftfahrzeugen. Dem anderen Teil ist die Gegenleistung aus

der Insolvenzmasse zurückzugewähren, soweit die Masse durch sie bereichert ist.
(2) Für eine Verfügung über künftige Forderungen auf Bezüge aus einem Dienstverhältnis des Schuldners oder an deren Stelle tretende laufende Bezüge gilt Absatz 1 auch insoweit, als die Bezüge für die Zeit nach der Beendigung des Insolvenzverfahrens betroffen sind. Das Recht des Schuldners zur Abtretung dieser Bezüge an einen Treuhänder mit dem Ziel der gemeinschaftlichen Befriedigung der Insolvenzgläubiger bleibt unberührt.
(3) Hat der Schuldner am Tag der Eröffnung des Verfahrens verfügt, so wird vermutet, daß er nach der Eröffnung verfügt hat. Eine Verfügung des Schuldners über Finanzsicherheiten im Sinne des § 1 Abs. 17 des Kreditwesengesetzes nach der Eröffnung ist, unbeschadet der §§ 129 bis 147, wirksam, wenn sie am Tag der Eröffnung erfolgt und der andere Teil nachweist, dass er die Eröffnung des Verfahrens weder kannte noch kennen musste.

§82 InsO

Leistungen an den Schuldner

Ist nach der Eröffnung des Insolvenzverfahrens zur Erfüllung einer Verbindlichkeit an den Schuldner geleistet worden, obwohl die Verbindlichkeit zur Insolvenzmasse zu erfüllen war, so wird der Leistende befreit, wenn er zur Zeit der Leistung die Eröffnung des Verfahrens nicht kannte. Hat er vor der öffentlichen Bekanntmachung der Eröffnung geleistet, so wird vermutet, daß er die Eröffnung nicht kannte.

Die Wirkungen des allgemeinen Verfügungsverbots ergeben sich aus § 24 Abs. 1 i.V.m. §§ 81, 82 InsO, wonach Verfügungen des Schuldners absolut unwirksam sind und der gute Glaube nur bei Grundstücksgeschäften und bei Leistungen an den Schuldner geschützt ist. Es soll den Bestand der (künftigen) Insolvenzmasse im Interesse der Insolvenzgläubiger vor masseschädigenden Verfügungen des Schuldners schützen.

2.2. Einstweilige Einstellung oder Untersagung der Zwangsvollstreckung

§ 21 Abs. 2 Nr. 3 InsO

Bei beweglichen Gegenständen kann das Insolvenzgericht bereits im Eröffnungsverfahren Handlungen im Rahmen der Einzelzwangsvollstreckung, die gegen den Schuldner geführt werden, untersagen oder einstweilen einstellen. Dies ist praktisch eine Vorverlagerung der Wirkung des Vollstreckungsverbotes, das sonst erst mit der Eröffnung des Insolvenzverfahrens eintritt.

§89 InsO

Das Verfahren auf Eröffnung der Insolvenz

Im Übrigen ist eine nach dem Wirksamwerden des Einstellungsbeschlusses durchgeführte einzelne Vollstreckungsmaßnahme anfechtbar. Dies geschieht mittels einer Vollstreckungserinnerung. Der Gerichtsvollzieher oder andere Vollstreckungsorgane haben den entsprechenden Beschluss des Insolvenzgerichtes von Amts wegen zu beachten. Daher dürfen weitere oder bereits vorliegende Zwangsvollstreckungsaufträge nicht mehr durchgeführt werden. Laufende Vollstreckungsmaßnahmen sind einstweilen einzustellen.

§ 766 ZPO

Einzelne Vollstreckungsmaßnahmen sind verboten.

Ein derartiger Untersagungs- oder Einstellungsbeschluss hat keine Wirkung mehr, sobald das Insolvenzverfahren eröffnet wird. Ab diesem Zeitpunkt sind Einzelzwangsvollstreckungsmaßnahmen nicht mehr zulässig.

Umgekehrt ist bei einer Ablehnung des Antrages auf Eröffnung des Insolvenzverfahrens durch Beschluss festzustellen, dass die im Eröffnungsverfahren angeordneten Maßnahmen gegen einzelne Vollstreckungsmaßnahmen aufgehoben werden.

Eine Anhörung des Schuldners vor Erlass von Sicherungsmaßnahmen ist auf Grund des Eilcharakters des Insolvenzverfahrens nicht erforderlich. Zur Gewährung des rechtlichen Gehörs ist die Möglichkeit, nachträglich Einwendungen vorbringen zu können, ausreichend.

Anhörung des Schuldners

3. Die Rechtsstellung des vorläufigen Insolvenzverwalters

§ 21 Abs. 2 Nr. 1 InsO

§ 21 Abs. 2 Nr. 2 InsO

Das Amtsgericht als Insolvenzgericht kann die Einsetzung eines vorläufigen Insolvenzverwalters anordnen, wobei dies häufig im Zusammenhang mit dem Erlass des allgemeinen Verfügungsverbotes erfolgt.

§22 InsO

Rechtsstellung des vorläufigen Insolvenzverwalters

(1) Wird ein vorläufiger Insolvenzverwalter bestellt und dem Schuldner ein allgemeines Verfügungsverbot auferlegt, so geht die Verwaltungs- und Verfügungsbefugnis über das Vermögen des Schuldners auf den vorläufigen Insolvenzverwalter über. In diesem Fall hat der vorläufige Insolvenzverwalter:
1. das Vermögen des Schuldners zu sichern und zu erhalten;
2. ein Unternehmen, das der Schuldner betreibt, bis zur Entscheidung über die Eröffnung des Insolvenzverfahrens fortzuführen, soweit nicht das Insolvenzgericht einer Stilllegung zustimmt, um eine erhebliche Verminderung des Vermögens zu vermeiden;
3. zu prüfen, ob das Vermögen des Schuldners die Kosten des Verfahrens decken wird; das Gericht kann ihn zusätzlich beauftragen, als Sachverständiger zu prüfen, ob ein Eröffnungsgrund vorliegt und welche Aussichten für eine Fortführung des Unternehmens des Schuldners bestehen.

(2) Wird ein vorläufiger Insolvenzverwalter bestellt, ohne daß dem Schuldner ein allgemeines Verfügungsverbot auferlegt wird, so bestimmt das Gericht die Pflichten des vorläufigen Insolvenzverwalters. Sie dürfen nicht über die Pflichten nach Absatz 1 Satz 2 hinausgehen.

(3) Der vorläufige Insolvenzverwalter ist berechtigt, die Geschäftsräume des Schuldners zu betreten und dort Nachforschungen anzustellen. Der Schuldner hat dem vorläufigen Insolvenzverwalter Einsicht in seine Bücher und Geschäftspapiere zu gestatten. Er hat ihm alle erforderlichen Auskünfte zu erteilen; die §§ 97, 98, 101 Abs. 1 Satz 1, 2, Abs. 2 gelten entsprechend.

3.1. Mit Verwaltungs- und Verfügungsbefugnis (sog. »starker Verwalter«)

Verwaltungs- und Verfügungsbefugnis geht auf Verwalter über.

Durch die vorgenannte Verbindung beider Anordnungen wird schon vor der Eröffnung des Insolvenzverfahrens die Verwaltungs- und Verfügungsbefugnis des Schuldners mit einer den Insolvenzbeschlag vorwegnehmenden Wirkung auf den vorläufigen Insolvenzverwalter übertragen. §22 Abs. 1 S. 1 InsO

In diesem Fall hat er das Vermögen des Schuldners zu sichern und zu erhalten, ggf. das Unternehmen des Schuldners fortzuführen und zu prüfen, ob das Vermögen des Schuldners die Kosten des Verfahrens decken wird.

Rechtsstellung und Befugnisse des sog. Sequesters waren nach der Konkursordnung heftig umstritten. Nach Ansicht der höchstrichterlichen Rechtsprechung und der herrschenden Literatur sollten dem Sequester keine umfassenden Befugnisse zustehen, insbesondere Verwertungshandlungen ausgeschlossen sein.

Da die Insolvenzordnung jedoch im Gegensatz zur Konkursordnung auch das Ziel verfolgt, Sanierungen und Übertragungen von Betrieben und Betriebsteilen während des Insolvenzverfahrens zu ermöglichen, sieht sie für den vorläufigen Insolvenzverwalter einen neuen und erweiterten Aufgabenkreis vor, so dass seine Rechtsstellung neu zu bestimmen ist. So hat der vorläufige Insolvenzverwalter z.B. das Recht zur Aufnahme anhängiger Rechtsstreitigkeiten, die nach Änderung des § 240 ZPO durch Art. 18 EGInsO (Einführungsgesetz zur Insolvenzordnung) bereits mit Anordnung der vorläufigen Verwaltung unterbrochen werden. Das Verfahren der freiwilligen Gerichtsbarkeit wird nicht entsprechend § 240 ZPO unterbrochen. §24 Abs. 2 i.V.m. §§85 Abs. 1, 86 InsO

Nach der Insolvenzordnung steht der vorläufige Insolvenzverwalter dem endgültigen Verwalter jedenfalls wesentlich näher als der Sequester dem Konkursverwalter stand.

Die von dem vorläufigen Insolvenzverwalter begründeten Verbindlichkeiten sind Masseverbindlichkeiten im eröffneten Verfahren. Entsprechendes gilt für Verbindlichkeiten aus einem Dauerschuldverhältnis.

Sonstige Masseverbindlichkeiten §55 Abs. 1 InsO

Masseverbindlichkeiten sind weiter die Verbindlichkeiten:
1. die durch Handlungen des Insolvenzverwalters oder in anderer Weise durch die Verwaltung, Verwertung und Verteilung der Insolvenzmasse begründet werden, ohne zu den Kosten des Insolvenzverfahrens zu gehören;
2. aus gegenseitigen Verträgen, soweit deren Erfüllung zur Insolvenzmasse verlangt wird oder für die Zeit nach der Eröffnung des Insolvenzverfahrens erfolgen muß;
3. aus einer ungerechtfertigten Bereicherung der Masse.

Nunmehr kann auch bei Einsetzung eines sog. »starken vorläufigen Insolvenzverwalters« die Bundesagentur für Arbeit die auf sie nach § 55 Abs. 3 InsO

§ 187 SGB III übergegangenen Ansprüche auf Arbeitsentgelt nur noch als Insolvenzgläubiger geltend machen.

§§ 21 Abs. 2 Nr. 1, 61 S. 1 InsO

Reicht die Insolvenzmasse für die Erfüllung dieser Masseverbindlichkeiten nicht aus, so haftet der vorläufige Insolvenzverwalter den Massegläubigern auf Schadensersatz.

§ 61 S. 2 InsO

Eine Schadensersatzpflicht des vorläufigen Insolvenzverwalters scheidet jedoch aus, wenn dieser die Masseunzulänglichkeit bei Begründung der Verbindlichkeit nicht erkennen konnte.

3.2. Ohne Verwaltungs- und Verfügungsbefugnis (sog. »schwacher Verwalter«)

Schuldner behält seine Verfügungsbefugnis.

Wenn das Insolvenzgericht die vorläufige Insolvenzverwaltung anordnet ohne gleichzeitig ein Verfügungsverbot zu erlassen, kann der vorläufige Insolvenzverwalter nicht über das Vermögen des Schuldners verfügen, da er hierzu keine Verfügungsmacht hat. Das Insolvenzgericht ordnet konkrete Pflichten für den vorläufigen Insolvenzverwalter an. Er hat hierbei die Aufgabe der Sicherung und Erhaltung der Masse. Er überwacht das Verhalten des Schuldners, ohne jedoch selbst irgendeine Bewertungsbefugnis zu besitzen (sog. schwacher Verwalter).

§ 22 Abs. 2 InsO

§§ 159, 165 ff. InsO

Aus den Motiven des Gesetzgebers ergibt sich, dass der »starke Verwalter« eigentlich der Regelfall und der sog. »schwache Verwalter« die Ausnahme sein soll. In der Praxis der Insolvenzgerichte wird jedoch überwiegend anders verfahren. Es wird zunächst ein Gutachter oder ein sog. »schwacher Verwalter« eingesetzt. Hintergrund hierfür ist, dass die Begründung von Masseverbindlichkeiten vermieden werden soll. Ebenso sollen sog. oktroyierte Verbindlichkeiten aus Dauerschuldverhältnissen vermieden werden, wenn die Gegenleistung in Anspruch genommen würde.

Befugnisse des »schwachen« Verwalters muss Gericht festlegen.

Der BGH hat es als unzulässig angesehen, dem vorläufigen »schwachen Verwalter« eine umfassende Ermächtigung zu erteilen, wonach er für den Schuldner zu handeln hat. Vielmehr muss das Insolvenzgericht im Einzelnen die Befugnisse und Pflichten des vorläufigen Insolvenzverwalters bestimmen. Dabei kann es den vorläufigen Insolvenzverwalter ermächtigen, einzelne Verpflichtungen zu Lasten der späteren Masse einzugehen.

§ 240 S. 2 ZPO

Bei der Bestellung eines sog. »schwachen Verwalters« wird ein anhängiger Rechtsstreit nicht unterbrochen.

4. Rechtsbehelfe

4.1. Gegen die Anordnung von Sicherungsmaßnahmen

Dem Schuldner steht die sofortige Beschwerde gegen die Anordnung von Sicherungsmaßnahmen zu.

§ 21 Abs. 1 InsO i.V.m. §§ 6 InsO, 567 ZPO

Fallen die Eröffnungsvoraussetzungen weg, entfallen gleichzeitig die im Eröffnungsverfahren angeordneten Maßnahmen.

4.2. Sonstige Rechtsbehelfe

Wenn der Insolvenzschuldner Einwendungen, welche die Art und Weise der Zwangsvollstreckung oder das vom Gerichtsvollzieher bei ihr zu beobachtende Verfahren betreffen, geltend machen will, geschieht dies im Wege der Erinnerung.

Hierüber hat das Insolvenzgericht zu entscheiden.

Rechtsbehelf ist jedes prozessuale Mittel zur Verwirklichung eines Rechts.
§§4, 148 Abs. 2 InsO i.V.m. §766 ZPO

Dies gilt auch für den Einwand der Unpfändbarkeit. Zwar ist grundsätzlich § 811 ZPO nicht anwendbar, wenn es um die Zwangsvollstreckung zur Erwirkung der Herausgabe von Sachen geht. Das Insolvenzverfahren ist jedoch eine Generalvollstreckung und damit letztlich Geldvollstreckung, so dass die Anwendbarkeit bejaht wird.

Wenn zwischen dem Schuldner und dem Insolvenzverwalter Meinungsverschiedenheiten bestehen, ob ein Gegenstand zur Insolvenzmasse gehört oder nicht, kann der Insolvenzverwalter eine Feststellungsklage gegen den Insolvenzschuldner erheben. Der Insolvenzschuldner seinerseits kann eine Vollstreckungsgegenklage einreichen.

Bei Streit über Massezugehörigkeit:
- Verwalter Feststellungsklage
- Schuldner Vollstreckungsklage
§4 InsO i.V.m. §§795, 767 ZPO

5. Der Eröffnungsbeschluss

§27 Abs. 2 InsO

Eröffnungsbeschluss

Der Eröffnungsbeschluß enthält:
1. Firma oder Namen und Vornamen, Geschäftszweig oder Beschäftigung,
gewerbliche Niederlassung oder Wohnung des Schuldners;
2. Namen und Anschrift des Insolvenzverwalters;
3. die Stunde der Eröffnung.

§28 Abs. 1 InsO

Im Eröffnungsbeschluss sind die Gläubiger aufzufordern, ihre Forderungen innerhalb einer bestimmten Frist anzumelden.

§28 Abs. 2 InsO

Ferner sind die Gläubiger aufzufordern, dem Verwalter unverzüglich mitzuteilen, welche Sicherungsrechte sie an beweglichen Sachen oder an Rechten des Schuldners in Anspruch nehmen. Der Gegenstand, an dem das Sicherungsrecht beansprucht wird, die Art und der Entstehungsgrund des Sicherungsrechtes sowie die gesicherte Forderung sind zu bezeichnen.

§29 InsO

Terminbestimmungen

(1) Im Eröffnungsbeschluß bestimmt das Insolvenzgericht Termine für:

Berichtstermin

1. eine Gläubigerversammlung, in der auf der Grundlage eines Berichts des Insolvenzverwalters über den Fortgang des Insolvenzverfahrens beschlossen wird (Berichtstermin); der Termin soll nicht über sechs Wochen und darf nicht über drei Monate hinaus angesetzt werden;

Prüfungstermin

2. eine Gläubigerversammlung, in der die angemeldeten Forderungen geprüft werden (Prüfungstermin); der Zeitraum zwischen dem Ablauf der Anmeldefrist und dem Prüfungstermin soll mindestens eine Woche und höchstens zwei Monate betragen.

(2) Die Termine können verbunden werden.

Nachstehend ist ein fiktiver Eröffnungsbeschluss dargestellt:

84 IN 57/03   – Ausfertigung –

AMTSGERICHT DORTMUND
BESCHLUSS

Über das Vermögen

der Firma Engelbert Krulla, Inhaber Felix Krulla, geb. am 29.02.1967, Kellerstr. 40, 44379 Dortmund

wird wegen Zahlungsunfähigkeit heute, am 26.05.2003, um 12:00 Uhr das Insolvenzverfahren eröffnet.

Zugleich werden die Verfahren 84 IN 57/03 und 84 IN 128/02 gem. § 4 InsO, § 147 ZPO zu einem einheitlichen Verfahren verbunden; das erstgenannte Aktenzeichen führt.

Zum Insolvenzverwalter wird ernannt Rechtsanwalt Dr. Stephan Rau, Lublinring 16, 44383 Dortmund, Tel 0231/8888, Fax +49231/88881.

Forderungen der Insolvenzgläubiger sind bis zum 30.06.2003 unter Beachtung des § 174 InsO beim Insolvenzverwalter anzumelden.

Die Gläubiger werden aufgefordert, dem Insolvenzverwalter unverzüglich mitzuteilen, welche Sicherungsrechte sie an beweglichen Sachen oder an Rechten des Schuldners in Anspruch nehmen. Der Gegenstand, an dem das Sicherungsrecht beansprucht wird, die Art und der Entstehungsgrund des Sicherungsrechts sowie gesicherte Forderung sind zu bezeichnen. Wer diese Mitteilung schuldhaft unterlässt oder verzögert, haftet für den daraus entstehenden Schaden (§ 28 Abs. 2 InsO).

Wer Verpflichtungen gegenüber dem Schuldner hat, wird aufgefordert, nicht mehr an diesen zu leisten, sondern nur noch an den Insolvenzverwalter.

Termin zur Gläubigerversammlung, in der auf der Grundlage eines Berichtes des Insolvenzverwalters über den Fortgang des Verfahrens beschlossen wird (Berichtstermin) und Termin zur Prüfung der angemeldeten Forderungen ist am

Mittwoch, 30.07.2003, 13:30 Uhr

im Gebäude des Amtsgerichts Dortmund, Gebäudeteil A 1, Gerichtsstr. 100, 45000 Dortmund, EG, Saal A 13.

Der Termin dient zugleich zur Beschlussfassung der Gläubiger über die Person des Insolvenzverwalters, den Gläubigerausschuss, ggf. die Zahlung von Unterhalt aus der Insolvenzmasse (§§ 100, 101 InsO) und die in §§ 149, 159 bis 163 Abs. 2, 271 und 272 InsO bezeichneten Gegenstände.

Dortmund, 26.05.2003

Amtsgericht

Dr. Meier

Richterin am Amtsgericht

Ausgefertigt

Wild

Justizangestellte

als Urkundsbeamtin der Geschäftsstelle

Die Geschäftsstelle des Insolvenzgerichtes hat den Eröffnungsbeschluss sofort öffentlich bekannt zu geben. Die Bekanntmachung ist auszugsweise im Bundesanzeiger zu veröffentlichen.

Bekanntmachung des Eröffnungsbeschlusses

Nach der Rechtsprechung wird der Eröffnungsbeschluss wirksam, wenn die Geschäftsstelle des Insolvenzgerichtes den Beschluss an einen der Beteiligten versendet. Entsprechendes gilt nach Herausgabe des Beschlusses zur öffentlichen Bekanntmachung.

Grundsätzlich tritt die Beschlagnahme rückwirkend ein, nämlich vom Zeitpunkt des Wirksamwerdens des Eröffnungsbeschlusses an. Die Beschlagnahme umfasst die Insolvenzmasse. Hierzu gehört das gesamte im Zeitpunkt der Eröffnung vorhandene Vermögen des Schuldners. Erlangt dieser während des Verfahrens weitere Gegenstände (sog. Neuerwerb), gehören diese ebenfalls zur Insolvenzmasse.

§ 80 InsO

§ 35 InsO

Durch die Beschlagnahme entsteht die öffentliche Verstrickung des Vermögens des Schuldners. Diese ist strafrechtlich geschützt.

§ 136 StGB

Im Gegensatz zu § 811 Nr. 11 ZPO gehören zur Insolvenzmasse auch Geschäftsbücher des Schuldners. Diese benötigt der Insolvenzverwalter für eine ordnungsgemäße Verwaltung.

§ 36 Abs. 2 Nr. 1 InsO

Gleichzeitig ist der Eröffnungsbeschluss auch ein Herausgabetitel. Der vollstreckungsfähige Inhalt besteht darin, dass die Pflicht des Schuldners begründet wird, alle zur Insolvenzmasse gehörenden Gegenstände herauszugeben. Im Gegensatz zur Zwangsvollstreckung, bei der herauszugebende Gegenstände im Titel genau zu bezeichnen sind, ist dies beim Eröffnungsbeschluss nicht erforderlich. Der Eröffnungsbeschluss ist vielmehr ein sog. Globaltitel, den der Insolvenzverwalter dadurch ausfüllt, dass er die Gegenstände bezeichnet, soweit sie unter §§ 35, 148 Abs. 1 InsO fallen.

§ 794 Abs. 1 Nr. 3 ZPO i.V.m. § 148 Abs. 2 S. 1 InsO

Gegebenenfalls hat der Verwalter die Zwangsvollstreckung als Herausgabevollstreckung durchführen zu lassen.

§ 4 InsO i.V.m. §§ 883, 885 ZPO

Dabei ist eine über den Herausgabebeschluss hinaus gehende richterliche Anordnung nicht erforderlich.

Der vom Insolvenzverwalter eingeschaltete Gerichtsvollzieher nimmt alle im Besitz des Schuldners befindlichen Gegenstände in Beschlag, soweit sie unter § 35 InsO fallen. Der Insolvenzverwalter kann die einzelnen zur Insolvenzmasse gehörenden Gegenstände nicht kennen und sie deshalb auch nicht näher bezeichnen. Deshalb bestimmt § 90 der Geschäftsanweisung für Gerichtsvollzieher:

Beschlagnahme von Massegegenständen

Das Verfahren auf Eröffnung der Insolvenz

»*1. Der Beschluß, durch den ein Konkurs-, Gesamtvollstreckungs- oder Insolvenzverfahren eröffnet wird, ist ein vollstreckbarer Titel zugunsten des Verwalters auf Herausgabe der Masse und auf Räumung der im Besitz des Schuldners befindlichen Räume.*

2. Eine Benennung der zur Masse gehörenden Gegenstände ist weder für den Eröffnungsbeschluß vorgesehen noch in der Vollstreckungsklausel nötig. ...«

Ein solches Vorgehen des Gerichtsvollziehers ist nicht zu beanstanden. Es tut sich insoweit eine Parallele zur Einzelzwangsvollstreckung in das bewegliche Vermögen eines Schuldners wegen einer Geldforderung auf. In einem solchen Fall entscheidet der Gerichtsvollzieher ebenfalls allein, ob ein Gegenstand, in den vollstreckt wird, zu dem der Haftung unterliegenden Vermögen des Schuldners gehört oder nicht.

§4 InsO i.V.m. §§795
§724 Abs. 2 ZPO
§4 InsO i.V.m. §§795,
750 Abs. 1 ZPO

Auf jeden Fall muss der Insolvenzverwalter eine vollstreckbare Ausfertigung des Eröffnungsbeschlusses beim Insolvenzgericht beantragen und dessen Zustellung veranlassen.

6. Besondere Arten des Insolvenzverfahrens

6.1. Nachlassinsolvenzverfahren

Erweist sich ein Nachlass als überschuldet, kommt ein Nachlassinsolvenzverfahren in Betracht. Zum Antrag auf Eröffnung eines solchen Verfahrens ist jeder Erbe, der Nachlassverwalter sowie ein anderer Nachlasspfleger, ein Testamentsvollstrecker und jeder Nachlassgläubiger berechtigt.

§§ 315 ff. InsO

§§ 317 Abs. 1 InsO

Der Antrag kann auch von einem Erben einer Erbengemeinschaft gestellt werden. Dann ist der Eröffnungsgrund glaubhaft zu machen. Das Insolvenzgericht hat die übrigen Erben zu hören.

Örtlich zuständig für dieses Insolvenzverfahren über einen Nachlass ist ausschließlich das Insolvenzgericht, in dessen Bezirk der Erblasser zur Zeit des Todes seinen allgemeinen Gerichtsstand hatte.

Die Eröffnung des Insolvenzverfahrens wird nicht dadurch ausgeschlossen, dass der Erbe die Erbschaft noch nicht angenommen hat oder dass er für die Nachlassverbindlichkeiten unbeschränkt haftet.

§§ 316 Abs. 1 InsO

Über einen isolierten Erbteil findet ein Insolvenzverfahren nicht statt.

Der Antrag eines Nachlassgläubigers auf Eröffnung des Insolvenzverfahrens ist unzulässig, wenn seit der Annahme der Erbschaft zwei Jahre verstrichen sind.

§§ 319 InsO

Gründe für die Eröffnung des Insolvenzverfahrens über einen Nachlass sind die Zahlungsunfähigkeit und die Überschuldung. Wenn der Erbe, der Nachlassverwalter oder ein anderer Nachlasspfleger oder ein Testamentsvollstrecker die Eröffnung des Verfahrens beantragen, so ist auch die drohende Zahlungsunfähigkeit Eröffnungsgrund.

§§ 320 InsO

Hat der Erbe vor der Eröffnung des Insolvenzverfahrens aus dem Nachlass Pflichtteilsansprüche, Vermächtnisse oder Auflagen erfüllt, so ist diese Rechtshandlung in gleicher Weise anfechtbar wie eine unentgeltliche Leistung des Erben.

§§ 322 InsO

Masseverbindlichkeiten sind:

- Kosten des Insolvenzverfahrens
- Verbindlichkeiten, die durch Handlungen des Insolvenzverwalters oder in anderer Weise durch die Verwaltung, Verwertung und Verteilung der Insolvenzmasse begründet werden, ohne zu den Kosten des Insolvenzverfahrens zu gehören

Gerichtskosten und Vergütungen sowie Auslagen des vorläufigen Insolvenzverwalters, des Insolvenzverwalters und der Mitglieder des Gläubigerausschusses

- Verbindlichkeiten aus gegenseitigen Verträgen, soweit deren Erfüllung zur Insolvenzmasse verlangt wird oder für die Zeit nach der Eröffnung des Insolvenzverfahrens erfolgen muss
- Verbindlichkeiten aus einer ungerechtfertigten Bereicherung der Masse
- Aufwendungen, die den Erben nach den §§ 1978, 1979 des BGB aus dem Nachlass zu ersetzen sind
- die Kosten der Beerdigung des Erblassers
- die im Falle der Todeserklärung des Erblassers nach dem Nachlass zur Last fallenden Kosten des Verfahrens
- die Kosten der Eröffnung einer Verfügung des Erblassers von Todes wegen, der gerichtlichen Sicherung des Nachlasses, einer Nachlasspflegschaft, des Aufgebotes der Nachlassgläubiger und der Inventarerrichtung
- Verbindlichkeiten aus den von einem Nachlasspfleger oder einem Testamentsvollstrecker vorgenommenen Rechtsgeschäften
- die Verbindlichkeiten, die für den Erben gegenüber einem Nachlasspfleger, einem Testamentsvollstrecker oder einem Erben, der die Erbschaft ausgeschlagen hat, aus der Geschäftsführung dieser Personen entstanden sind, soweit die Nachlassgläubiger verpflichtet wären, wenn die bezeichneten Personen die Geschäfte für sie zu besorgen gehabt hätten.

§ 325 InsO

In einem Insolvenzverfahren über einen Nachlass können nur Nachlassverbindlichkeiten geltend gemacht werden.

§ 327 Abs. 1 InsO

Verbindlichkeiten gegenüber Pflichtteilsberechtigten und solche aus den vom Erblasser angeordneten Vermächtnissen und Auflagen sind nachrangig.

6.2. Gütergemeinschaft

§§332 ff. InsO

Hier gelten die vorstehend ausgeführten Bestimmungen ebenfalls.

Insolvenzgläubiger sind nur solche, deren Forderungen schon zur Zeit des Eintritts der fortgesetzten Gütergemeinschaft als Gesamtgutsverbindlichkeiten bestanden.

Anteilsberechtigte Abkömmlinge sind nicht berechtigt, die Eröffnung des Verfahrens zu beantragen. Vom Insolvenzgericht sind sie jedoch zu einem von dritter Seite gestellten Eröffnungsantrag zu hören.

Zum Antrag auf Eröffnung des Insolvenzverfahrens über das Gesamtgut einer Gütergemeinschaft, das von den Ehegatten gemeinschaftlich verwaltet wird, ist jeder Gläubiger berechtigt, der die Erfüllung einer Verbindlichkeit aus dem Gesamtgut verlangen kann.

§333 InsO

Ferner ist auch jeder Ehegatte antragsberechtigt. Wenn der Antrag nicht von beiden Ehegatten gestellt wird, ist er nur zulässig, wenn die Zahlungsunfähigkeit des Gesamtgutes glaubhaft gemacht wird. Der andere Ehegatte ist zu hören.

Eine persönliche Haftung der Ehegatten über die Verbindlichkeiten, deren Erfüllung aus dem Gesamtgut verlangt werden kann, kann während der Dauer des Insolvenzverfahrens nur vom Insolvenzverwalter oder vom Sachwalter geltend gemacht werden.

§§334 InsO

Forderungsanmeldung im Insolvenzverfahren

Anmeldungen sind stets nur an den Insolvenzverwalter (Treuhänder, Sachverwalter) zu senden, nicht an das Gericht. Bitte beachten Sie auch das gerichtliche Merkblatt zur Forderungsanmeldung

Schuldner:	
Feueranlagen Julius Sperber GmbH, Kürbisstr. 1, 45000 Dortmund, vertr.d.d. Geschäftsführer Julius Sperber, ebenda	
Insolvenzgericht: Amtsgericht Dortmund	**Aktenzeichen:** 145 IN 523/03

Gläubiger	Gläubigervertreter
Genaue Bezeichnung des Gläubigers mit Postanschrift, bei Gesellschaften mit Angabe der gesetzlichen Vertreter.	Die Beauftragung eines Rechtsanwaltes ist freigestellt. Die Vollmacht muss sich ausdrücklich auf Insolvenzsachen erstrecken.
Blasius GmbH, Rasenstr. 178c, 45021 Dortmund, vertr. d.d. den Geschäftsführer Paul Blasius, ebenda	Rechtsanwälte Dr. Bärtig u. Kollegen Frauenstr. 31 45002 Dortmund
Geschäftszeichen:	Geschäftszeichen: **421-01**

Angemeldete Forderungen

Jede selbstständige Forderung ist getrennt anzugeben. Reicht der Raum auf diesem Formular nicht aus, so sind die weiteren Forderungen in einer Anlage nach dem folgenden Schema aufzuschlüsseln.

Erste Hauptforderung im Rang des § 38 InsO (notfalls geschätzt)	1.406.199,22 €
Zinsen, höchstens bis zum Tag vor der Eröffnung des Verfahrens 5 Prozentpunkte über dem Basiszinssatz aus 1.406.199,22 € seit dem 29.08.2001	61.144,04 €
Kosten, die vor der Eröffnung des Verfahrens entstanden sind	
Kosten für das selbstständige Beweisverfahren	20.657,24 €
Kosten für das Mahnverfahren	7.869,00 €
Summe:	1.495.869,50 €

Zweite Hauptforderung im Rang des § 38 InsO (notfalls geschätzt)	€
Zinsen, höchstens bis zum Tag vor der Eröffnung des Verfahrens % aus seit dem	€
Kosten, die vor der Eröffnung des Verfahrens entstanden sind	€
Summe:	€

Nachrangige Forderungen (§ 39 InsO)	
Diese Forderungen sind nur anzumelden, wenn das Gericht ausdrücklich hierzu aufgefordert hat (§ 174 Abs. 3 InsO). Die gesetzliche Rangstelle ist durch Ankreuzen zu bezeichnen. Ab Nachrang 3 sind Zinsen und Kosten gesondert anzugeben und der jeweiligen Hauptforderung zuzuordnen (vgl. § 39 Abs. 3 InsO).	
1. ☐ Nachrang des § 39 Abs. 1 Nr. 1	€
2. ☐ Nachrang des § 39 Abs. 1 Nr. 2	€
3. ☐ Nachrang des § 39 Abs. 1 Nr. 3	€
4. ☐ Nachrang des § 39 Abs. 1 Nr. 4	€
5. ☐ Nachrang des § 39 Abs. 1 Nr. 5	€
6. ☐ Nachrang des § 39 Abs. 2	€
Zinsen (§ 39 Abs. 3) zu Nachrang 3 – 4 – 5 – 6	€
Kosten (§ 39 Abs. 3) zu Nachrang 3 – 4 – 5 – 6	€
Summe der nachrangigen Forderungen	€

Abgesonderte Befriedigung unter gleichzeitiger Anmeldung des Ausfalls wird beansprucht.
☒ Ja, Begründung siehe unser Anschreiben vom 29.09.2003
☐ Nein

Forderung aus vorsätzlich begangener unerlaubter Handlung
☐ Ja, die Tatsachen, aus denen sich ergibt, dass es sich nach der Einschätzung der angemeldeten Gläubigerin oder des anmeldenden Gläubigers um eine Forderung aus einer vorsätzlich begangenen unerlaubten Handlung der Schuldnerin oder des Schuldners handelt, sind in der Anlage genannt.
☐ Nein

Grund und nähere Erläuterung der Forderung (z.B. Warenlieferung, Miete, Darlehen, Reparaturleistung, Arbeitsentgelt, Wechsel, Schadensersatz).

Schadensersatzanspruch aus Architektenvertrag

Als Unterlagen, aus denen sich die Forderung ergeben, sind beigefügt (möglichst in 2 Exemplaren):

siehe Anschreiben vom 29.09.2003 und die dortige Anlage 2

Dortmund 29.09.2003
....
(Ort   (Datum)   (Unterschrift u. evtl. Firmenstempel)

Bitte reichen Sie diese Anmeldung und alle weiteren Unterlagen immer in zwei Exemplaren ein.
Beachten Sie auch die Hinweise im gerichtlichen Merkblatt zur Forderungsanmeldung.

Ablauf eines Insolvenzverfahrens

Maßnahme	Zuständigkeit	Vorschrift
Antrag	Gläubiger oder Schuldner	§ 13
Sicherungsmaßnahmen	Amtsgericht	§ 21 I
Bestellung eines vorläufigen Insolvenzverwalters	Amtsgericht	§§ 21 II, 22
Prüfung der Masse	vorläufiger Insolvenzverwalter	§ 22 I Nr. 3
Beschluss über Nichteröffnung	Amtsgericht	§ 26
Eröffnungsbeschluss	Amtsgericht	§§ 27 ff.
Inbesitznahme und Verwaltung des Schuldnervermögens	InsO-Verwalter	§ 148
Berichtstermin	InsO-Verwalter	§ 156
Prüfungstermin	Amtsgericht / InsO-Verwalter	§§ 29, 176
Verwertung	InsO-Verwalter	§§ 159 ff.
Verteilung des Erlöses	InsO-Verwalter	§§ 187, 195, 196

7. Wiederholungsfragen

- 1. Wer ist berechtigt, den Antrag auf Eröffnung des Insolvenzverfahrens zu stellen? Lösung S. 18
- 2. Was sind die allgemeinen Verfahrensvoraussetzungen? Lösung S. 19
- 3. Welche Eröffnungsgründe kommen in Betracht? Lösung S. 21
- 4. Wann ist der Antrag auf Eröffnung des Verfahrens abzuweisen? Lösung S. 24
- 5. Welche Sicherungsmaßnahmen kann das Insolvenzgericht anordnen? Lösung S. 26
- 6. Was ist ein »starker Verwalter«? Lösung S. 31
- 7. Was versteht man unter einem »schwachen Verwalter«? Lösung S. 32
- 8. Welche Punkte hat der Eröffnungsbeschluss zu regeln? Lösung S. 34

Materielles Insolvenzrecht

1.	**Der Insolvenzschuldner**	**48**
1.1.	Seine Rechtshandlungen	48
1.2.	Einzelzwangsvollstreckungen gegen Insolvenzschuldner	51
1.3.	Abwicklung nicht vollständig erfüllter Verträge	52
1.4.	Auswirkungen auf anhängige Rechtsstreitigkeiten	62
2.	**Der Insolvenzverwalter**	**64**
2.1.	Rechtsstellung	64
2.2.	Bestellung	65
2.3.	Aufgaben	66
2.4.	Die Insolvenzanfechtung	68
2.5.	Haftung	83
3.	**Aussonderungsberechtigte**	**85**
3.1.	Eigentümer	85
3.2.	Sonstige Berechtigte	86
3.3.	Ersatzaussonderung	87
4.	**Absonderungsberechtigte**	**90**
4.1.	Unbewegliche Gegenstände	90
4.2.	Bewegliche Gegenstände	91
4.3.	Erstabsonderung	94
5.	**Aufrechnungsberechtigte**	**95**
5.1.	Aufrechnungslage nach Eröffnung des Verfahrens	95
5.2.	Einschränkung der Aufrechnungsbefugnis des Gläubigers	95
6.	**Massegläubiger**	**97**
7.	**Insolvenzgläubiger**	**99**
7.1.	Begriff	99
7.2.	Geltendmachung der Insolvenzforderung	100
7.3.	Verteilung	103
8.	**Wiederholungsfragen**	**104**

1. Der Insolvenzschuldner

Sobald das Insolvenzverfahren eröffnet wird, verliert der Insolvenzschuldner seine Verwaltungs- und Verfügungsbefugnis. Er darf über das zur Insolvenzmasse gehörende Vermögen nicht mehr verfügen.

Schuldner darf nicht mehr verfügen.

§80 Abs. 1 InsO

Übergang des Verwaltungs- und Verfügungsrecht

Durch die Eröffnung des Insolvenzverfahrens geht das Recht des Schuldners, das zur Insolvenzmasse gehörende Vermögen zu verwalten und über es zu verfügen, auf den Insolvenzverwalter über.

§27 Abs. 2 Nr. 3 InsO

Maßgebend ist dabei der im Eröffnungsbeschluss angegebene Eröffnungszeitpunkt.

§80 Abs. 1 InsO

Der Insolvenzschuldner verliert dagegen nicht seine Geschäfts- und Prozessfähigkeit. Einwirkungen des Insolvenzschuldners auf die Masse im Wege der Prozessführung sind ausgeschlossen.

§87 InsO

Forderungen der Insolvenzgläubiger

Die Insolvenzgläubiger können ihre Forderungen nur nach den Vorschriften über das Insolvenzverfahren verfolgen.

Einfluss auf Unterhaltsverfahren

Ein Scheidungsverfahren kann daher weiter fortgesetzt werden, soweit nicht nachehelicher Unterhalt in das Scheidungsverbundverfahren eingeschlossen ist.

Der Insolvenzverwalter kann den Schuldner im Wege der gewillkürten Prozessstandschaft ermächtigen, ein zur Insolvenzmasse gehörendes Recht im eigenen Namen geltend zu machen.

1.1. Seine Rechtshandlungen

Absolutes Verfügungsverbot
§81 Abs. 1 InsO

Verfügungen des Schuldners sind nicht nur gegenüber den Insolvenzgläubigern, sondern gegenüber jedermann und damit absolut unwirksam.

§32 InsO

Nach § 81 Abs. 1 Satz 2 InsO sind die §§ 892, 893 BGB anwendbar. Die Möglichkeit eines gutgläubigen Erwerbes ergibt sich weiterhin aus der Eintragungsfähigkeit der Insolvenzeröffnung.

§81 Abs. 1 Satz 2 InsO

Allerdings ist gutgläubiger Erwerb nur im Liegenschaftsrecht zulässig.

Beispiel: Der (künftige) Insolvenzschuldner S und der Gläubiger G einigen sich über die Bestellung einer Grundschuld zur Sicherung eines dem S gewährten Darlehens.

Hat der Gläubiger G die Grundschuld wirksam erworben, wenn er den Eintragungsantrag

1. nach Insolvenzeröffnung

2. vor Insolvenzeröffnung

bestellt hat?

Lösung:

Zu 1.

Die Verfügung des Insolvenzschuldners S ist nach § 81 Abs. 1 Satz 1 unwirksam.

Etwas anders gilt dann, wenn es sich um eine Finanzsicherheit handelt, wenn diese am Tag der Eröffnung erstellt wurde und der andere Teil nachweist, dass er die Eröffnung des Verfahrens weder kannte noch kennen musste.

In Betracht kommt ansonsten ein gutgläubiger Erwerb des Gläubigers G nach § 81 Abs. 1 Satz 2 InsO i.V.m. § 892 BGB, soweit nicht die Voraussetzungen des § 32 InsO vorliegen.

Zu 2.

Der Gläubiger G hat die Grundschuld wirksam nach § 91 Abs. 2 InsO i.V.m. § 878 BGB erworben.

Der gute Glaube an die Verfügungsbefugnis des Insolvenzschuldners hinsichtlich beweglicher Sachen ist nicht geschützt.

Sonstige Rechtshandlungen des Insolvenzschuldners wie etwa die Briefübergabe bei einer Briefhypothek werden nur von § 91 InsO erfasst.

Erwerb der Briefhypothek	§1117 Abs. 1 BGB
Der Gläubiger erwirbt, sofern nicht die Erteilung des Hypothekenbriefs ausgeschlossen ist, die Hypothek erst, wenn ihm der Brief von dem Eigentümer des Grundstücks übergeben wird. Auf die Übergabe finden die Vorschriften des § 929 Satz 2 und der §§ 930, 931 Anwendung.	

Hier ist ein Rechtserwerb nach Eröffnung des Insolvenzverfahrens unwirksam, selbst wenn dieser nicht auf einer Verfügung des Schuldners beruht. Erfasst werden die so genannten mehraktigen Erwerbstatbestände, also Rechtsgeschäfte, die vor der Eröffnung des Insolvenzverfahrens beginnen und nach der Verfahrenseröffnung zur Vollendung des Erwerbstatbestandes noch Ergänzungen bedürfen. Allgemein wird ein Rechtserwerb an Massegegenständen nach Eröffnung des Insolvenzverfahrens ausgeschlossen.

Materielles Insolvenzrecht

Verfügung unter aufschiebender Bedingung vor der Eröffnung

Verfügt der Insolvenzschuldner jedoch unter einer aufschiebenden Bedingung und tritt diese Bedingung erst nach Verfahrenseröffnung ein, ist der Rechtserwerb nicht gehindert. Hat der Insolvenzschuldner ein ihm zustehendes Anwartschaftsrecht sicherungshalber vor Verfahrenseröffnung an einen Dritten übertragen, steht dem Eigentumserwerb nach Zahlung der letzten Kaufpreisrate § 91 Abs. 1 InsO nicht entgegen.

Das Grundbuchamt hat, wenn es Kenntnis von der Eröffnung des Insolvenzverfahrens erhält, einen Antrag auf Eintrag zurückzuweisen, wenn dieser nach Eröffnung des Insolvenzverfahrens dort eingeht. Es besteht eine so genannte Grundbuchsperre. Das Grundbuchamt ist nicht befugt, den Erwerber zu einem materiell unberechtigten Erwerb aufgrund seines guten Glaubens zu verhelfen. Allerdings darf das Grundbuchamt die Eintragung nicht ablehnen und den später eingegangenen Antrag auf Eintragung des Eröffnungsvermerkes nicht stattgeben, wenn es bei der Prüfung feststellt, dass zu dem rechtmäßigen gutgläubigen Erwerb nur noch die Grundbucheintragung fehlt. Das Grundbuchamt hat bei Vorliegen der Voraussetzungen die Eintragung vorzunehmen. Dies gilt auch dann, wenn zwischenzeitlich in Abt. II der Eröffnungsvermerk eingetragen worden sein sollte.

§§91 Abs. 2 InsO, 878 BGB

Sonderregelungen enthalten §§ 82 und 83 InsO.

§82 InsO

Leistungen an den Schuldner

Ist nach der Eröffnung des Insolvenzverfahrens zur Erfüllung einer Verbindlichkeit an den Schuldner geleistet worden, obwohl die Verbindlichkeit zur Insolvenzmasse zu erfüllen war, so wird der Leistende befreit, wenn er zur Zeit der Leistung die Eröffnung des Verfahrens nicht kannte. Hat er vor der öffentlichen Bekanntmachung der Eröffnung geleistet, so wird vermutet, daß er die Eröffnung nicht kannte.

§83 InsO

Erbschaft. Fortgesetzte Gütergemeinschaft

(1) Ist dem Schuldner vor der Eröffnung des Insolvenzverfahrens eine Erbschaft oder ein Vermächtnis angefallen oder geschieht dies während des Verfahrens, so steht die Annahme oder Ausschlagung nur dem Schuldner zu. Gleiches gilt von der Ablehnung der fortgesetzten Gütergemeinschaft.

(2) Ist der Schuldner Vorerbe, so darf der Insolvenzverwalter über die Gegenstände der Erbschaft nicht verfügen, wenn die Verfügung im Falle des Eintritts der Nacherbfolge nach § 2115 des Bürgerlichen Gesetzbuchs dem Nacherben gegenüber unwirksam ist.

§81 Abs. 1 Satz 1 InsO

Die Einziehung der geschuldeten Leistungen durch den Insolvenzschuldner ist eine Verfügung. Der Schuldner kann mit befreiender

Wirkung leisten, wenn er die Verfahrenseröffnung zur Zeit der Leistung nicht kannte.

Leistung des Schuldners
mit befreiender Wirkung

Die Beweislast hierfür hängt davon ab, wann der Schuldner geleistet hat. Hat er vor der öffentlichen Bekanntmachung der Eröffnung geleistet, so wird zu seinen Gunsten vermutet, dass er die Eröffnung nicht kannte.

§82 Abs. 2 InsO

Wenn er danach geleistet hat, muss er seine Unkenntnis beweisen. Die Annahme oder Ausschlagung einer Erbschaft oder eines Vermächtnisses werden nicht erfasst.

§83 Abs. 1 InsO

Der Erwerb von Todes wegen hat nicht nur vermögensrechtlichen sondern auch höchstpersönlichen Charakter. Ebenso werden Pflichtteilsansprüche nicht erfasst.

1.2. Einzelzwangsvollstreckung gegen den Insolvenzschuldner

Vollstreckungsverbot

§89 InsO

(1) Zwangsvollstreckungen für einzelne Insolvenzgläubiger sind während der Dauer des Insolvenzverfahrens weder in die Insolvenzmasse noch in das sonstige Vermögen des Schuldners zulässig.
(2) Zwangsvollstreckungen in künftige Forderungen auf Bezüge aus einem Dienstverhältnis des Schuldners oder an deren Stelle tretende laufende Bezüge sind während der Dauer des Verfahrens auch für Gläubiger unzulässig, die keine Insolvenzgläubiger sind. Dies gilt nicht für die Zwangsvollstreckung wegen eines Unterhaltsanspruchs oder einer Forderung aus einer vorsätzlichen unerlaubten Handlung in den Teil der Bezüge, der für andere Gläubiger nicht pfändbar ist.
(3) ...

Einzelne Zwangsvollstreckungsmaßnahmen sind nach der Eröffnung des Insolvenzverfahrens für Insolvenzgläubiger weder in die Insolvenzmasse noch in das freie Vermögen des Insolvenzschuldners zulässig. Vor der Verfahrenseröffnung im Wege der Einzelzwangsvollstreckung erworbene Rechte bleiben unberührt.

§89 InsO

§80 Abs. 2 S. 2 InsO

Infolge der Eröffnung des Insolvenzverfahrens ist das Sicherungsrecht (sog. Rückschlagsperre) unwirksam, wenn der Insolvenzgläubiger es im letzten Monat vor dem Antrag auf Eröffnung des Insolvenzverfahrens oder nach diesem Antrag die Zwangsvollstreckung an dem zur Insolvenzmasse gehörenden Vermögen des Schuldner erlangt hat. Die Vollstreckungsmaßnahmen sind von Amts wegen aufzuheben.

§88 InsO

Materielles Insolvenzrecht

Vormerkungen werden unwirksam
§§ 88, 106 Abs. 1 InsO

Vormerkungen, die durch Vollziehung einer einstweiligen Verfügung im Grundbuch eingetragen sind, verlieren innerhalb der Insolvenz ihre Wirksamkeit.

Eine Zwangssicherungshypothek wandelt sich automatisch in eine Eigentümergrundschuld um.

§ 131 Abs. 1 InsO

Sonstige einzelne Zwangsvollstreckungsmaßnahmen können vom Insolvenzverwalter angefochten werden, da die durch die Einzelzwangsvollstreckung erlangte Deckung inkongruent ist.

1.3. Abwicklung nicht vollständig erfüllter Verträge

§ 103 InsO

Wahlrecht des Insolvenzverwalters

(1) Ist ein gegenseitiger Vertrag zur Zeit der Eröffnung des Insolvenzverfahrens vom Schuldner und vom anderen Teil nicht oder nicht vollständig erfüllt, so kann der Insolvenzverwalter anstelle des Schuldners den Vertrag erfüllen und die Erfüllung vom anderen Teil verlangen.

(2) Lehnt der Verwalter die Erfüllung ab, so kann der andere Teil eine Forderung wegen der Nichterfüllung nur als Insolvenzgläubiger geltend machen. Fordert der andere Teil den Verwalter zur Ausübung seines Wahlrechts auf, so hat der Verwalter unverzüglich zu erklären, ob er die Erfüllung verlangen will. Unterläßt er dies, so kann er auf der Erfüllung nicht bestehen.

Die rechtstechnische Funktionsweise ist umstritten.

§ 320 BGB

Die Ansprüche der Vertragsparteien erlöschen mit der Insolvenzeröffnung nicht, sie verlieren vielmehr lediglich vorläufig ihre Durchsetzbarkeit auf Grund der beiden Vertragsparteien zustehenden Nichterfüllungseinrede auch dann, wenn der Vertragspartner nach dem Inhalt des Vertrages vorzuleisten hat. Die Insolvenzeröffnung führt noch nicht zu einer materiellrechtlichen Umgestaltung des Vertragsverhältnisses.

§ 55 Abs.1 Nr.2 InsO

Wählt der Insolvenzverwalter die Vertragserfüllung, so hat die Erklärung rechtsgestaltende Wirkung dahin, dass die Rechte und Pflichten aus dem Vertrag insgesamt zu Masseforderungen und Masseverbindlichkeiten werden, sog. »Qualitätssprung«, allerdings nur hinsichtlich der nach Verfahrenseröffnung zu erbringenden Teilleistungen. Lehnt der Insolvenzverwalter dagegen die Vertragserfüllung ab, so hat die Erklärung keine rechtsgestaltende Wirkung mehr, sondern stellt nur noch – deklaratorisch – klar, dass es bei den mit der Eröffnung des Insolvenzverfahrens eingetretenen Rechtsfolgen verbleibt und der

Vertragspartner einen Schadensersatzanspruch wegen Nichterfüllung hat.

Das Wahlrecht des Insolvenzverwalters hat zur Voraussetzung, dass ein gegenseitiger Vertrag mit dem Insolvenzschuldner als Vertragspartner vorliegen muss.

§105 S.1 InsO
Ablehnung der Vertragserfüllung durch Verwalter führt zu Schadensersatz wegen Nichterfüllung als einfache Insolvenzforderung.

Nicht erfasst werden einseitig verpflichtende Verträge, wie z.B. die Schenkung, und unvollkommen zweiseitig verpflichtende Verträge, wie z.B. der Auftrag.

Erlöschen von Aufträgen

§115 InsO

(1) Ein vom Schuldner erteilter Auftrag, der sich auf das zur Insolvenzmasse gehörende Vermögen bezieht, erlischt durch die Eröffnung des Insolvenzverfahrens.

(2) Der Beauftragte hat, wenn mit dem Aufschub Gefahr verbunden ist, die Besorgung des übertragenen Geschäfts fortzusetzen, bis der Insolvenzverwalter anderweitig Fürsorge treffen kann. Der Auftrag gilt insoweit als fortbestehend. Mit seinen Ersatzansprüchen aus dieser Fortsetzung ist der Beauftragte Massegläubiger.

(3) Solange der Beauftragte die Eröffnung des Verfahrens ohne Verschulden nicht kennt, gilt der Auftrag zu seinen Gunsten als fortbestehend. Mit den Ersatzansprüchen aus dieser Fortsetzung ist der Beauftragte Insolvenzgläubiger.

Der Vertrag darf von beiden Seiten zum Zeitpunkt der Eröffnung des Insolvenzverfahrens überhaupt nicht oder noch nicht vollständig erfüllt sein. Die vollständige Erfüllung auch nur von Seiten einer Vertragspartei schließt die Anwendung aus.

§103 Abs. 1 InsO

Auf Grund der Schuldrechtsreform zum Gewährleistungsrecht wird der Anwendungsbereich erweitert.

Bei Insolvenz des Grundstücksverkäufers, nach Auflassung und Stellung des Antrags auf Umschreibung beim Grundbuchamt, steht nach der Rechtsprechung und einem Teil der Literatur auch hier der Leistungserfolg, Eigentumsverschaffung durch Eintragung im Grundbuch, noch aus. Der Umstand, dass die Auflassung erfolgt und der Eintragungsantrag durch den Verkäufer gestellt worden ist, schließt die Anwendbarkeit nicht aus.

Wahlrecht des Insolvenzverwalters

§103 Abs. 1 InsO

Ist ein gegenseitiger Vertrag zur Zeit der Eröffnung des Insolvenzverfahrens vom Schuldner und vom anderen Teil nicht oder nicht vollständig erfüllt, so kann der Insolvenzverwalter anstelle des Schuldners den Vertrag erfüllen und die Erfüllung vom anderen Teil verlangen.

Materielles Insolvenzrecht

§§878 BGB,
91 Abs. 2 InsO

Demgegenüber wird in der Literatur überwiegend die Auffassung vertreten, dass die Anwendbarkeit im Widerspruch steht, es insbesondere dem Zufall überlassen sei, ob das Grundbuchamt die Eintragung vor oder nach Eröffnung des Insolvenzverfahrens vornehme, was dem Schutzzweck zuwiderlaufe.

§§873 Abs. 2, 878 BGB

Darüber hinaus wird zur Begründung auf die vergleichbare Interessenlage bei dem Anwartschaftsrecht auf den Erwerb beweglicher Sachen (s.o.) hingewiesen. Auch die dem Auflassungsempfänger zugebilligte Rechtsstellung dürfe ihm nicht entzogen werden.

§103 Abs. 1 und 2 S. 1 InsO

Die Eröffnung des Insolvenzverfahrens über das Vermögen einer Partei eines noch nicht vollständig erfüllten Vertrages führt weder zum Erlöschen des Vertrages, noch gewährt sie dem anderen Vertragsteil ein Rücktrittsrecht; auch entsteht kein Rückgewährschuldverhältnis. Das Recht zum Rücktritt vom Vertrag ist für beide Vertragsparteien ausgeschlossen. Die noch offenen Ansprüche verlieren vielmehr im Insolvenzverfahren ihre Durchsetzbarkeit, soweit sie nicht auf die anteilige Gegenleistung für vor Verfahrenseröffnung erbrachte Leistungen gerichtet sind.

Lehnt der Verwalter die Erfüllung ab, hat der Vertragspartner des Schuldners nach der modifizierten Erlöschenstheorie des BGH einen einseitigen Anspruch auf Schadensersatz wegen Nichterfüllung, der als einfache Insolvenzforderung geltend zu machen ist.

Teilleistungen des Schuldners sind zurückzugeben.
§812 Abs. 1 S. 2 1. Alt. BGB

Die von dem (späteren) Insolvenzschuldner bereits erbrachten Teilleistungen muss der Vertragspartner aus ungerechtfertigter Bereicherung an den Insolvenzverwalter zurückerstatten.

§§280 ff. BGB

Der Rechtsgrund für die von dem Insolvenzschuldner bereits erbrachten Leistungen fällt jedoch nur insoweit weg, als diese den sich ergebenden Schadensersatzanspruch übersteigen. Übersteigt der Wert der vom Insolvenzschuldner erbrachten Leistungen nicht den Schaden, der dem Vertragspartner infolge des Erlöschens seines Erfüllungsanspruches entstanden ist, so kann der Insolvenzverwalter zur Masse nichts zurückverlangen; dies kann er vielmehr nur, wenn dem Vertragspartner kein Schaden entstanden oder wenn der Schaden niedriger als der Wert der vom Insolvenzschuldner erbrachten Leistungen ist.

Insolvenzeröffnung hat keinen Einfluss auf die dingliche Rechtslage.

§§985 BGB, 47 S. 2 InsO

Für die dingliche Rechtslage ist die Insolvenzeröffnung ohne Bedeutung. Hat sich der Vertragspartner das Eigentum an der Kaufsache vorbehalten oder sonst seine Verschaffungspflicht nicht erfüllt, so bleibt er Eigentümer und kann die Sache aus der Insolvenzmasse aussondern.

Der Vertragspartner hat keinen Anspruch auf Rückübereignung seiner bereits in das Eigentum des Insolvenzschuldners übergegangenen Leistung aus der Insolvenzmasse.

Verlangt der Verwalter die Erfüllung des Vertrages, kommt nach der modifizierten Erlöschenstheorie des BGH dieser Entschließung rechtsgestaltende Wirkung zu, die gegenseitigen Erfüllungsansprüche neu zu begründen.

Danach hat der Insolvenzverwalter nach Erklärung des Erfüllungsverlangens, die an keine Form gebunden ist und auch stillschweigend erklärt werden kann, die ursprünglich vereinbarte Leistung aus der Masse zu erbringen und der Vertragspartner seinerseits die Leistung zur Masse zu bewirken.

Die Erklärung des Insolvenzverwalters ist eine einseitige empfangsbedürftige Willenserklärung, die bedingungsfeindlich und unwiderruflich ist.

§103 InsO

§§130-132 BGB

Umstritten ist jedoch der Inhalt der rechtlichen Gestaltungswirkung des Erfüllungsverlangens.

Nach der nunmehr vom BGH und einem Teil der Literatur vertretenen Auffassung lässt die Erklärung des Insolvenzverwalters, er wähle Erfüllung, die gegenseitigen Erfüllungsansprüche als neue Ansprüche entstehen. Dem dürfte im Interesse des Gläubigerschutzes zuzustimmen sein. Die Masse wird vor unerwünschten Nebenfolgen der Vertragserfüllung geschützt, insbesondere kann der Insolvenzverwalter die Erfüllung des Vertrages wählen, ohne befürchten zu müssen, dass die Gegenleistung aufgrund einer Aufrechnung des Vertragspartners nicht der Masse zugute kommt.

Übt Verwalter sein Wahlrecht trotz Aufforderung nicht unverzüglich aus, kann er nicht auf Erfüllung bestehen.

§96 Abs. 1Nr.1 InsO

Auch gebühren Erlöse aus den vom Insolvenzverwalter erfüllten Verträgen der Masse und nicht dem Zessionar, dem die Forderungen vor Eröffnung des Insolvenzverfahrens von dem Insolvenzschuldner abgetreten worden waren.

§103 Abs. 1 InsO

Sonstige Masseverbindlichkeiten

§55 InsO

(1) Masseverbindlichkeiten sind weiter die Verbindlichkeiten:
1. die durch Handlungen des Insolvenzverwalters oder in anderer Weise durch die Verwaltung, Verwertung und Verteilung der Insolvenzmasse begründet werden, ohne zu den Kosten des Insolvenzverfahrens zu gehören;
2. aus gegenseitigen Verträgen, soweit deren Erfüllung zur Insolvenzmasse verlangt wird oder für die Zeit nach der Eröffnung des Insolvenzverfahrens erfolgen muß;
3. aus einer ungerechtfertigten Bereicherung der Masse.

(2) Verbindlichkeiten, die von einem vorläufigen Insolvenzverwalter begründet worden sind, auf den die Verfügungsbefugnis über das Vermögen des Schuldners übergegangen ist, gelten nach der Eröffnung des Verfahrens als Masseverbindlichkeiten. Gleiches gilt für Verbindlichkeiten aus einem Dauerschuldverhältnis, soweit der vorläufige Insolvenzverwalter für das von ihm verwaltete Vermögen die Gegenleistung in Anspruch genommen hat.

(3) Gehen nach Absatz 2 begründete Ansprüche auf Arbeitsentgelt nach § 187 des Dritten Buches Sozialgesetzbuch auf die Bundesagentur für Arbeit über, so kann die Bundesagentur diese nur als Insolvenzgläubiger geltend machen. Satz 1 gilt entsprechend für die in § 208 Abs. 1 des Dritten Buches Sozialgesetzbuch bezeichneten Ansprüche, soweit diese gegenüber dem Schuldner bestehen bleiben.

§55 Abs. 1 Nr. 2 InsO

Der Erfüllungsanspruch des Vertragspartners, der infolge des Erfüllungsverlangens neu entsteht, ist nicht nur einfache Insolvenzforderung, sondern Masseanspruch. Auch die vertraglichen Nebenpflichten, Gewährleistungsverpflichtungen und vor Insolvenzeröffnung entstandene Verzugszinsen werden Masseverbindlichkeiten.

Demgegenüber wird in der Literatur teilweise die Meinung vertreten, das Erfüllungsverlangen gestalte das ursprüngliche Rechtsverhältnis lediglich um, mit der Folge, dass der ursprüngliche Erfüllungsanspruch des Vertragspartners von einer bloßen Insolvenzforderung in eine Masseschuld umgewandelt werde.

Wählt Verwalter Erfüllung, hat er wie der Schuldner die Leistung zu erbringen.

Wählt der Insolvenzverwalter Erfüllung des Vertrages, so hat er in gleicher Weise, am gleichen Ort und zur selben Zeit wie der Insolvenzschuldner zu erfüllen. Er kann die ihm zustehenden Rechte aus dem neu begründeten Vertrag nur so ausüben, wie sie dem Insolvenzschuldner zustanden, wobei für den Inhalt des Schuldverhältnisses und den Umfang der beiderseitigen Pflichten der Zeitpunkt der Insolvenzeröffnung maßgebend ist.

§ 105 InsO

Bei Verträgen über teilbare Leistungen, insbesondere über die fortlaufende Lieferung von Waren und Energie (Sukzessivlieferungsverträge und sog. Wiederkehrschuldverhältnisse) kann der Insolvenzverwalter für die Zukunft Erfüllung verlangen, ohne dadurch auch für die Vergangenheit zur vollen Erfüllung verpflichtet zu werden. Der Vertragspartner muss den Anspruch auf die Gegenleistung für seine Leistungen aus der Vergangenheit als Insolvenzgläubiger geltend machen. Ihm steht auch kein Zurückbehaltungsrecht zu.

Kein Zurückbehaltungsrecht bei Sukzessivlieferungsverträgen

Nach der Rechtsprechung des BGH ist für die Teilbarkeit von Bauleistungen grundsätzlich ausreichend, wenn sich die erbrachten Leistungen feststellen und bewerten lassen.

Auf der Grundlage der Rechtsprechung des BGH zu den Rechtsfolgen des Erfüllungsverlangens ist ungeklärt, welches rechtliche Schicksal die mit einem ursprünglichen Erfüllungsanspruch akzessorisch verbundenen Sicherungsrechte (z.b. eine Bürgschaft oder eine Hypothek) bei Eröffnung des Insolvenzverfahrens nehmen. Diese Auffassung vermag dogmatisch nicht zu begründen, wie die Akzessorietät zwischen dem Sicherungsrecht und dem infolge der Erfüllungswahl neu entstehenden Erfüllungsanspruch entstehen soll. Teilweise wird vertreten, die Sicherungsgeber würden dem Vertragspartner des Insolvenzschuldners nur für die infolge der Eröffnung des Insolvenzverfahrens entstandene Schadensersatzforderung haften. Nach der von einem Teil der Literatur vertretenen Gegenmeinung, wonach sich die ursprünglichen Erfüllungsansprüche lediglich umwandeln, besteht hingegen die Akzessorietät zwischen Sicherungsrecht und Erfüllungsanspruch unverändert fort.

Beispiel: Der Autohändler Kugel hat dem Käufer Pfeil unter Eigentumsvorbehalt den Jaguar »Dubble Six« zu einem Kaufpreis i.H.v. 40.000,00 € verkauft, der Kaufpreis ist i.H.v. 30.000,00 € geleistet.

Wie ist die Rechtslage, wenn über das Vermögen des

1. Kugel

2. Pfeil

das Insolvenzverfahren eröffnet wird.

Lösung:

Zu 1.

Nach § 107 Abs. 1 InsO kann der Käufer im Falle der Eröffnung des Insolvenzverfahrens über das Vermögen des Kugel die Erfüllung des Kaufvertrages verlangen. Das Anwartschaftsrecht des Käufers ist somit insolvenzfest, wenn sich der Käufer selbst vertragstreu verhält, d.h., wenn er den Restkaufpreis zahlt.

Zu 2.

Wählt der Insolvenzverwalter im Falle der Eröffnung des Insolvenzverfahrens über das Vermögen des Käufers Erfüllung, so ist der Restkaufpreisanspruch Masseverbindlichkeit nach § 55 Abs. 1 Ziff. 2, 103 Abs. 1 InsO.

Lehnt dagegen der Insolvenzverwalter die Erfüllung ab, so muss er die Kaufsache an den Kugel als Aussonderungsberechtigten Eigentümer, vgl. § 47 InsO, herausgeben. Mit der Erfüllungsablehnung erlischt das Anwartschaftsrecht des Käufers sowie dessen Recht zum Besitz.

Materielles Insolvenzrecht

Einige Sonderregelungen für bestimmte Verträge sieht das Gesetz vor:

§ 104 InsO

- **Fixgeschäfte, Finanzleistungen**

§ 104 Abs. 3 InsO

Hier kann Erfüllung nicht verlangt werden. Das ursprüngliche Fix- und Finanztermingeschäft wird in ein Differenzgeschäft umgewandelt. Dies hat zur Folge, dass nur noch die Zahlung des Preisunterschiedes verlangt werden kann. Die Forderung wegen der Nichterfüllung richtet sich auf den Unterschied zwischen dem vereinbarten Preis und Markt- oder Börsenpreis, der zu einem von den Parteien vereinbarten Zeitpunkt, spätestens jedoch am fünften Werktag nach der Eröffnung des Verfahrens am Erfüllungsort für einen Vertrag mit der vereinbarten Erfüllungszeit maßgeblich ist. Treffen die Parteien keine Vereinbarung, ist der zweite Werktag nach der Eröffnung des Verfahrens maßgebend. Der andere Teil kann eine solche Forderung nur als Insolvenzgläubiger geltend machen.

§ 106 InsO

- **Vormerkung**

(1) Ist zur Sicherung eines Anspruchs auf Einräumung oder Aufhebung eines Rechts an einem Grundstück des Schuldners oder an einem für den Schuldner eingetragenen Recht oder zur Sicherung eines Anspruchs auf Änderung des Inhalts oder des Ranges eines solchen Rechts eine Vormerkung im Grundbuch eingetragen, so kann der Gläubiger für seinen Anspruch Befriedigung aus der Insolvenzmasse verlangen. Dies gilt auch, wenn der Schuldner dem Gläubiger gegenüber weitere Verpflichtungen übernommen hat und diese nicht oder nicht vollständig erfüllt sind.
(2) ...

Dem Vormerkungsberechtigten wird ein Anspruch auf Erfüllung gewährt.

Vormerkungsberechtigter ist geschützt.

Dies gilt auch dann, wenn der Insolvenzschuldner dem Berechtigten gegenüber weitere Verpflichtungen übernommen und diese noch nicht oder nicht vollständig erfüllt hat. Die Wirkung ist jedoch nur auf den Anspruch des Käufers auf Übereignung begrenzt. Auch ein künftiger Auflassungsanspruch, der durch eine vor Eröffnung des Insolvenzverfahrens eingetragene Vormerkung gesichert wird, ist insolvenzfest.

Fordert der Insolvenzverwalter die Löschung einer Auflassungsvormerkung, die vor Insolvenzeröffnung über das Vermögen des Grundstückeigentümers auf Grund eines formnichtigen Kaufvertrages zugunsten des Käufers eingetragen wurde, kann dieser wegen des von ihm vor Insolvenzeröffnung an den Grundstückseigentümer gezahlten Kaufpreises kein Zurückbehaltungsrecht geltend machen.

Streitig ist, inwieweit die Anwendbarkeit im Zusammenhang mit sog. Bauträgerverträgen im Falle der Bauträgerinsolvenz ausgeschlossen ist.

§ 103 InsO

Der Wortlaut setzt voraus, dass die Vormerkung bereits vor Eröffnung des Insolvenzverfahrens im Grundbuch eingetragen ist.

§ 106 Abs. 1 InsO

Nach ganz herrschender Meinung findet die bewilligte Vormerkung analoge Anwendung, so dass vor Verfahrenseröffnung die Eintragungsbewilligung bindend geworden und der Eintragungsantrag beim Grundbuchamt gestellt worden ist.

§§878 BGB, 91 Abs. 2 InsO

§106 Abs. 1 InsO

- **Eigentumsvorbehalt**

§107 Abs. 1 InsO

Hat vor der Eröffnung des Insolvenzverfahrens der Schuldner eine bewegliche Sache unter Eigentumsvorbehalt verkauft und dem Käufer den Besitz an der Sache übertragen, so kann der Käufer die Erfüllung des Kaufvertrages verlangen. Dies gilt auch, wenn der Schuldner dem Käufer gegenüber weitere Verpflichtungen übernommen hat und diese nicht oder nicht vollständig erfüllt sind.

Bei Kauf unter Eigentumsvorbehalt hat der Insolvenzverwalter im Falle der Insolvenz des Käufers das Wahlrecht, da der Verkäufer zwar alle Leistungshandlungen vorgenommen hat, der Leistungserfolg – Eigentumserwerb des Käufers –, worauf es nach dem Leistungsbegriff des BGB ankommt, jedoch noch nicht eingetreten ist.

Dagegen ist in der Insolvenz des Verkäufers das Wahlrecht des Insolvenzverwalters ausgeschlossen. Der Insolvenzverwalter kann das Anwartschaftsrecht des Vorbehaltskäufers nicht durch eine Ablehnung der Erfüllung des Kaufvertrages beseitigen. Solange der Käufer vertragstreu bleibt, ist der Insolvenzverwalter nicht berechtigt, die Kaufsache zurückzuverlangen, das Anwartschaftsrecht ist somit »insolvenzfest«.

Anwartschaftsrecht des Vorbehaltskäufers ist sicher.

- **Fortbestehen von Dauerschuldverhältnissen**

§ 108 InsO

(1) Miet- und Pachtverhältnisse des Schuldners über unbewegliche Gegenstände oder Räume sowie Dienstverhältnisse des Schuldners bestehen mit Wirkung für die Insolvenzmasse fort. Dies gilt auch für Miet- und Pachtverhältnisse, die der Schuldner als Vermieter oder Verpächter eingegangen war und die sonstige Gegenstände betreffen, die einem Dritten, der ihre Anschaffung oder Herstellung finanziert hat, zur Sicherheit übertragen wurden.

(2) Ansprüche für die Zeit vor der Eröffnung des Insolvenzverfahrens kann der andere Teil nur als Insolvenzgläubiger geltend machen.

Für die bei Insolvenzeröffnung bestehenden Miet- oder Pachtverhältnisse über eine bewegliche Sache gilt die Grundnorm.

Wahlrecht des Verwalters § 103 InsO

§ 112 InsO § 119 InsO	Um die Ausübung des danach dem Insolvenzverwalter zustehenden Wahlrechts sicherzustellen, ist in der Insolvenz des Mieters eine Kündigung durch den Vermieter schon ab Antrag auf Eröffnung des Insolvenzverfahrens verboten. Abweichende Vereinbarungen sind unwirksam.
	Bei Leasingverträgen, die nach ganz herrschender Meinung als Mietverhältnisse anzusehen sind, gilt nur für den Fall eine Ausnahme, dass der bewegliche Leasinggegenstand demjenigen zur Sicherung übertragen wurde, der seine Anschaffung oder Herstellung finanziert hat.
§ 108 Abs. 2 InsO § 55 Abs. 1 Nr. 2, 2. Alt. InsO	Die bei Insolvenzeröffnung des Vermieters bestehenden Miet- oder Pachtverhältnisse über unbewegliche Gegenstände oder Räume bestehen mit Wirkung für die Masse fort. Das Wahlrecht des Verwalters ist – im Gegensatz zu Miet- und Pachtverhältnissen über bewegliche Sachen – ausgeschlossen. Die Rechtsverhältnisse werden zu den vereinbarten Bedingungen fortgesetzt, Ansprüche aus der Zeit vor Verfahrenseröffnung sind bloße Insolvenzforderungen für die Zeit nach Verfahrenseröffnung Masseverbindlichkeiten.
	Bei einer Insolvenz des Mieters ist zu differenzieren:
§ 109 Abs. 1 InsO § 112 InsO §543 Abs. 2, S.1 Nr. 3 BGB	• War dem Schuldner der unbewegliche Gegenstand/Räume bei Insolvenzeröffnung schon überlassen, so besteht ein Kündigungsrecht des Insolvenzverwalters. Der Vermieter muss dagegen den Fortbestand des Miet- oder Pachtverhältnisses hinnehmen, das Kündigungsrecht ist eingeschränkt. Auf Grund von Zahlungsrückständen nach dem Insolvenzeröffnungsantrag kann der Vermieter kündigen.
§§985, 556 Abs. 1 BGB § 47 InsO Vermieter hat Aussonderungsrecht	Kündigt der Insolvenzverwalter, so kann der Vermieter Rückgabe der Sache verlangen.
§109 Abs. 2 InsO §109 Abs. 2 S. 3 InsO	• War dem Schuldner der unbewegliche Gegenstand/Räume bei Insolvenzeröffnung noch nicht überlassen, so besteht ein beiderseitiges Rücktrittsrecht. Bei Rücktritt des Insolvenzverwalters kann der andere Teil wegen der vorzeitigen Beendigung des Vertragsverhältnisses als Insolvenzgläubiger Schadensersatz verlangen. Bei Rücktritt des Vermieters hat der Insolvenzverwalter zugunsten der Masse keine Ansprüche.
§ 110 InsO	• Bei Insolvenz des Vermieters zieht der Insolvenzverwalter den Mietzins zugunsten der Masse ein. Hinsichtlich etwaiger Vorausverfügungen ist diese nur wirksam, soweit sie sich auf den zur Zeit des Verfahrens laufenden Kalendermonat bezieht.
§ 111 InsO	Für Kündigungsrechte sind die vertraglichen Vereinbarungen bzw. die Vorschriften des BGB maßgebend. Bei Veräußerung des unbeweglichen Gegenstandes/Räume greift § 111 InsO ein.

• Veräußerung des Miet- oder Pachtobjektes §111 InsO

Veräußert der Insolvenzverwalter einen unbeweglichen Gegenstand oder Räume, die der Schuldner vermietet oder verpachtet hatte, und tritt der Erwerber anstelle des Schuldners in das Miet- oder Pachtverhältnis ein, so kann der Erwerber das Miet- oder Pachtverhältnis unter Einhaltung der gesetzlichen Frist kündigen. Die Kündigung kann nur für den ersten Termin erfolgen, für den sie zulässig ist. § 57c des Gesetzes über die Zwangsversteigerung und die Zwangsverwaltung gilt entsprechend.

• Auftrag/Geschäftsbesorgung §§115 ff. InsO

Ein vom Schuldner erteilter Auftrag bzw. Geschäftsbesorgungsvertrag, der sich auf das zur Insolvenzmasse gehörige Vermögen bezieht, erlischt. Bei Notgeschäftsführung oder mangelnder Insolvenzkenntnis wird der Beauftragte bzw. Geschäftsherr geschützt. Dies gilt auch für Vollmachten.

§§115 Abs. 2, 3, 116 InsO
§ 117 InsO

• Arbeits- und Dienstverhältnisse §§113 ff. InsO

Kündigung eines Dienstverhältnisses §113 InsO

Ein Dienstverhältnis, bei dem der Schuldner der Dienstberechtigte ist, kann vom Insolvenzverwalter und vom anderen Teil ohne Rücksicht auf eine vereinbarte Vertragsdauer oder einen vereinbarten Ausschluß des Rechts zur ordentlichen Kündigung gekündigt werden. Die Kündigungsfrist beträgt drei Monate zum Monatsende, wenn nicht eine kürzere Frist maßgeblich ist. Kündigt der Verwalter, so kann der andere Teil wegen der vorzeitigen Beendigung des Dienstverhältnisses als Insolvenzgläubiger Schadenersatz verlangen.

Derartige Vertragsverhältnisse bleiben zunächst fortbestehen. Es besteht jedoch ein besonderes Kündigungsrecht.

Bei einer Beendigungskündigung durch den Insolvenzverwalter kann der Arbeitnehmer Schadensersatz wegen Nichterfüllung als Insolvenzgläubiger geltend machen.

Für die Zeit vor der Eröffnung des Insolvenzverfahrens können Lohn- und Gehaltsansprüche nur als Insolvenzforderungen geltend gemacht werden.

§ 108 Abs. 2 InsO

Die Bundesagentur für Arbeit übernimmt rückständige Lohn- und Gehaltsforderungen für die letzten drei Monate vor der Eröffnung, auf die dann die Ansprüche übergehen.

§§ 183 ff. SGB III

Ansprüche für die Zeit nach der Eröffnung bei einer Weiterbeschäftigung durch den Insolvenzverwalter sind Masseverbindlichkeiten und damit vorweg aus der Masse zu begleichen.

§ 55 Abs. 1 Nr. 2 InsO

Meint ein Arbeitnehmer, dass die Kündigung seines Arbeitsverhältnisses durch den Verwalter unwirksam ist, so muss er auf jeden Fall innerhalb von drei Wochen nach Zugang der Kündigung eine entsprechende Kündigungsschutzklage beim örtlich zuständigen Arbeitsgericht erheben.

1.4. Auswirkungen auf anhängige Rechtsstreitigkeiten

§§ 240, 249 ZPO

Aufgrund des Verlustes der Prozessführungsbefugnis des Insolvenzschuldners durch die Insolvenzverfahrenseröffnung muss der Insolvenzverwalter die vor Verfahrenseröffnung anhängigen Prozesse übernehmen können. Wird der Rechtsstreit, wenn er die Masse betrifft, kraft Gesetzes unterbrochen, um dem Insolvenzverwalter Gelegenheit zu geben, über die Fortsetzung des Prozesses zu entscheiden, hört hiernach der Lauf einer jeden Frist auf. Dies gilt auch für das Prozesskostenhilfeprüfungsverfahren. Aufgrund der Eröffnung des Insolvenzverfahrens erlischt die Prozessvollmacht des Rechtsanwalts.

§ 87 ZPO

Aktivprozess
§ 85 Abs. 1 InsO

Handelt es sich bei dem unterbrochenen, massebezogenen Prozess um einen Aktivprozess des Insolvenzschuldners, so kann der Insolvenzverwalter den Rechtsstreit aufnehmen. Dies erfolgt durch einen vom Gericht an den Gegner zuzustellenden Schriftsatz. Der Insolvenzverwalter tritt damit in die prozessuale Stellung des Insolvenzschuldners ein, der Rechtsstreit wird in der Lage fortgesetzt, in der er sich zum Zeitpunkt der Unterbrechung befand.

§ 250 ZPO

§ 85 Abs. 2 InsO

Lehnt der Insolvenzverwalter die Aufnahme des Prozesses, durch formlose Erklärung gegenüber dem Insolvenzschuldner oder dem Prozessgegner, ab, gibt der Insolvenzverwalter zugleich den zur Masse gehörenden Gegenstand – für den Fall des Obsiegens – frei. In diesem Fall können sowohl der Insolvenzschuldner als auch der Prozessgegner den unterbrochenen Prozess aufnehmen, die Prozessführungsbefugnis fällt in diesem Fall an den Insolvenzschuldner zurück.

Passivprozess

Handelt es sich bei dem unterbrochenen Rechtsstreit um einen Passivprozess des Insolvenzschuldners, so ist zu differenzieren:

§ 86 Abs. 1 InsO

Nimmt der Kläger den nachmaligen Insolvenzschuldner – nach Insolvenzverfahrenseröffnung – aus einem Recht auf Aussonderung, Absonderung oder auf Befriedigung aus der Insolvenzmasse als Massegläubiger in Anspruch, so kann der Prozess sowohl vom Insolvenzverwalter als auch von dem Kläger aufgenommen werden.

Der Insolvenzverwalter kann sich der Fortsetzung des Prozesses nicht entziehen, allenfalls den mit der Klage geltend gemachten Anspruch sofort anerkennen.

Der Kostenerstattungsanspruchs des Klägers ist nicht Masseschuld, sondern nur eine vom Kläger zur Tabelle anzumeldende Insolvenzforderung.

§ 93 ZPO

§86 Abs. 2 InsO
§55 Abs. 1 Nr. 1 InsO
§87 InsO

Macht dagegen der Kläger in dem unterbrochenen Rechtsstreit gegen den nachmaligen Insolvenzschuldner – nach Insolvenzverfahrenseröffnung – eine einfache oder bevorrechtigte Insolvenzforderung geltend, so kann er seine Forderungen nur noch nach den Vorschriften über das Insolvenzverfahren verfolgen.

§ 38 InsO

§ 87 InsO

Der Kläger muss somit seinen Anspruch im Feststellungsverfahren zur Tabelle anmelden, im Fall des Widerspruchs gegen diese Anmeldung kann der Kläger den unterbrochenen Prozess wieder aufnehmen. Der Bestreitende tritt damit in die Parteirolle des Insolvenzschuldners auf der Beklagtenseite ein. Der Kläger muss seinen Klageantrag auf Feststellung der Forderung umstellen.

§§ 174 ff. InsO

§180 Abs. 2 InsO

Vor Unterbrechung entstandene Kosten eines Rechtsstreits sind nur Insolvenzforderungen.

Bestreitet der Insolvenzverwalter oder ein anderer Insolvenzgläubiger eine Forderung, für die bereits ein vollstreckbarer Schuldtitel oder ein Endurteil vorliegt, so muss der Bestreitende den Widerspruch verfolgen. Verfolgt er den Widerspruch durch Aufnahme des Rechtsstreits nicht, so ist er auf Antrag des Klägers zur Aufnahme und zugleich zur mündlichen Verhandlung durch das Gericht analog zu laden.

§ 179 Abs. 2 InsO

§§85 InsO,
239 Abs. 2-4 ZPO

2. Der Insolvenzverwalter

2.1. Rechtsstellung

§ 80 Abs. 1 InsO

Die Verwaltungs- und Verfügungsbefugnis über das zur Insolvenzmasse gehörige Vermögen des Schuldners geht mit der Eröffnung des Verfahrens auf den Verwalter über.

Ihm wird ein umfassendes Verwaltungs- und Verfügungsrecht eingeräumt, das dem Gemeinschuldner gleichzeitig entzogen wird. Dabei hat der Insolvenzverwalter auch die Interessen des Vermögensträgers, also des Insolvenzschuldners wahrzunehmen, wobei die Verwaltung selbst zum Zwecke der Befriedigung der Insolvenzgläubiger erfolgt. Der Insolvenzverwalter wird als ein im eigenen Namen handelndes Rechtspflegeorgan angesehen, das als Partei kraft Amtes im eigenen Namen mit Wirkung für und gegen den Insolvenzschuldner handelt.

Insolvenzverwalter ist im eigenen Namen handelndes Rechtspflegeorgan.

DER INSOLVENZVERWALTER

§ 35 InsO

Begriff der Insolvenzmasse

Das Insolvenzverfahren erfaßt das gesamte Vermögen, das dem Schuldner zur Zeit der Eröffnung des Verfahrens gehört und das er während des Verfahrens erlangt (Insolvenzmasse).

Das dem Insolvenzbeschlag unterliegende Vermögen des Schuldners ist Insolvenzmasse, wobei hierunter die so genannte Sollmasse verstanden wird. Es handelt sich um die Masse, wie sie sich in ihrem Bestand auf den gesetzlichen Bestimmungen zusammensetzen soll. Der Gegensatz ist die so genannte Istmasse, wie sie der Insolvenzverwalter tatsächlich vorfindet. Dazu können auch nicht im Eigentum des Insolvenzschuldners stehende Gegenstände gehören.

InsO-Verwalter hat die Sollmasse zu erreichen.

2.2. Bestellung

Das Insolvenzgericht benennt den Insolvenzverwalter und zwar vorläufig zugleich mit der Eröffnung des Insolvenzverfahrens.

§ 27 Abs. 1 InsO

Die endgültige Bestellung erfolgt nach der ersten Gläubigerversammlung.

§ 57 InsO

Das Insolvenzgericht hat eine für den jeweiligen Einzelfall geeignete, insbesondere geschäftskundige und von den Gläubigern und dem Schuldner unabhängige Person zu bestellen. Die Auswahlkriterien sind gesetzlich nicht geregelt und einem Rechtsmittel nicht zugänglich. Es handelt sich um einen nicht überprüfbaren Justizverwaltungsakt, wenn das Insolvenzgericht einen Verwalter bestellt.

§ 56 Abs. 1 InsO

Bestellung des Verwalters nicht angreifbar

Die Amtstätigkeit des Verwalters beginnt nicht mit der Ernennung durch das Insolvenzgericht. Vielmehr ist eine Übernahme notwendig. Diese kann durch ausdrückliche Erklärung gegenüber dem Insolvenzgericht oder stillschweigende Aufnahme der Tätigkeit bestehen. Für den Beginn des Amtes ist die Aushändigung der Bestellungsurkunde an den Verwalter nicht erforderlich.

§ 56 Abs. 2 InsO

Das Amt endet durch Aufhebung oder Einstellung des Insolvenzverfahrens. Eine Entlassung des Verwalters ist nur aus wichtigem Grund möglich und kann nur vom Insolvenzgericht, unter dessen Aufsicht der Insolvenzverwalter steht, ausgesprochen werden.

§ 58 Abs. 1 InsO

Die Vergütung des Verwalters wird vom Insolvenzgericht festgesetzt. Sie ist Masseschuld und deshalb vorweg auszukehren.

§§ 63 ff. InsO
§§ 53, 54 Nr. 2 InsO

Die Höhe der Vergütung bestimmt sich nach der vom Bundesministerium der Justiz erlassenen Vergütungsordnung.

§ 65 InsO

Der Regelsatz der Vergütung wird nach dem Wert der Insolvenzmasse zur Zeit der Beendigung des Insolvenzverfahrens berechnet.

Materielles Insolvenzrecht

2.3. Aufgaben

Die Verwaltung und Verwertung der Masse

Neben den im jeweiligen Sachzusammenhang dargestellten Einzelbefugnissen des Insolvenzverwalters erstreckt sich seine Tätigkeit auf den gesamten Verlauf des Insolvenzverfahrens, er hat insbesondere die Aufgaben, das zur Insolvenzmasse gehörige Vermögen in Besitz zu nehmen – der Besitz an der Masse geht nicht kraft Gesetzes über – und zu verwerten, ein Verzeichnis der einzelnen Gegenstände der Insolvenzmasse, ein Gläubigerverzeichnis und eine Vermögensübersicht aufzustellen und den Erlös unter den Insolvenzgläubigern nach den Regeln der Insolvenzordnung zu verteilen.

§ 148 Abs. 1 InsO
§ 159 InsO
§§ 151 InsO, 152 InsO
§ 153 InsO

§§ 187, 195, 196 InsO

Schuldnervermögen im Ausland gehört zur Masse.

Der Insolvenzverwalter über das Inlandsvermögen des Schuldners ist verpflichtet, auch das Auslandsvermögen zu realisieren.

§ 155 Abs. 1 S. 2 InsO
§§ 239 f HGB
§ 155 Abs. 2 InsO

Der Insolvenzverwalter hat die handels- und steuerrechtlichen Pflichten des Schuldners zur Buchführung und zur Rechnungslegung zu erfüllen. Mit der Eröffnung des Insolvenzverfahrens beginnt ein neues Geschäftsjahr, so dass der Insolvenzverwalter auf den Zeitpunkt der Verfahrenseröffnung bezogen eine Eröffnungsbilanz und einen Jahresabschluss auf den Tag vor der Eröffnung des Verfahrens aufzustellen hat.

§ 154 HGB i.V.m.
§ 270 Abs. 1 AktG,
§ 71 Abs. 1 GmbHG

§ 151 Abs. 2 S. 2 InsO

Im Hinblick auf die Entscheidung der Gläubigerversammlung im Berichtstermin, ob das Unternehmen des Schuldners stillgelegt oder vorläufig fortgeführt werden soll, hat der Insolvenzverwalter den Wert der Vermögensgegenstände sowohl für den Fall, dass das Unternehmen fortgeführt wird (going-conzern-Wert) als auch den Fall, dass der Insolvenzverwalter das Unternehmen zerschlägt und dabei die Gegenstände einzeln verwertet (Zerschlagungswert) anzugeben.

Nimmt der Insolvenzverwalter bei der Verwertung in kaufmännischer Weise am Geschäftsverkehr teil, findet das Handelsrecht Anwendung.

§ 153 InsO

Verfügungen des Insolvenzverwalters, die dem Insolvenzzweck zuwiderlaufen und die Masse benachteiligen, sind unwirksam.

§ 174 InsO

Anmeldung der Forderungen

(1) Die Insolvenzgläubiger haben ihre Forderungen schriftlich beim Insolvenzverwalter anzumelden. Der Anmeldung sollen die Urkunden, aus denen sich die Forderung ergibt, in Abdruck beigefügt werden.

(2) Bei der Anmeldung sind der Grund und der Betrag der Forderung anzugeben sowie die Tatsachen, aus denen sich nach Einschätzung des Gläubigers ergibt, dass ihr eine vorsätzlich begangene unerlaubte Handlung des Schuldners zugrunde liegt.

> (3) Die Forderungen nachrangiger Gläubiger sind nur anzumelden, soweit das Insolvenzgericht besonders zur Anmeldung dieser Forderungen auffordert. Bei der Anmeldung solcher Forderungen ist auf den Nachrang hinzuweisen und die dem Gläubiger zustehende Rangstelle zu bezeichnen.

Gemäß § 174 Abs. 1 InsO haben die Gläubiger ihre Forderung schriftlich bei dem Insolvenzverwalter anzumelden und der Anmeldung die Urkunden beizufügen, aus denen sich der Rechtsgrund für die angemeldete Forderung ergibt. Weiterhin sind bei der Anmeldung der Grund und der Betrag der Forderung anzugeben.

Führung der Insolvenztabelle und Prüfung der angemeldeten Forderungen

Der Insolvenzverwalter hat dann jede der angemeldeten Forderungen, mit dem bei der Anmeldung genannten Grund und Betrag und soweit nachrangige Forderungen angemeldet worden sind, mit dem Hinweis auf den Nachrang in die Insolvenztabelle einzutragen.

§ 174 Abs. 2 InsO
§ 175 InsO

Die Tabelle hat er zusammen mit den Forderungsanmeldungen und den diesen beigefügten Urkunden innerhalb der zu ermittelnden Fristen in der Geschäftsstelle des Insolvenzgerichts zur Einsicht durch die an dem Insolvenzverfahren Beteiligten niederzulegen.

§§ 175 S. 2, 28, 29 InsO

Der Insolvenzverwalter hat die angemeldeten Forderungen in einem Prüfungstermin ihrem Betrag und ihrem Rang nach zu prüfen.

§ 176 S. 1 InsO

Dem Insolvenzverwalter steht ein Einsichtsrecht in Steuerakten bei Anmeldung von durch Steuerbescheid titulierten Forderungen des Finanzamts zur Insolvenztabelle zu.

Nach § 92 InsO kann während der Dauer des Insolvenzverfahrens nur der Insolvenzverwalter den Gesamtschaden der Masse geltend machen. Zu einem »Gesamtschaden« durch Handlungen des Schuldners oder eines Dritten können z.B. anfechtbare Rechtshandlungen oder eine Verletzung der Insolvenzantragspflicht (vgl. zur Abgrenzung zwischen Gesamt- und Individualschäden bei der Haftung des GmbH-Geschäftsführers § 64 GmbHG – sog. Quotenschaden des Altgläubigers – zum Individualschaden des Neugläubigers führen, weiterhin die Geltendmachung eines deliktischen Schadensersatzanspruchs gegen Dritte.

Geltendmachung eines Gesamtschadens und der persönlichen Haftung eines Gesellschafters

Ist der Gesamtschaden der Masse durch pflichtwidriges Handeln des Insolvenzverwalters entstanden, ist dieser nur von einem neu bestellten Insolvenzverwalter geltend zu machen.

§ 92 S. 2 InsO

Weiterhin kann während der Dauer des Insolvenzverfahrens über das Vermögen einer Gesellschaft ohne Rechtspersönlichkeit oder einer Kommanditgesellschaft auf Aktien nur der Insolvenzverwalter die persönliche Haftung eines Gesellschafters für die Verbindlichkeiten der Gesellschaft geltend machen.

§ 93 InsO
§ 11 Abs. 2 Nr. 1 InsO

Materielles Insolvenzrecht

§ 93 InsO
§§ 128 ff., 161 Abs. 2,
176 HGB

Die Ermächtigung des Insolvenzverwalters bezieht sich nur auf Ansprüche aus der gesetzlichen akzessorischen Gesellschafterhaftung.

Diese – gegenüber der KO – Ausweitung der Befugnisse des Insolvenzverwalters über § 171 Abs. 2 HGB hinaus auch auf den persönlich haftenden Gesellschafter bezweckt die Gleichbehandlung der Gesamtheit der Gesellschaftsgläubiger. Im Interesse der gleichmäßigen Befriedigung aller Gesellschaftsgläubiger soll sich der einzelne Gläubiger durch einen schnelleren Zugriff auf das Vermögen der persönlich haftenden Gesellschafter keinen Sondervorteil verschaffen.

Befugnisse des Verwalters durch InsO erweitert

§ 207 InsO

Darüber hinaus soll verhindert werden, dass der Antrag auf Eröffnung des Insolvenzverfahrens über das Gesellschaftsvermögen mangels Masse abgewiesen wird, obwohl ein persönlich haftender Gesellschafter über ausreichendes Vermögen zur Befriedigung der Gläubiger verfügt. Insoweit wird die Insolvenzmasse erweitert.

§ 35 InsO

Hat sich somit z.B. ein persönlich haftender Gesellschafter zusätzlich gegenüber einem Gesellschaftsgläubiger verbürgt, greift § 93 InsO nicht ein, so dass der Insolvenzverwalter bei Geltendmachung der persönlichen Haftung des Gesellschafters mit dem Bürgschaftsgläubiger konkurriert.

2.4. Die Insolvenzanfechtung

§§ 129-147 InsO

2.4.1 Insolvenzanfechtungsrecht

§129 InsO

Grundsatz

(1) Rechtshandlungen, die vor der Eröffnung des Insolvenzverfahrens vorgenommen worden sind und die Insolvenzgläubiger benachteiligen, kann der Insolvenzverwalter nach Maßgabe der §§ 130 bis 146 anfechten.

(2) Eine Unterlassung steht einer Rechtshandlung gleich.

§§ 129 ff., 92 InsO

Eine weitere dem Insolvenzverwalter zugewiesene Aufgabe ist die Ausübung des Anfechtungsrechts das ihm mit seiner Ernennung als »ein mit dem Amt verbundenes eigenständiges Recht« zufällt und mit der Beendigung des Insolvenzverfahrens erlischt.

§ 315 Abs. 2 S. 1 InsO

Dem vorläufigen Insolvenzverwalter steht dagegen im Insolvenzeröffnungsverfahren kein Anfechtungsrecht zu, desgleichen nicht dem Treuhänder in dem vereinfachten Insolvenzverfahren.

§§ 80, 81, 89, 91 InsO

Nach Eröffnung des Insolvenzverfahrens soll eine Verkürzung der Insolvenzmasse zu verhindern versucht werden. Durch die Insolvenzanfechtung soll dagegen die gleichmäßige Befriedigung der Insolvenzgläubiger schon für einen früheren Zeitpunkt als den der formellen Eröffnung des Insolvenzverfahrens sichergestellt werden.

Zweck der Anfechtung ist es, im Interesse der Insolvenzgläubiger die Verminderung der zu deren Befriedigung dienenden Masse auszugleichen und die Benachteiligung der Gesamtheit der Insolvenzgläubiger zugunsten einzelner rückgängig zu machen.

<small>Insolvenzanfechtung dient der Befriedigung aller Gläubiger</small>

Die Anfechtung außerhalb des Insolvenzverfahrens nach den Vorschriften des Anfechtungsgesetzes bezweckt dagegen im Interesse des Einzelgläubigers, die Einzelzwangsvollstreckung auch auf solche Vermögensgegenstände des Schuldners zu erstrecken, die durch sachlich ungerechtfertigte Vermögensverschiebung aus dem Schuldnervermögen ausgeschieden sind.

<small>Anfechtungsgesetz dient der Befriedigung eines einzelnen Gläubigers. § 16 AnfG</small>

Die Insolvenzanfechtung bleibt auch nach Anzeige der Masseunzulänglichkeit zulässig.

<small>§ 208 InsO</small>

2.4.2. Geltendmachung

Die Anfechtung erfolgt grundsätzlich durch Erhebung der Klage, die den Gegenstand der Anfechtung und die Tatsachen bezeichnen muss, aus denen die Anfechtungsberechtigung hergeleitet werden soll. Einer besonderen »Erklärung« oder »Geltendmachung« bedarf es nicht.

Der Anfechtungsanspruch verjährt in zwei Jahren seit der Eröffnung des Insolvenzverfahrens.

<small>§ 146 Abs. 1 InsO §§195, 200 BGB</small>

Nach Ablauf der Anfechtungsfrist darf der Anfechtungsgegenstand oder Sachverhalt, der den Klagegrund bildet, nicht ausgewechselt werden. Anderenfalls liegt eine neue Anfechtung vor, die nach Fristablauf rechtlich ausgeschlossen ist.

Hat der Schuldner eine Zwischenperson eingeschaltet, die für ihn im Wege einer einheitlichen Handlung eine Zuwendung an einen Dritten bewirkt und damit zugleich unmittelbar das den Insolvenzgläubigern haftende Vermögen vermindert hat, so richtet sich die Anfechtung allein gegen den Dritten als Empfänger, wenn es sich für diesen erkennbar um eine Leistung des Schuldners handelte. Dies ist in der höchstrichterlichen Rechtsprechung in Fällen der Anweisung des Schuldners an einen anderen, seine Gläubiger zu befriedigen, anerkannt.

Die Anfechtung kann auch im Wege der Einrede geltend gemacht werden, was in Betracht kommt, wenn der Insolvenzverwalter in Anspruch genommen wird. Diese Anfechtungseinrede kann der Verwalter auch dann erheben, wenn der Anfechtungsanspruch verjährt ist.

<small>Einrede ist ein Gegenrecht, das die Durchsetzbarkeit des Rechts eines anderen hindert, ohne es zu beseitigen.</small>

Materielles Insolvenzrecht

§ 146 Abs. 1 InsO

Über den Wortlaut des § 146 Abs. 2 InsO hinaus kann der Verwalter das Leistungsverweigerungsrecht auch noch nach Ablauf der Frist durch Klage geltend machen, wenn er einen in der Masse befindlichen Gegenstand erhalten will. Denn § 146 Abs. 2 InsO hat den Zweck, zu verhindern, dass Gegenstände und Rechte, die noch in der Masse sind, aufgrund eines anfechtbaren Rechtserwerbs deshalb der Masse entzogen werden, weil die Frist versäumt worden ist.

2.4.3. Anspruchsinhalt

§ 143 Abs. 1 S. 1 InsO

Rückgewähr zur Masse

Der Inhalt des Anfechtungsanspruches geht primär auf Rückgewähr in Natur, d.h., eine in anfechtbarer Weise veräußerte bewegliche Sache muss an den Insolvenzverwalter zurück übereignet, eine Forderung zurückübertragen, ein Pfandrecht aufgegeben, ein Grundstück rückaufgelassen werden.

Die Rückgewähr einer Grundschuld kann dadurch erfolgen, dass der Grundschuldgläubiger

§§ 1168 BGB

§ 875 BGB

- auf die Grundschuld verzichtet – dann wird die Grundschuld zur Eigentümergrundschuld –,
- die Löschung bewilligt oder
- den im Zwangsversteigerungsverfahren auf ihn entfallenden Ersteigerungserlös der Insolvenzmasse überlässt.

Der Zweck des Insolvenzverfahrens erfordert es, dass die in anfechtbarer Weise veräußerten Gegenstände in die Verfügungsgewalt des Insolvenzverwalters zurückgelangen, damit dieser sie verwerten kann.

§143 Abs. 1 S. 2 InsO i.V.m. §§819, 818 IV, 292 Abs. 1, 989, 990 BGB

Ist die Rückgewähr in Natur nicht möglich, so ist Wertersatz in Geld nach den Regeln der verschärften Bereicherungshaftung zu leisten.

Hierbei ist der Wert zu erstatten, den der Anfechtungsgegenstand selbst für die Masse haben würde, wenn die anfechtbare Handlung unterblieben wäre.

Streitgegenstand ist der im Rechtsstreit geltend gemachte Anspruch.

Beide Ansprüche, Rückgewähr- und Wertersatzanspruch, stellen verschiedene Streitgegenstände dar, so dass bei einem nur hilfsweise erhobenen Anspruch auf Wertersatz eine eventuelle Klagehäufung vorliegt. Maßgeblicher Zeitpunkt für diese Wertberechnung ist die letzte mündliche Tatsachenverhandlung des Anfechtungsprozesses.

§143 Abs. 2 InsO

Der Empfänger einer unentgeltlichen Leistung ist nicht zur Rückgewähr verpflichtet, solange er weder weiß noch den Umständen nach wissen muss, dass diese Leistung die Gläubiger benachteiligt. Die Bösgläubigkeit hat der Insolvenzverwalter zu beweisen.

Vorläufiger Rechtsschutz zur Sicherung von Ansprüchen

Der Insolvenzanfechtungsanspruch ist durch einstweilige Verfügung oder Arrest sicherungsfähig.

Der Insolvenzanfechtungsanspruch ist in der Insolvenz des Anfechtungsgegners einfache Insolvenzforderung.

2.4.4. Auskunftsanspruch

Der Insolvenzverwalter hat aufgrund des Rückgewährschuldverhältnisses gegen den Anfechtungsgegner einen einklagbaren Anspruch auf Auskunftserteilung, sobald der Rückgewähranspruch infolge der Anfechtung dem Grunde nach feststeht. Ein solcher Auskunftsanspruch besteht jedoch nicht schon, wenn lediglich der begründete Verdacht besteht, eine Person könnte von dem (späteren) Insolvenzschuldner etwas in anfechtbarer Weise erworben haben.

§143 InsO i.V.m.
§ 242 BGB

2.4.5. Ansprüche des Anfechtungsgegners

Der Anspruch des Anfechtungsgegners auf Erstattung der von ihm an den Insolvenzschuldner bewirkten Gegenleistung stellt nur eine einfache Insolvenzforderung dar, obwohl sie erst mit Eröffnung des Insolvenzverfahrens entsteht und daher keine Insolvenzforderung ist. Nur wenn sich die Gegenleistung noch als solche unterscheidbar in der Masse befindet oder die Masse noch um ihren Wert bereichert ist, stellt der Anspruch des Anfechtungsgegners eine Masseverbindlichkeit dar.

§ 144 Abs. 2 S. 2 InsO
§§812 ff BGB

§38 InsO

§ 144 Abs. 2 S. 1 InsO

Der Anspruch auf Rückgewähr und der Masseanspruch sind Zug um Zug zu erfüllen, da der Erstattungsanspruch mit der Rückgewähr fällig wird und auf demselben rechtlichen Verhältnis wie der Rückgewähranspruch beruht. Wegen der Insolvenzforderung steht dem Anfechtungsgegner hingegen kein Zurückbehaltungsrecht zu.

§143 Abs. 1 S. 1 InsO
§144 Abs. 2 S. 1 InsO
§ 273 BGB

§ 144 Abs. 2 S. 2 InsO

2.4.6. Voraussetzungen einer Insolvenzanfechtung

Voraussetzung für eine derartige Anfechtung ist eine Rechtshandlung des Insolvenzschuldners vor Eröffnung des Verfahrens und das Vorliegen einer der im Gesetz geregelten Anfechtungstatbestände.

§ 129 InsO

Rechtshandlung ist jedes Handeln, das eine rechtliche Wirkung auslöst, wozu Verfügungen, Willenserklärungen und rechtsgeschäftliche Handlungen gehören, sowie auch Handlungen, die gegen den (nachmaligen) Insolvenzschuldner gerichtet sind, wie insbesondere Vollstreckungsakte.

Rechtshandlung des (späteren) Insolvenzschuldners vor Eröffnung des Insolvenzverfahrens
§ 141 InsO

Auch Rechtshandlungen des vorläufigen Insolvenzverwalters sind anfechtbar.

Materielles Insolvenzrecht

Einer Insolvenzanfechtung der durch Zwangsvollstreckung im letzten Monat vor dem Antrag auf Eröffnung des Insolvenzverfahrens oder nach diesem Antrag erlangten Sicherung bedarf es jedoch nicht, da diese bereits aufgrund der sog. Rückschlagsperre unwirksam ist.

§ 88 InsO

Unterlassen kann eine Rechtshandlung sein.

Eine Rechtshandlung stellt auch das rechtserhebliche Unterlassen dar, wenn es bewusst und gewollt erfolgt und nicht bloße Folge einer Nachlässigkeit oder Unachtsamkeit ist.

Es ist nicht erforderlich, dass die anfechtbare Rechtshandlung zwischen dem Insolvenzschuldner und dem Begünstigten vorgenommen worden ist. Es genügt vielmehr auch eine mittelbare Zuwendung, insbesondere wenn die geschuldete Leistung auf Anweisung des (späteren) Insolvenzschuldners an einen Dritten erfolgte.

Die Nichtigkeit des Rechtsgeschäfts schließt grundsätzlich die Anfechtung aus, da sie dessen Wirksamkeit voraussetzt und in Fällen der Unwirksamkeit im Allgemeinen keine Gläubigerbenachteiligung zu befürchten ist. Haben diese Rechtsgeschäfte dagegen schon eine tatsächliche gläubigerbenachteiligende Wirkung, z.B. bei »Kreditverträgen«, wird die Anfechtung neben die Nichtigkeit treten.

§ 138 Abs. 1 BGB

Die Rechtshandlung muss grundsätzlich vor Eröffnung des Insolvenzverfahrens erfolgt sein.

§§ 130 Abs. 1 Nr. 2, 132 Abs.1 Nr. 2 InsO

Die Anfechtung einer »nach dem Eröffnungsantrag« vorgenommenen Rechtshandlung setzt einen Eröffnungsantrag voraus, der zu einer Verfahrenseröffnung führte. Zurückgewiesene bzw. zurückgenommene Eröffnungsanträge bleiben, von § 139 Abs. 2 InsO abgesehen, außer Betracht. Auch ein wirksam für erledigt erklärter Insolvenzantrag ist keine Grundlage für eine Anfechtung.

§ 140 Abs. 1, 2 InsO

Eine Rechtshandlung gilt erst mit Eintritt ihrer Wirkungen, bei eintragungspflichtigen Rechtshandlungen mit Einreichung des Eintragungsantrages als vorgenommen.

Bei der Vorausabtretung, Vorauspfändung und der Pfändung künftiger Forderungen ist anfechtungsrechtlich die Entstehung der Forderung maßgebend, weil erst zu diesem Zeitpunkt die Gläubigerbenachteiligung eintritt.

§ 140 Abs. 1 InsO

§ 147 InsO
§§ 892, 893 BGB i.V.m.
§§ 81 Abs. 1 S. 2, 91 Abs. 2 InsO

Die Anfechtung solcher Rechtshandlungen, obwohl erst nach Eröffnung des Insolvenzverfahrens vorgenommen, ist gegenüber den Insolvenzgläubigern wirksam.

In § 147 InsO hat der Gesetzgeber § 878 BGB nicht erwähnt und ist damit der herrschender Meinung zur Anwendbarkeit des (entsprechenden) § 42 KO, wonach auch der Rechtserwerb nach § 878 BGB erfasst wird, nicht gefolgt.

Stellt danach der Schuldner – und nicht der Gläubiger – den Eintragungsantrag vor Verfahrenseröffnung, so gilt § 140 Abs. 1 InsO, da § 140 Abs. 2 InsO dem Wortlaut nach nicht vorliegt. Damit ist der Rechtserwerb nach Verfahrenseröffnung (mit Eintragung) vollendet. Da § 147 InsO jedoch § 878 BGB nicht aufführt, scheint diese Rechtshandlung nicht anfechtbar zu sein. Das hätte zur Folge, dass der auf Schuldnerantrag beruhende Rechtserwerb besser behandelt wird als der auf Gläubigerantrag.

§ 878 BGB unterscheidet jedoch nicht danach, wer den Eintragungsantrag stellt. Zwar hat der Gesetzgeber bewusst darauf verzichtet, § 878 BGB in § 147 Abs. 1 InsO zu erwähnen, in der Begründung wird jedoch irrtümlich ausgeführt, es sei ein Anwartschaftsrechts entstanden. Dies entsteht jedoch nur dann, wenn der Erwerber den Eintragungsantrag gestellt hat (s.o.).

§ 140 Abs. 2 InsO

Die Ungleichbehandlung kann nur durch eine »berichtigende« Auslegung vermieden werden, wobei die Berichtigung des § 140 Abs. 2 InsO der des § 147 Abs. 1 InsO vorzuziehen ist. § 140 Abs. 2 InsO ist danach in den Fällen der §§ 91 InsO, 878 BGB mit der Maßgabe anzuwenden, dass es – wie bei § 878 BGB – nicht darauf ankommt, wer den Eintragungsantrag gestellt hat.

Hierfür spricht im Übrigen auch, dass in der Praxis der Notar den Antrag für beide Parteien stellt.

Die Anfechtbarkeit von Rechtshandlungen setzt weiter voraus, dass die Gläubiger in ihrer Gesamtheit durch die Rechtshandlung objektiv benachteiligt worden sind. Eine Benachteiligung liegt vor, »wenn sich die Befriedigung der Gläubiger im Falle des Unterbleibens der angefochtenen Handlung günstiger gestaltet hätte« so z.B. bei Verminderung der Aktivmasse, bei Vermehrung der Passivmasse oder bei Erschwerung der Zugriffsmöglichkeit bzw. Verwertbarkeit. Auch die Bestellung einer wertlosen »Schornsteinhypothek« führt zu einer Gläubigerbenachteiligung, da sie die freihändige Verwertung des Grundstücks erschwert.

Gläubigerbenachteiligung
§ 129 InsO

Anfechtung setzt voraus, dass beanstandete Rechtshandlung die Masse geschmälert hat.

Dagegen liegt eine Gläubigerbenachteiligung nicht vor, wenn der Schuldner bereits über den Gegenstand auf Grund wirksamen verlängerten Eigentumsvorbehalts verfügt hatte.

Die Feststellung der Benachteiligung muss vom Standpunkt der Gesamtheit der Insolvenzgläubiger aus erfolgen, die Benachteiligung einzelner Gläubiger genügt nicht.

Maßgebender Zeitpunkt für die Beurteilung der Gläubigerbenachteiligung ist der Schluss der letzten mündlichen Verhandlung in der Tatsacheninstanz, nicht etwa der Zeitpunkt der angefochtenen Verfügung. Die Darlegungs- und Beweislast hat der Insolvenzverwalter.

2.4.7. Ursächlichkeit der Rechtshandlung für die Gläubigerbenachteiligung

Die Rechtshandlung muss für die Gläubigerbenachteiligung ursächlich gewesen sein.

Grundsätzlich genügt eine »mittelbare« Gläubigerbenachteiligung, d.h., es ist ausreichend, dass die Benachteiligung erst dadurch herbeigeführt worden ist, dass zu der Rechtshandlung ein Umstand hinzugetreten ist, der diese im weiteren Verlauf der Dinge zu einer benachteiligenden gemacht hat

§§132 Abs. 1, 133 Abs. 2 InsO

Ausnahmsweise ist eine »unmittelbare« Gläubigerbenachteiligung erforderlich.

Die Ursächlichkeit ist bei einer mit dem nachmaligen Insolvenzschuldner getroffenen Aufrechnungsvereinbarung zu verneinen, wenn der Vertragspartner auch ohne diese Vereinbarung nach den gesetzlichen Bestimmungen hätte aufrechnen können, sowie im Falle der Zwangsversteigerung, wenn kein höherer, über die Grundstücksbelastungen hinausgehender, Versteigerungserlös erzielt worden wäre.

Grundsatz der Vorteilsausgleichung gilt nicht

Der Grundsatz der Vorteilsausgleichung – wie beim Schadensersatzrecht – ist bei der Insolvenzanfechtung unanwendbar, da Vorteile, die keine vollwertige Gegenleistung für die bewirkte Vermögensminderung darstellen, eine Gläubigerbenachteiligung nicht ausschließen.

Anfechtungsgründe

Die Anfechtungsgründe können nur in einem Insolvenzverfahren geltend gemacht werden, weshalb diese Gründe auch die »besonderen« Anfechtungsgründe genannt werden.

§ 133 InsO
§ 134 InsO
§ 3 und § 4 AnfG
§ 135 InsO, § 6 AnfG
§§ 32 a, b GmbHG
129 a, 172 a HGB

Die Anfechtungsgründe der vorsätzlichen Gläubigerbenachteiligung und der Unentgeltlichkeit finden sich hingegen auch im Anfechtungsgesetz. Der Schwerpunkt des Anwendungsbereiches der Anfechtung bei eigenkapitalersetzenden Darlehen liegt nicht im Insolvenz-, sondern im Gesellschaftsrecht bei Verstößen gegen den Kapitalerhaltungsgrundsatz.

§ 136 InsO
§ 137 InsO

Weitere Anfechtungsgründe sind die Rückgewähr der Einlage an einen stillen Gesellschafter sowie Wechsel- und Scheckzahlungen.

§ 132 InsO

Die Anfechtungsgründe stehen grundsätzlich nebeneinander stellen jedoch einen Auffangtatbestand (unmittelbar nachteilige Rechtshandlungen) dar, der hinter §§ 130, 131 InsO zurücktritt.

Materielles Insolvenzrecht

• **Objektiver Tatbestand**

Kongruente Deckung § 130 InsO

(1) Anfechtbar ist eine Rechtshandlung, die einem Insolvenzgläubiger eine Sicherung oder Befriedigung gewährt oder ermöglicht hat,
1. wenn sie in den letzten drei Monaten vor dem Antrag auf Eröffnung des Insolvenzverfahrens vorgenommen worden ist, wenn zur Zeit der Handlung der Schuldner zahlungsunfähig war und wenn der Gläubiger zu dieser Zeit die Zahlungsunfähigkeit kannte oder
2. wenn sie nach dem Eröffnungsantrag vorgenommen worden ist und wenn der Gläubiger zur Zeit der Handlung die Zahlungsunfähigkeit oder den Eröffnungsantrag kannte.

Dies gilt nicht, soweit die Rechtshandlung auf einer Sicherungsvereinbarung beruht, die die Verpflichtung enthält, eine Finanzsicherheit, eine andere oder eine zusätzliche Finanzsicherheit im Sinne des § 1 Abs. 17 des Kreditwesengesetzes zu bestellen, um das in der Sicherungsvereinbarung festgelegte Verhältnis zwischen dem Wert der gesicherten Verbindlichkeiten und dem Wert der geleisteten Sicherheiten wiederherzustellen (Margensicherheit).

(2) Der Kenntnis der Zahlungsunfähigkeit oder des Eröffnungsantrags steht die Kenntnis von Umständen gleich, die zwingend auf die Zahlungsunfähigkeit oder den Eröffnungsantrag schließen lassen.

(3) ...

Eine kongruente Deckung liegt vor, wenn die Rechtshandlung einem Insolvenzgläubiger eine Sicherung oder Befriedigung gewährt hat, welche dieser in der gewährten Form und zu dem Zeitpunkt genauso beanspruchen durfte.

Die »besonderen Insolvenzanfechtungsgründe«

Eine kongruente Deckung stellt jede Rechtshandlung dar, die zu einer dem Insolvenzgläubiger in der Art und zu der Zeit zustehenden Befriedigung durch Erfüllung oder ihr gleichstehender Surrogate führt, sofern nicht ein bloßes Verpflichtungsgeschäft vorliegt.

§ 130 InsO

Die Rechtshandlung kann auch durch den Schuldner oder einen sonstigen Dritten – auch gegen den Willen des Schuldners – vorgenommen werden.

Bei kongruenter Deckung besteht ein Anspruch des Gläubigers, der aber nicht zur Unzeit erfüllt werden darf.

Auch Rechtshandlungen, die dem Insolvenzgläubiger lediglich eine Befriedigung, bzw. Sicherung ermöglichen, sind anfechtbar. Ein weiterer Fall der kongruenten Deckung ist die Befriedigung im Wege der Aufrechnung, sog. anfechtbar geschaffene Aufrechnungslage.

§ 130 Abs. 1 InsO
§ 96 Abs. 1 Nr. 3 InsO
§ 17 InsO

• Subjektiver Tatbestand

Der Insolvenzgläubiger muss die Kenntnis von der Zahlungsunfähigkeit bei Vornahme der Rechtshandlung haben, dagegen genügt die alternative Kenntnis von Zahlungsunfähigkeit oder Eröffnungsantrag. Positives Wissen ist unter Kenntnis von Zahlungsunfähigkeit, bzw. Antragstellung zu verstehen.

§ 130 Abs. 1 InsO

Die Wissenszurechnung erfolgt nach § 166 BGB. Nach der Rechtsprechung ist der Anwendungsbereich auf den sog. Wissensvertreter, d.h. jeder, der nach der Arbeitsorganisation des Geschäftsherrn dazu berufen ist, im Rechtsverkehr als dessen Repräsentant bestimmte Aufgaben in eigener Verantwortung zu erledigen und dabei die anfallenden Informationen zur Kenntnis zu nehmen und ggf. weiterzugeben hat, erweitert worden.

Gläubiger muss sich Wissen seines Vertreters zurechnen lassen

Das Wissen eines Prozessbevollmächtigten ist dem Vollmachtgeber insoweit zuzurechnen, als dieser die Kenntnis im Rahmen des ihm erteilten Auftrags erhält.

§ 140 InsO

Der für die Kenntnis maßgebliche Zeitpunkt ist der der Vornahme der Rechtshandlung.

Neben der Kenntnis von Zahlungsunfähigkeit oder Insolvenzeröffnungsantrag genügt auch die Kenntnis von Umständen, die zwingend auf die Zahlungsunfähigkeit oder den Insolvenzeröffnungsantrag schließen lassen.

§ 130 Abs. 2 InsO

Über die Auslegung des § 130 Abs. 2 InsO besteht Streit. Nach der Rechtsprechung des BGH zu § 30 KO ist die Kenntnis von der Zahlungseinstellung für denjenigen – widerlegbar – vermutet, der diejenigen Tatsachen kennt, an die jedermann mit der entsprechenden Verkehrsauffassung verständigerweise die Erwartung verknüpft, dass der Schuldner wesentliche Zahlungen so gut wie sicher nicht wird erbringen können. Diese Grundsätze dürften zu übertragen sein, so dass es unerheblich ist, ob der Insolvenzgläubiger aus der Kenntnis der Umstände, aus denen sich die Zahlungsunfähigkeit oder der Insolvenzeröffnungsantrag ergibt, die notwendigen Schlussfolgerungen gezogen hat. Dies deckt sich um übrigen mit § 17 Abs. 2 S. 2 InsO, wonach eine gesetzliche Vermutung hinsichtlich des Eintritts der Zahlungsunfähigkeit aufgestellt wird, wenn der Schuldner seine Zahlungen eingestellt hat.

Maßgebliche Verkehrsauffassung

§ 130 Abs. 2 InsO

Ein Gläubiger, der nach einem eigenen Eröffnungsantrag von dem Schuldner Zahlungen erhält, darf grundsätzlich nicht davon aus gehen, dass auch die anderen nicht antragstellenden Gläubiger Zahlungen erhalten.

Es wird die Beweislast zugunsten des Insolvenzverwalters hinsichtlich der Kenntnis von Zahlungsunfähigkeit oder Insolvenzeröffnungsantrag umgekehrt, wenn die gläubigerschädigende Handlung gegenüber einer dem Insolvenzschuldner zum Zeitpunkt der Vornahme der Handlung nahe stehenden Person vorgenommen worden ist.

§ 130 Abs. 3 InsO

§ 138 InsO

- **Objektiver Tatbestand**

Inkongruente Deckung

§ 131 Abs. 1 InsO

Anfechtbar ist eine Rechtshandlung, die einem Insolvenzgläubiger eine Sicherung oder Befriedigung gewährt oder ermöglicht hat, die er nicht oder nicht in der Art oder nicht zu der Zeit zu beanspruchen hatte,

1. wenn die Handlung im letzten Monat vor dem Antrag auf Eröffnung des Insolvenzverfahrens oder nach diesem Antrag vorgenommen worden ist,
2. wenn die Handlung innerhalb des zweiten oder dritten Monats vor dem Eröffnungsantrag vorgenommen worden ist und der Schuldner zur Zeit der Handlung zahlungsunfähig war oder
3. wenn die Handlung innerhalb des zweiten oder dritten Monats vor dem Eröffnungsantrag vorgenommen worden ist und dem Gläubiger zur Zeit der Handlung bekannt war, daß sie die Insolvenzgläubiger benachteiligte.

Inkongruent ist die Deckung, wenn der Gläubiger die bewirkte Leistung (Sicherung oder Befriedigung einer Forderung) durch den Schuldner im Zeitpunkt der Leistung »nicht« oder »nicht in der Art« oder »nicht zu der Zeit« zu beanspruchen hatte.

Inkongruente Deckung bedeutet fehlenden Anspruch des Gläubigers.

§ 131 Abs. 1 InsO

Fälle der sog. »inkongruenten Deckung«:

- Eine Befriedigung, die vom Gläubiger »nicht in der Art» beansprucht werden konnte, liegt vor, wenn der (spätere) Insolvenzschuldner etwas an Erfüllung Statt oder erfüllungshalber hingegeben hat.
- Eine »nicht in der Art« zu beanspruchende Sicherung ist weiterhin gegeben, wenn die Bank des (späteren) Insolvenzschuldners nach den Allgemeinen Geschäftsbedingungen der Banken zwar einen jederzeitigen, aber unbestimmten Anspruch auf Bestellung oder Verstärkung einer bankmäßigen Sicherung hat. Dann bleibt dem Schuldner gerade die freie Wahl des Sicherungsmittels, so dass die gewährte Sicherung keinesfalls die geschuldete ist; weiterhin im Falle des AGB-Pfandrechts.
- • Auch die Erlangung eines Pfändungspfandrechts ist inkongruent, da trotz des Vollstreckungstitels ein materieller Anspruch auf Sicherung »in der Art« nicht besteht. Eine Anfechtung dieser Siche-

§ 141 InsO
Pfändungspfandrecht

rung ist jedoch entbehrlich, wenn sie im letzten Monat vor dem Eröffnungsantrag oder nach Antragstellung durch Zwangsvollstreckung erlangt worden ist, sog. Rückschlagsperre.

§ 88 InsO

Die Pfändung einer künftigen Forderung gilt anfechtungsrechtlich in dem Zeitpunkt als vorgenommen, in dem die Forderung entsteht.

§ 140 Abs. 1, 3 InsO

Auch die Leistung, die der Schuldner dem Gläubiger auf eine fällige Forderung zur Vermeidung einer bevorstehenden Zwangsvollstreckung gewährt hat, stellt eine inkongruente Deckung dar.

- »Nicht zu der Zeit« hat ein Gläubiger Befriedigung zu beanspruchen, wenn eine Forderung zum Zeitpunkt ihrer Befriedigung noch nicht fällig, betagt oder aufschiebend bedingt ist. Dem steht auch das Recht des Schuldners, eine Leistung vor Fälligkeit bewirken zu können, nicht entgegen.

Fälligkeit der Forderung

§ 271 Abs. 2 BGB

- Eine inkongruente Sicherung kann im Rahmen eines sog. Pool-Vertrages liegen, d.h. eines Vertrages, in dem mehrere beteiligte Gläubiger – zumeist Geld- / Warenkreditgeber – das Sicherungsgut treuhänderisch für alle Pool-Gläubiger zur Sicherung aller dem Schuldner gewähren Darlehen halten und vereinbart wird, dass die Sicherheit der Sicherung sämtlicher bestehender und zukünftiger Forderungen dienen soll.

- **Subjektiver Tatbestand**

§ 131 Abs. 1 Nr. 3 InsO

Die Rechtshandlung ist nur anfechtbar, wenn der Insolvenzgläubiger Kenntnis von der Benachteiligung der übrigen Gläubiger hat. Die Zahlungsunfähigkeit braucht zu diesem Zeitpunkt noch nicht eingetreten zu sein. Nach der Rechtsprechung des BGH zu § 30 Nr. 2 KO, die auf § 131 Abs. 1 Nr. 3 InsO zu übertragen sein dürfte, kann von einer Kenntnis ausgegangen werden, wenn der Anfechtungsgegner damit rechnet, dass der Schuldner seine Gläubiger in absehbarer Zeit nicht mehr befriedigen kann.

Nach § 131 Abs. 2 S. 1 InsO genügt neben der positiven Kenntnis auch die Kenntnis von Umständen, die zwingend auf die Gläubigerbenachteiligung schließen lassen, es kann insoweit auf die Ausführungen zu § 130 Abs. 2 InsO verwiesen werden.

Der Insolvenzverwalter hat die Voraussetzungen des § 131 InsO, auch die subjektiven Voraussetzungen nach Abs. 2 Nr. 1 InsO, darzulegen und zu beweisen.

Eine Umkehr der Beweislast tritt gemäß § 131 Abs. 2 S. 2 InsO dann ein, wenn die gläubigerschädigende Handlung gegenüber einer nahe stehenden Person i.S.d. § 138 InsO vorgenommen worden ist.

Materielles Insolvenzrecht

§ 132 InsO enthält, als Auffangtatbestand, zwei voneinander unabhängige Anfechtungstatbestände in Abs. 1 und Abs. 2, die nur eingreifen, soweit sie nicht als Deckungsgeschäfte von §§ 130, 131 InsO erfasst werden.

Unmittelbarte nachteilige Rechtshandlungen

§ 132 Abs. 1 InsO bezieht sich nicht nur auf zweiseitige, sondern auch einseitige Rechtsgeschäfte, z.b. Kündigung eines Vertrages, Verzicht, die unmittelbar zur Gläubigerbenachteiligung führen.

Nach § 132 Abs. 2 InsO sind unter sonstige Rechtshandlungen auch rechtsgeschäfts-ähnliche Handlungen und Unterlassungen im Bereich des materiellen Rechts und des Prozessrechts, z.b. Unterlassung von Einlegung von Rechtsbehelfen oder Rechtsmitteln, erfasst.

Die Vorsatzanfechtung stellt eine Art Generalklausel dar.

Vorsätzliche Benachteiligung

Vorsätzliche Benachteiligung

§133 Abs. 1 InsO

Anfechtbar ist eine Rechtshandlung, die der Schuldner in den letzten zehn Jahren vor dem Antrag auf Eröffnung des Insolvenzverfahrens oder nach diesem Antrag mit dem Vorsatz, seine Gläubiger zu benachteiligen, vorgenommen hat, wenn der andere Teil zur Zeit der Handlung den Vorsatz des Schuldners kannte. Diese Kenntnis wird vermutet, wenn der andere Teil wußte, daß die Zahlungsunfähigkeit des Schuldners drohte und daß die Handlung die Gläubiger benachteiligte.

Die §§ 134, 138 BGB sowie § 826 BGB sind nur anwendbar, wenn über den Anfechtungstatbestand hinaus das Rechtsgeschäft besondere, über die Benachteiligung der Gläubiger hinausgehende Umstände, aufweist, bzw. besondere Umstände die Sittenwidrigkeit begründen.

Erfasst werden mittelbar und unmittelbar benachteiligende Rechtshandlungen des Schuldners; werden Zwangsvollstreckungsmaßnahmen ohne oder gegen den Willen des Schuldners durchgeführt, werden sie ihm nicht zugerechnet.

Gläubigerbenachteiligungsvorsatz des Schuldners liegt vor, wenn die Benachteiligung der Gläubiger vom Schuldner als Erfolg seines Handelns gewollt war (dolus directus). Es reicht aber auch aus, wenn der Schuldner es für möglich hält, dass seine Rechtshandlung sich zum Nachteil der Gläubiger auswirkt und er diese Folge in Kauf genommen hat (dolus eventualis).

Die Beweislast liegt bei dem Insolvenzverwalter. Wird jedoch die Kenntnis des Gegners vom Benachteiligungsvorsatz des Schuldners widerleglich vermutet, wenn, was vom Insolvenzverwalter zu beweisen ist, der Anfechtungsgegner die drohende Zahlungsunfähigkeit (§ 18 InsO) und die objektive Gläubigerbenachteiligung kannte.

§ 133 Abs. 1 S. 2 InsO
Beweislast für Kenntnis
Beweis des ersten Anscheins

Materielles Insolvenzrecht

§ 133 Abs. 2 InsO

§ 138 InsO

Es besteht eine unwiderlegliche Vermutung sowohl für den Gläubigerbenachteiligungsvorsatz des Schuldners als auch für die Kenntnis des Anfechtungsgegners, wenn es sich um die Anfechtung eines entgeltlichen Vertrages mit einer nahe stehenden Person handelt, durch den die Insolvenzgläubiger unmittelbar benachteiligt werden und der in den letzten zwei Jahren vor dem Insolvenzantrag geschlossen wurde.

Indizienbeweis auf der Grundlage von Erfahrungssätzen

Nach überwiegender Meinung sollen die von der Rechtsprechung des BGH zur KO entwickelten Grundsätze des Beweises des ersten Anscheins für den Gläubigerbenachteiligungsvorsatz und die Kenntnis des Anfechtungsgegners anwendbar sein. Dies hat der BGH nunmehr in diesem Sinn entschieden. Insbesondere wird dies angenommen, wenn ein (nachmaliger) Schuldner dem anderen Teil eine inkongruente Deckung gewährt oder der (nachmalige) Schuldner innerhalb der anfechtungsrelevanten Zeit sein Vermögen verschleudert.

§ 134 InsO

Unentgeltliche Leistung

(1) Anfechtbar ist eine unentgeltliche Leistung des Schuldners, es sei denn, sie ist früher als vier Jahre vor dem Antrag auf Eröffnung des Insolvenzverfahrens vorgenommen worden.

(2) Richtet sich die Leistung auf ein gebräuchliches Gelegenheitsgeschenk geringen Werts, so ist sie nicht anfechtbar.

Unentgeltliche Leistung

Dem entspricht der Grundsatz der geringeren Schutzwürdigkeit des unentgeltlichen gegenüber dem entgeltlichen Erwerb.

§ 134 Abs. 2 InsO

Nur die gebräuchlichen Gelegenheitsgeschenke geringen Wertes sind von der Anfechtung ausgenommen.

Unter den Begriff der Leistungen fallen Verpflichtungs- und Verfügungsgeschäfte aller Art, dagegen nicht Maßnahmen der Zwangsvollstreckung.

Leistung und Gegenleistung sind zu bewerten und zu saldieren.

Für die Frage der Unentgeltlichkeit der Leistung ist grundsätzlich auf die objektive Wertrelation zwischen Leistung des Schuldners und Gegenleistung des Empfängers abzustellen. Erst wenn feststeht, dass der Schuldner bei objektiver Betrachtungsweise überhaupt einen Gegenwert für seine eigene Leistung erhalten hat, kann geprüft werden, ob die Beteiligten die gewährte oder versprochene Gegenleistung tatsächlich als Entgelt angesehen haben.

Hat der (nachmalige) Schuldner mit dem Dritten eine angemessene Gegenleistung für die von ihm erbrachte Zuwendung vereinbart, kann diese schon nicht deshalb als unentgeltliche angefochten werden, weil die Gegenleistung ausgeblieben ist.

Vermögensveräußerung unter Wert

Veräußert der (nachmalige) Schuldner Gegenstände aus seinem Vermögen unter Wert, um insbesondere Liquidität zu erlangen (Notverkauf), liegt keine unentgeltliche Leistung vor, da die Parteien die Gegenleistung als angemessen ansehen.

Die Schuldübernahme, die Erfüllungsübernahme sowie die Tilgung fremder Schulden sind unentgeltliche Leistungen, wenn der (nachmalige) Schuldner weder die Forderung des Gläubigers, einen Anspruch auf Abtretung noch sonst ein Entgelt erwirbt und wenn er zur Vornahme dieser Handlungen weder dem Schuldner, dem Gläubiger oder einem sonstigen Dritten gegenüber verpflichtet ist. Dies gilt auch, wenn er auf einen vollwertigen Ausgleichsanspruch verzichtet, den er durch die Tilgung fremder Schuld gegen den Schuldner dieser Verbindlichkeit erwirbt.

Die freiwillige Sicherung fremder Schuld, etwa durch Übernahme einer Bürgschaftsverpflichtung, Bestellung einer Grundschuld oder eines Pfandrechts, Sicherungsübereignung, Sicherungszession kann unentgeltliche Leistung sein. Hat dagegen der Sicherungsnehmer einem Dritten für die Leistung eine ausgleichende Gegenleistung, z.B. Darlehen, mit Einverständnis des (nachmaligen) Schuldners zum Zeitpunkt der Begründung der gesicherten Forderung gewährt, scheidet eine Anfechtung aus.

Einstehen für fremde Schulden

Wendet der Schuldner dem Empfänger etwas durch Leistungen an einen Dritten zu, ist für die Frage der Unentgeltlichkeit allein darauf abzustellen, ob der Empfänger eine den Vermögenserwerb ausgleichende Leistung schuldet.

Hat sich der Schuldner verpflichtet, die für die Forderung eines Dritten mithaftende Person von ihrer Ausgleichspflicht im Innenverhältnis schenkungshalber freizustellen, so nimmt der Schuldner mit der Leistung an den Dritten eine unentgeltliche Verfügung vor, obwohl er dadurch zugleich von einer eigenen Verbindlichkeit frei wird.

Freistellung im Innenverhältnis kann Schenkung sein.

Hat der Schuldner ein Grundstück schenkweise übertragen und sich darüber hinaus verpflichtet, den Erwerber von den auf dem Grundstück ruhenden Lasten zu befreien, wird die Schenkung insoweit erst mit Befriedigung der dinglichen Gläubiger vollzogen.

Umstrukturierungsmaßnahmen, sog. Asset-Übertragungen, können unentgeltliche Leistungen darstellen.

Die Beweislast für die Unentgeltlichkeit der Leistung sowie die weiteren Tatbestandsmerkmale trägt der Insolvenzverwalter, dagegen der Anfechtungsgegner dafür, dass die Leistung nicht innerhalb des Anfechtungszeitraums von vier Jahren liegt. Ein sog. Bargeschäft ist nur unter den Voraussetzungen des § 133 Abs. 1 InsO anfechtbar.

§ 134 Abs. 1, 2. Halbsatz InsO

Bargeschäft unterfällt §142 InsO.

Bei den sog. Bargeschäften, d.h. Geschäften, bei denen gleichwertige Leistungen auf Grund Parteivereinbarung ausgetauscht werden, fehlt es an der Gläubigerbenachteiligung, da dem Vermögen des (nachmaligen)

Bargeschäfte nur eingeschränkt anfechtbar.

Insolvenzschuldners sofort ein entsprechender Gegenwert durch sein Handeln zufließt und derartige Geschäfte nicht auf die Sicherung oder Befriedigung einer bereits entstandenen Forderung gehen. Eine Masseverkürzung wird so insgesamt verhindert.

Unterlägen auch die Bargeschäfte der Anfechtung, wäre der Schuldner, der sich in der Krise befindet, praktisch vom Geschäftsverkehr ausgeschlossen und jegliche Sanierungsversuche wären unterbunden, weil der Kreditgeber bei deren Fehlschlagen mit der Möglichkeit der Anfechtung rechnen müsste.

Wesentliche Abweichungen von den Parteivereinbarungen lassen eine Bardeckung entfallen. Liegt eine sog. »inkongruente Deckung«vor, so schließt diese begrifflich ein Bargeschäft aus.

Bargeschäft setzt engen zeitlichen Zusammenhang zwischen den Leistungen voraus.

Weiterhin muss Leistung und Gegenleistung unmittelbar, d.h. in einem engen zeitlichen Zusammenhang ausgetauscht werden. Ein zeitlicher Abstand zwischen den einzelnen Akten des Leistungsaustausches steht der Annahme eines Bargeschäfts nicht entgegen, maßgebend ist nur, ob er von der zugrunde liegenden Parteivereinbarung gedeckt ist.

Die Zahlung eines Beraterhonorares im Zusammenhang mit Sanierungsbemühungen zwei Monate nach Fälligkeit erfüllt nicht das Erfordernis eines »unmittelbaren Leistungsaustausches«, so dass kein Bargeschäft vorliegt.

2.5. Haftung

Haftung des Insolvenzverwalters §60 Abs. 1 InsO

> Der Insolvenzverwalter ist allen Beteiligten zum Schadensersatz verpflichtet, wenn er schuldhaft die Pflichten verletzt, die ihm nach diesem Gesetz obliegen. Er hat für die Sorgfalt eines ordentlichen und gewissenhaften Insolvenzverwalters einzustehen.

Verletzt der Insolvenzverwalter die ihm nach der InsO auferlegten Pflichten schuldhaft, so ist er allen Beteiligten zum Schadensersatz verpflichtet, wobei die Haftung auf gesetzlichem Schuldverhältnis beruht. Verschuldensmaßstab ist die Sorgfalt eines ordentlichen und gewissenhaften Insolvenzverwalters.

Voraussetzungen der Haftung
§ 60 Abs. 1 S. 1 InsO
§ 61 InsO

Der Insolvenzverwalter haftet nur, wenn er amtsspezifische Pflichten verletzt hat, also Pflichten, die ihm in seiner Eigenschaft als Verwalter nach den Vorschriften der Insolvenzordnung obliegen.

Bei der Verletzung allgemeiner Vertragspflichten im Zusammenhang mit dem Abschluss von Verträgen mit Neugläubigern kommt eine persönliche Haftung des Insolvenzverwalters nicht in Betracht. Der Insolvenzverwalter hat keine insolvenzspezifischen Pflichten zur Prüfung der Prozessaussichten im Kosteninteresse des Prozessgegners.

Der Insolvenzverwalter ist jedoch nicht Beamter, auch nicht im haftungsrechtlichen Sinne. Der Staat haftet daher auch nicht für schuldhafte Pflichtverletzungen des Insolvenzverwalters; eine Amtshaftung kommt vielmehr nur bei Verletzung der insolvenzgerichtlichen Aufsichtspflicht oder bei Fehlernennung durch das Insolvenzgericht in Betracht.

Schadensersatzansprüche verjähren gegen den Insolvenzverwalter in drei Jahren, spätestens von der Aufhebung oder der Rechtskraft des Einstellungsbeschlusses des Insolvenzverfahrens an.

Verjährung
§ 62 InsO

Der Insolvenzverwalter

Seine Bestellung:
- Partei kraft Amtes
- Hat die Verwaltungs- und Verfügungsbefugnis über das zur Masse gehörende Vermögen des InsO-Schuldners; § 80 InsO

Seine Rechtsstellung:
- Vorläufig durch das Insolvenzgericht mit Eröffnung des Verfahrens; § 27 I InsO
- Endgültig nach der ersten Gläubigerversammlung; § 57 I InsO

Seine Aufgaben:
- Geltendmachung des Gesamtschadens und der persönlichen Haftung eines Gesellschafters; §§ 92, 93 InsO
- Verwaltung und Verwertung der Masse; § 148 I InsO
- Aufzeichnung der Massegegenstände; § 151 InsO
- Erstellung des Gläubigerverzeichnisses; § 152 InsO
- Fertigung einer Vermögensübersicht; § 153 InsO
- Führung der Insolvenztabelle und Prüfung der angemeldeten Forderungen; §§ 174 ff. InsO
- Verteilung des Erlöses; §§ 187, 195, 196 InsO

Seine Haftung:
- Schadensersatz bei schuldhafter Pflichtverletzung allen Beteiligten gegenüber; § 60 I InsO

3. Aussonderungsberechtigte

§§ 47, 48 InsO

Aussonderung

§ 47 InsO

> Wer auf Grund eines dinglichen oder persönlichen Rechts geltend machen kann, daß ein Gegenstand nicht zur Insolvenzmasse gehört, ist kein Insolvenzgläubiger. Sein Anspruch auf Aussonderung des Gegenstands bestimmt sich nach den Gesetzen, die außerhalb des Insolvenzverfahrens gelten.

Zur Insolvenzmasse wird nur das dem Insolvenzschuldner gehörige Vermögen gerechnet. Nimmt der Insolvenzverwalter für die Masse nicht dem Insolvenzschuldner gehörige Gegenstände, ist dies die Grundlage für das Aussonderungsrecht. Der Berechtigte kann seinen Anspruch gegenüber dem Insolvenzverwalter geltend machen.

§ 35 InsO
Schuldnerfremde Gegenstände in der Masse begründen ein Aussonderungsrecht

Dieses Aussonderungsrecht entspricht dem Widerspruchsrecht, das im Wege der Einzelzwangsvollstreckung der Eigentümer im Wege der Drittwiderspruchsklage geltend machen kann.

§ 771 ZPO

3.1. Eigentümer

Praktische Probleme entstehen in diesem Bereich, wenn Treuhandverhältnisse bestehen oder Vorbehaltseigentum existiert.

Der Treugeber überträgt dem Treuhänder ein Vermögensrecht oder räumt ihm eine Rechtsposition ein, wobei im Innenverhältnis nach Maßgabe des Treuhandverhältnisses der Treuhänder in der Ausübung der ihm übertragenen Rechtsposition gegenüber Dritten beschränkt ist. Unterschieden wird zwischen uneigennützigen und eigennützigen Treuhandverhältnissen.

Treuhandverhältnisse

Von einer uneigennützigen Treuhand ist auszugehen, wenn das Treuhandverhältnis den Interessen des Treugebers und nicht denen des Treuhänders dienen soll. Praktisch bedeutsam sind die Abtretungen einer Forderung zur Einziehung oder die Übertragung von Vermögensgegenständen zur Verwaltung. Hierher gehört auch die Abwicklung eines außergerichtlichen Vergleiches.

Uneigennützige Treuhand dient den Interessen des Treugebers.

Bei Insolvenz des Treuhänders ist zu beachten, dass er zwar formell Eigentümer oder Berechtigter des Treugutes wurde, der Treugeber aber materiell Berechtigter bleibt. Deshalb steht dem Treugeber als materiell Berechtigter bei Insolvenz des Treuhänders ein Aussonderungsrecht zu.

Bei Insolvenz des Treugebers fällt das Treugut in die Insolvenzmasse und kann durch den Insolvenzverwalter des Treugebers vom Treuhänder herausverlangt werden.

Die eigenhändige Treuhand

Das Treuhandverhältnis bei der eigennützigen Treuhand wird im Interesse des Treunehmers vereinbart. Praktisch bedeutsam sind hier Sicherungsübereignung und Sicherungszession.

Bei Insolvenz des Treuhänders hat der Treugeber ein Aussonderungsrecht. Dies hat zur Voraussetzung, dass er die gesicherte Forderung zurückgezahlt hat. Wegen der Erfüllung der gesicherten Forderung ist das Treugut im Außenverhältnis des Treuhänders zu seinen Gläubigern nicht aus dem Vermögen des Treugebers ausgeschieden und der Treuhänder kann sich nicht mehr aus dem Treugut befriedigen. Dabei ist es zulässig, dass der Treugeber die gesicherte Forderung vor der vereinbarten Fälligkeit erfüllen darf.

§51 Nr. 1 InsO

Bei Insolvenz des Treugebers steht dem Treuhänder nur ein Absonderungsrecht und kein Aussonderungsrecht zu. Hier wird dem Umstand Rechnung getragen, dass die Sicherungsübertragung dem Pfandrecht näher steht als dem Eigentum.

Vorbehaltseigentümer kann Aussonderung verlangen.

Bei Insolvenz des Käufers ist der Vorbehaltsverkäufer zur Aussonderung berechtigt. Eine Ausnahme gilt nur dann, wenn der Insolvenzverwalter die Erfüllung des Vertrages gewählt hat.

§ 51 Nr. 1 InsO
§§ 51, 52 InsO

Dem gegenüber werden die Verlängerungs- und Erweiterungsformen des Eigentumsvorbehaltes als Sicherungsübertragung gewertet, so dass dem Verkäufer nur ein Absonderungsrecht zusteht.

3.2. Sonstige Berechtigte

Dingliche Rechte regeln die tatsächlichen Verhältnisse zu einer Sache oder einem Grundstück (z.B. Eigentum, Besitz usw.).
§ 861 BGB

Hierbei handelt es sich um beschränkt dinglich Berechtigte. Diesen muss das dingliche Recht, das Gegenstand der Aussonderung sein soll, zustehen. Dies ist der Fall, wenn ein Besitzer seinen Anspruch auf Wiedereinräumung des Besitzes geltend macht. Aussonderungsberechtigt ist auch der Inhaber eines schuldrechtlichen Anspruches auf Herausgabe eines dem Insolvenzschuldner nicht gehörenden Gegenstandes.

Vorläufiger Rechtsschutz ist möglich.

Der Aussonderungsanspruch kann durch eine einstweilige Verfügung geltend gemacht werden. Der Aussonderungsberechtigte ist nicht berechtigt, die Geschäftsräume des Insolvenzschuldners zu betreten, um sein Aussonderungsgut auszusuchen oder zu inventarisieren. Er hat lediglich einen Anspruch auf Auskunftserteilung gegenüber dem Insolvenzverwalter, damit er sein Aussonderungsrecht geltend machen kann.

3.3. Ersatzaussonderung

Ersatzaussonderung §48 InsO

Ist ein Gegenstand, dessen Aussonderung hätte verlangt werden können, vor der Eröffnung des Insolvenzverfahrens vom Schuldner oder nach der Eröffnung vom Insolvenzverwalter unberechtigt veräußert worden, so kann der Aussonderungsberechtigte die Abtretung des Rechts auf die Gegenleistung verlangen, soweit diese noch aussteht. Er kann die Gegenleistung aus der Insolvenzmasse verlangen, soweit sie in der Masse unterscheidbar vorhanden ist.

Voraussetzung ist also, dass der Insolvenzschuldner vor Eröffnung des Verfahrens oder der Insolvenzverwalter nach Eröffnung unberechtigt über einen zur Masse gehörenden Gegenstand verfügt hat, den der Berechtigte im Wege der Aussonderung hätte herausverlangen können. Allerdings kann der Ersatzaussonderungsberechtigte die Abtretung des Anspruches nur so lange geltend machen, als die Gegenleistung zurzeit der Eröffnung des Insolvenzverfahrens noch ausstand. Ferner muss der Anspruch übertragbar sein. Es darf daher kein Abtretungsverbot bestehen. §399 BGB

Ferner muss es sich um eine rechtsgeschäftliche Verfügung über den Aussonderungsgegenstand gegen Entgelt gehandelt haben, der dann unberechtigt gewesen ist.

Nach herrschender Meinung ist das Tatbestandsmerkmal »rechtsgeschäftlich« auch dann erfüllt, wenn der Eigentumserwerb zwar erfolgt, dies jedoch im Rahmen rechtsgeschäftlicher Beziehungen vollzogen wird. Das gilt jedoch nicht bei Eigentumserwerb, da der Eigentumsübergang auf den Unternehmer gerade nicht die aus dem Werkvertrag eigentlich geschuldete Übereignung an den Besteller bewirkt. §48 S. 1 InsO §946 BGB §950 BGB

Die Wirksamkeit der Übereignung ist dagegen nicht Voraussetzung, da im Falle der Unwirksamkeit der Verfügung der Herausgabeanspruch des Berechtigten nicht vereitelt worden ist, mit der Folge, dass der Aussonderungsberechtigte bei unwirksamer Übereignung von dem Insolvenzverwalter entweder die noch ausstehende oder nach Verfahrenseröffnung zur Masse gelangte Gegenleistung oder von dem Erwerber die Herausgabe der Sache selbst oder Wertersatz für sie erlangen kann. Die Befriedigung des einen Anspruches führt zum Erlöschen des anderen, da der Aussonderungsberechtigte nicht doppelte Befriedigung beanspruchen kann.

Weiterveräußerung von Vorbehaltsware ist mit Zustimmung des Verkäufers zulässig.
§ 185 Abs. 1 BGB
§ 48 Abs. 1 InsO

Die Weiterveräußerung von unter Eigentumsvorbehalt veräußerten Waren ist jedoch nicht unberechtigt, wenn die Verfügung vom Vorbehaltsverkäufer gestattet war. Die mit Einwilligung des Eigentümers vorgenommene Verfügung über eine Sache begründet daher keinen Ersatzaussonderungsanspruch.

Eine solche Einwilligung umfasst bei der Lieferung von Waren unter Eigentumsvorbehalt jedoch nur solche Weiterveräußerungen, die im »ordnungsgemäßen« oder »normalen« Geschäftsgang erfolgen.

Ein ordnungsgemäßer Geschäftsverkehr liegt auch dann vor, wenn im Massengeschäft ein Großhändler seine Lieferungen an seine Abnehmer über Kontokorrent mit der Folge abrechnet, dass Vorausabtretungen an Warenlieferanten, die unter verlängertem Eigentumsvorbehalt an ihn geliefert hatten, nicht wirksam werden, da das Kontokorrent eine kaufmännische Abrechnungsmethode ist, um die Wettbewerbsfähigkeit im Massengeschäft zu erhalten.

Nach der Rechtsprechung ist bei der Beurteilung der Frage, ob im Einzelfall etwas im normalen Geschäftsgang veräußert wurde, auf das objektive kaufmännische Verhalten bei der Vornahme des Verkaufsgeschäfts abzustellen.

Der Eintritt der Überschuldung ist für die Feststellung eines »ordnungsgemäßen« oder »normalen« Geschäftsganges unerheblich, solange die Warenumsatzgeschäfte normal und ordnungsgemäß abgewickelt werden.

Aussonderungsberechtigte

1. **Bei Eigentum**

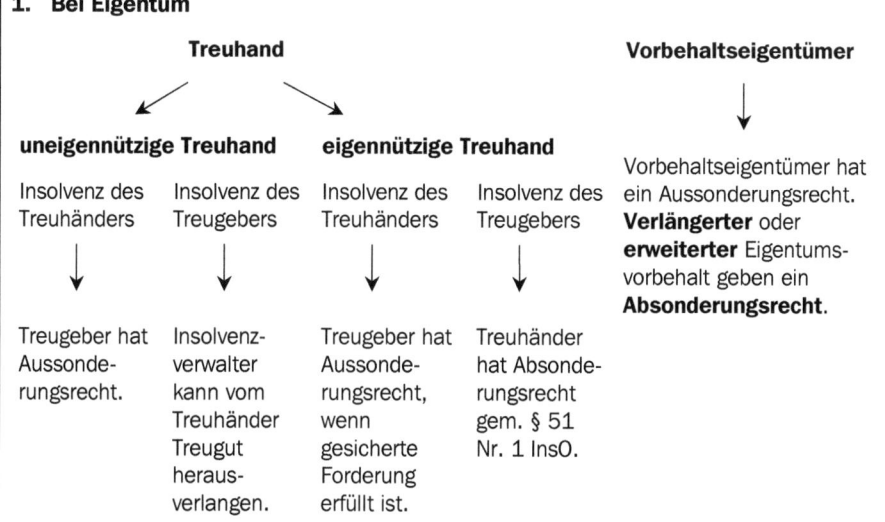

2. **Der beschränkt dinglich Berechtigte hat ein Aussonderungsrecht. Das Recht selbst bildet den Gegenstand der Aussonderung.**
3. **Der Besitzer ist aussonderungsberechtigt bei Geltendmachung des Anspruches auf Wiedereinräumung des Besitzes.**
4. **Bei schuldrechtlichem Anspruch auf Herausgabe eines dem Insolvenzschuldner nicht gehörenden Gegenstandes steht dem Inhaber ein Aussonderungsrecht zu.**
5. **Die Ersatzaussonderung gem. § 48 InsO:**
- Rechtsgeschäftliche Verfügung über einen Gegenstand, der der Aussonderung unterliegt
- Entgeltliche Verfügung
- Keine Berechtigung
- Ergebnis:
    - Anspruch auf Abtretung des Rechts, § 48 S. 1 InsO bei noch ausstehender Gegenleistung, wenn der Anspruch übertragbar ist, § vgl. § 399 2. Alt. BGB,
    - Anspruch auf die Gegenleistung, § 48 S. 2 InsO soweit diese noch unterscheidbar in der Masse vorhanden sind.

4. Absonderungsberechtigte

§49 InsO — Abgesonderte Befriedigung aus unbeweglichen Gegenständen

> Gläubiger, denen ein Recht auf Befriedigung aus Gegenständen zusteht, die der Zwangsvollstreckung in das unbewegliche Vermögen unterliegen (unbewegliche Gegenstände), sind nach Maßgabe des Gesetzes über die Zwangsversteigerung und die Zwangsverwaltung zur abgesonderten Befriedigung berechtigt.

Hier wird durch den Absonderungsberechtigten ein Recht auf bevorzugte Befriedigung aus einem Massegegenstand geltend gemacht. Dies entspricht im Bereich der Einzelzwangsvollstreckung der Klage auf vorzugsweise Befriedigung.

Unterschieden wird dabei zwischen den Absonderungsrechten am unbeweglichen und am beweglichen Vermögen des Insolvenzschuldners.

4.1. Unbewegliche Gegenstände

Derjenige, dem an Gegenständen, die der Zwangsvollstreckung in das bewegliche Vermögen unterliegen, ein Recht auf Befriedigung zusteht, ist absonderungsberechtigt. Hierbei handelt es sich um Grundstücke, grundstücksgleiche Rechte, Miteigentumsbruchteile an Grundstücken, eingetragene Schiffe und Schiffsbauwerke sowie solche beweglichen Sachen, auf die sich eine Hypothek erstreckt.

Deshalb unterfällt Grundstückszubehör ebenfalls der Zwangsvollstreckung in das unbewegliche Vermögen. Der praktisch häufigste Fall sind Grundpfandgläubiger, deren Rang untereinander wiederum bestimmt sich nach dem BGB.

Die Gegenstände werden außerhalb des Insolvenzverfahrens durch Zwangsversteigerung oder Zwangsverwaltung verwertet. So wird erreicht, dass durch Insolvenzverfahren das Pfandrecht des Berechtigten nicht beeinträchtigt wird. Der Insolvenzverwalter kann selbstständig die Zwangsversteigerung oder Zwangsverwaltung betreiben.

Der Absonderungsberechtigte kann diesem Verfahren beitreten. Wird das Verfahren vom absonderungsberechtigten Gläubiger betrieben, kann der Insolvenzverwalter seinerseits auf formlosen Antrag hin beitreten.

Der Insolvenzverwalter kann die einstweilige Einstellung der Zwangsversteigerung durch das Vollstreckungsgericht beantragen. §30 d Abs. 1 ZVG

Hierdurch wird seinem Interesse am Zusammenhalt der Insolvenzmasse Rechnung getragen.

Eine einstweilige Einstellung ordnet das Zwangsversteigerungsgericht auf Antrag des Insolvenzverwalters an, wenn nach

- § 30 d Abs. 1 S. 1 Nr. 1 ZVG im Insolvenzverfahren der Berichtstermin noch bevorsteht, oder §29 Abs. 1 Nr. 3 InsO
- § 30 d Abs. 1 S. 1 Nr. 2 ZVG das Grundstück nach dem Ergebnis des Berichtstermins im Insolvenzverfahren für eine Fortführung des Unternehmens oder für die Vorbereitung der Veräußerung eines Betriebs oder einer anderen Gesamtheit von Gegenständen benötigt wird, §29 Abs. 1 Nr. 1 InsO
- § 30 d Abs. 1 S. 1 Nr. 3 ZVG durch die Versteigerung die Durchführung eines vorgelegten Insolvenzplans gefährdet wäre, §218 InsO
- § 30 d Abs. 1 S. 1 Nr. 4 ZVG in sonstiger Weise durch die Versteigerung die angemessene Verwertung der Insolvenzmasse wesentlich erschwert würde, was dann anzunehmen ist, wenn der Insolvenzverwalter einen höheren Erlös erzielen kann.

Der Antrag ist abzulehnen, wenn die Einstellung dem Gläubiger unter Berücksichtigung seiner wirtschaftlichen Verhältnisse nicht zuzumuten ist, was im gewerblichen Kreditgeschäft nur in dem eher seltenen Fall der drohenden Insolvenz des Kreditinstituts anzunehmen sein dürfte.

Der Gläubiger erhält als Ausgleich die laufenden Zinsen auf seine gesicherte Forderung – nicht auf die im Grundbuch eingetragenen, üblicherweise höheren, dinglichen Zinsen –, bei Nutzung des Grundstücks für die Insolvenzmasse ist dessen Wertverlust durch laufende Zahlungen aus der Insolvenzmasse auszugleichen. §30 e Abs. 1 ZVG

§30 e Abs. 2 ZVG

Als Verfahrenskostenbeitrag ist ein Betrag i.H.v. 4 % des Grundstückszubehörs festgelegt. §10 Abs. 1 Nr. 1 a ZVG

Gibt der Insolvenzverwalter das mit Grundpfandrechten belastete Grundstück frei und veräußert der Schuldner im Anschluss daran das Grundstück, fällt die Umsatzsteuer unter Massekosten und ist durch Steuerbescheid gegen den Insolvenzverwalter festzusetzen.

4.2. Bewegliche Gegenstände

Abgesonderte Befriedigung der Pfandgläubiger §50 InsO

(1) Gläubiger, die an einem Gegenstand der Insolvenzmasse ein rechtsgeschäftliches Pfandrecht, ein durch Pfändung erlangtes Pfandrecht oder ein gesetzliches Pfandrecht haben, sind nach Maßgabe der

§§ 166 bis 173 für Hauptforderung, Zinsen und Kosten zur abgesonderten Befriedigung aus dem Pfandgegenstand berechtigt.

(2) Das gesetzliche Pfandrecht des Vermieters oder Verpächters kann im Insolvenzverfahren wegen der Miete oder Pacht für eine frühere Zeit als die letzten zwölf Monate vor der Eröffnung des Verfahrens sowie wegen der Entschädigung, die infolge einer Kündigung des Insolvenzverwalters zu zahlen ist, nicht geltend gemacht werden. Das Pfandrecht des Verpächters eines landwirtschaftlichen Grundstücks unterliegt wegen der Pacht nicht dieser Beschränkung.

§§1204 ff. BGB

§ 804 ZPO

Somit ist derjenige absonderungsberechtigt, dem an beweglichen Sachen ein Pfandrecht zusteht. Dieses kann rechtsgeschäftlich, durch Pfändung oder gesetzlich begründet sein. Dabei kommen als gesetzliche Pfandrechte in Betracht:

- Vermieterpfandrecht (§§ 599 ff. BGB)
- Verpächterpfandrecht (§ 592 BGB)
- Pfandrecht des Unternehmers (§ 647 BGB)
- Pfandrecht des Gastwirtes (§ 704 BGB)
- Pfandrecht des Pächters (§ 583 BGB)
- Pfandrecht des Spediteurs (§ 410 HGB)
- Pfandrecht des Lagerhalters (§ 421 HGB)
- Pfandrecht des Frachtführers (§ 440 HGB)

§ 51 Nr. 1 InsO

Der eigennützige Treuhänder ist bei Sicherungsübereignung oder Sicherungszession zur abgesonderten Befriedigung berechtigt. Dies gilt auch für die Verlängerungs- und Erweiterungsformen des Eigentumsvorbehaltes.

§ 51 Nr. 2 InsO

Zur Absonderung berechtigt auch ein Zurückbehaltungsrecht, das etwa wegen werterhöhender Aufwendungen besteht. Hierzu gehören auch vertragliche Zurückbehaltungsrechte sowie das handelsrechtliche Zurückbehaltungsrecht.

§ 51 Nr. 3 InsO i.V.m. §§369 ff HGB

Die Verwertung der Absonderungsgegenstände erfolgt im Insolvenzverfahren. Die Absonderungsberechtigten sind daher mit in das Verfahren einzubeziehen.

§ 148 Abs. 1 InsO
§166 Abs. 1 InsO

Wenn der Insolvenzverwalter den unmittelbaren Besitz an der Sache hat, steht im das alleinige Verwertungsrecht zu.

§166 InsO **Verwertung beweglicher Gegenstände**

(1) Der Insolvenzverwalter darf eine bewegliche Sache, an der ein Absonderungsrecht besteht, freihändig verwerten, wenn er die Sache in seinem Besitz hat.

(2) Der Verwalter darf eine Forderung, die der Schuldner zur Sicherung eines Anspruchs abgetreten hat, einziehen oder in anderer Weise verwerten.

(3) Die Absätze 1 und 2 finden keine Anwendung

1. auf Gegenstände, an denen eine Sicherheit zu Gunsten des Teilnehmers eines Systems nach § 1 Abs. 16 des Kreditwesengesetzes zur Sicherung seiner Ansprüche aus dem System besteht,
2. auf Gegenstände, an denen eine Sicherheit zu Gunsten der Zentralbank eines Mitgliedstaats der Europäischen Union oder Vertragsstaats des Europäischen Wirtschaftsraums oder zu Gunsten der Europäischen Zentralbank besteht, und
3. auf eine Finanzsicherheit im Sinne des § 1 Abs. 17 des Kreditwesengesetzes.

Der absonderungsberechtigte Gläubiger hat keine Möglichkeit, auf die wirtschaftliche Einheit des schuldnerischen Unternehmens zuzugreifen. Ob der Insolvenzverwalter bei mittelbarem Besitz ebenfalls das Verwertungsrecht hat, ist streitig und soweit ersichtlich höchstrichterlich noch nicht entschieden.

Der Insolvenzverwalter kann die Sache dem absonderungsberechtigten Gläubiger zur Verwertung herausgeben.

§ 170 Abs. 2 InsO

Dabei bleibt die Sache Bestandteil der Masse, da der Insolvenzverwalter insoweit nur auf sein Verwertungsrecht verzichtet hat. Er muss dem absonderungsberechtigten Gläubiger antragsgemäß Auskunft über den Zustand der Sache geben. Seine eigene Veräußerungsabsicht hat er dem Gläubiger mitzuteilen. Dieser hat dann innerhalb einer Woche die Möglichkeit, den Insolvenzverwalter auf eine andere, günstigere Verwertungsmöglichkeit hinzuweisen.

Absonderungsberechtigter Gläubiger kann mit Zustimmung des Verwalters selbst verwerten.

§ 168 InsO

So lange der Gegenstand nicht verwertet wird, kann der Gläubiger vom Berichtstermin an laufend die geschuldeten Zinsen aus der Insolvenzmasse verlangen.

§ 156 InsO
§ 169 InsO

Der Insolvenzverwalter darf eine bewegliche Sache für die Insolvenzmasse nutzen, wenn er den dadurch entstehenden Wertverlust von der Eröffnung des Insolvenzverfahrens an durch laufende Zahlungen an den Gläubiger ausgleicht. Er darf eine Verbindung, Vermischung oder Verarbeitung von den der Absonderung unterliegenden Gegenständen vornehmen, wenn dadurch die Sicherung des absonderungsberechtigten Gläubigers nicht beeinträchtigt wird.

§ 172 InsO

Hat der Insolvenzverwalter die Verwertung vorgenommen, sind aus dem Erlös die Kosten der Feststellung und der Verwertung vorweg für die Insolvenzmasse zu entnehmen. Dadurch erleiden die absonde-

§ 170 Abs. 1 InsO

Materielles Insolvenzrecht

rungsberechtigten Gläubiger nicht unerhebliche Einbußen bei der Erlösverteilung.

§ 166 Abs. 2 InsO

Ausnahme bei Abtretung an Zentralbank eines Mitgliedstaates der EU

Der Insolvenzverwalter darf eine Forderung, die der Schuldner zur Sicherung eines Anspruches abgetreten hat, einziehen oder in anderer Weise verwerten. Auch wenn der Zessionar die Abtretung angezeigt hatte, ist er dann nicht mehr zur Einziehung berechtigt. Daher kann der Drittschuldner nicht mehr mit befreiender Wirkung leisten.

§173 Abs. 1 InsO

§173 Abs. 2 InsO

Wenn der Insolvenzverwalter nicht zur Verwertung der beweglichen Sache oder Forderung berechtigt ist, kann der Gläubiger die Verwertung selbst vornehmen. Dabei kann der Insolvenzverwalter beim Insolvenzgericht einen Antrag auf Fristsetzung zur Verwertung stellen. Nach Ablauf dieser Frist ist dann der Insolvenzverwalter zur eigenen Verwertung berechtigt.

4.3. Ersatzaussonderung

§ 48 InsO

Der Gläubiger hat einen Anspruch auf Ersatzaussonderung, wenn sein Absonderungsrecht durch den Insolvenzverwalter vereitelt worden ist. Dabei bedient man sich einer analogen Anwendung.

Der Gläubiger soll bei Vernichtung eines Pfandrechts nicht schlechter gestellt sein als bei Vernichtung seines Eigentums.

5. Aufrechungsberechtigte

§§ 94-96 InsO

Erhaltung einer Aufrechnungslage

§94 InsO

Ist ein Insolvenzgläubiger zur Zeit der Eröffnung des Insolvenzverfahrens kraft Gesetzes oder auf Grund einer Vereinbarung zur Aufrechnung berechtigt, so wird dieses Recht durch das Verfahren nicht berührt.

Unabhängig vom Insolvenzverfahren ist es dem Gläubiger gestattet, durch Aufrechnung gegenüber einer gegen ihn gerichteten Forderung Befriedigung herbeizuführen. Er muss daher nicht seine Leistung an die Masse richten und sich nicht auf eine Insolvenzquote verweisen lassen. Dies ist im Ergebnis vergleichbar mit der abgesonderten Befriedigung. Diese Aufrechnungsbefugnis haben nur Insolvenzgläubiger. Die Aufrechnungsbefugnis des Insolvenzverwalters richtet sich nach den allgemeinen Regeln.

Aufrechnungsmöglichkeit bleibt für den Gläubiger bestehen.

§§387 ff. BGB

5.1. Aufrechnungslage nach Eröffnung des Verfahrens

Es kann ein Aufrechnungshindernis im Zeitpunkt der Eröffnung des Verfahrens bestehen. Dies ist der Fall, wenn die aufzurechnenden Forderungen bedingt, nicht fällig oder nicht gleichartig sind. Dieses Hindernis muss behoben werden. Wenn die Forderung des Gläubigers später fällig oder später unbedingt wird als die zur Insolvenzmasse gehörende Gegenforderung, ist die Aufrechnung ausgeschlossen.

§ 95 Abs. 1 InsO

5.2. Einschränkung der Aufrechnungsbefugnis des Gläubigers

Unzulässigkeit der Aufrechnung

§96 Abs.1 InsO

Die Aufrechnung ist unzulässig,
1. wenn ein Insolvenzgläubiger erst nach der Eröffnung des Insolvenzverfahrens etwas zur Insolvenzmasse schuldig geworden ist,
2. wenn ein Insolvenzgläubiger seine Forderung erst nach der Eröffnung des Verfahrens von einem anderen Gläubiger erworben hat,
3. wenn ein Insolvenzgläubiger die Möglichkeit der Aufrechnung durch eine anfechtbare Rechtshandlung erlangt hat,
4. wenn ein Gläubiger, dessen Forderung aus dem freien Vermögen des Schuldners zu erfüllen ist, etwas zur Insolvenzmasse schuldet.

Materielles Insolvenzrecht

§96 Abs. 1 Nr. 1 InsO

§103 Abs. 1 InsO

Im Falle der Ausübung des Wahlrechts des Insolvenzverwalters auf Erfüllung kann der Insolvenzgläubiger nach der neueren Rechtsprechung gegen den Erfüllungsanspruch des Insolvenzverwalters nicht mit einem vor Verfahrenseröffnung begründeten Anspruch aufrechnen, da der Insolvenzgläubiger die Erfüllung seiner Leistungspflicht aufgrund des erfolgten Erfüllungsverlangens erst nach Verfahrenseröffnung schuldig geworden ist.

§96 Abs. 1 Nr. 1 InsO

Die Willenserklärung des Insolvenzverwalters, den Vertrag zu erfüllen bzw. Erfüllung zu verlangen, habe nicht bloß rechtsgestaltende Wirkung – wie von der Gegenansicht vertreten –, sondern sie begründe den Anspruch aus dem Schuldverhältnis neu. Die Annahme einer aufschiebenden Bedingung setzte jedoch ein ununterbrochen bestehendes Schuldverhältnis voraus. Aufgrund der Erlöschenswirkung besteht ein solches ununterbrochenes Schuldverhältnis jedoch gerade nicht.

§103 Abs. 1 InsO

§96 Abs. 1 Nr. 2 InsO

Keine Aufrechnung, wenn Gläubiger die Forderung nach der Eröffnung erhält.

In diesem Fall ist die Aufrechnung unzulässig, wenn der Gläubiger seine Forderung erst nach Eröffnung des Verfahrens von einem anderen Gläubiger erhalten hat. Dabei kommt es nicht darauf an, ob die Forderung bei Verfahrenseröffnung bereits bestanden hat oder nicht. Der Gläubiger konnte bei Verfahrenseröffnung nicht darauf vertrauen, im Wege der Aufrechnung seine Forderung durchsetzen zu können.

§96 Abs. 1 Nr. 3 InsO

Wenn die Aufrechnungslage vor Verfahrenseröffnung in einer Weise herbeigeführt wurde, die den Insolvenzverwalter gegenüber dem Gläubiger zur Insolvenzanfechtung berechtigt, ist die Aufrechnung ebenfalls unzulässig.

§96 Abs. 1 Nr. 4 InsO

Wegen der Trennung der Masse vom freien Vermögen des Schuldners ist eine Aufrechnung unzulässig, wenn ein Gläubiger, dessen Forderung aus dem freien Vermögen des Schuldners zu erfüllen ist, etwas zur Insolvenzmasse schuldet.

6. Massegläubiger

§§ 53 – 55 InsO

Massegläubiger §53 InsO

Aus der Insolvenzmasse sind die Kosten des Insolvenzverfahrens und die sonstigen Masseverbindlichkeiten vorweg zu berichtigen.

Kosten des Insolvenzverfahrens §54 InsO

Kosten des Insolvenzverfahrens sind:
1. die Gerichtskosten für das Insolvenzverfahren;
2. die Vergütungen und die Auslagen des vorläufigen Insolvenzverwalters, des Insolvenzverwalters und der Mitglieder des Gläubigerausschusses.

Vorweg sind aus der Insolvenzmasse die Massegläubiger zu befriedigen. Dabei sind Massegläubiger diejenigen, deren vermögensrechtliche Ansprüche erst nach Verfahrenseröffnung begründet und durch das Verfahren veranlasst wurden. Vor deren Befriedigung sind Aussonderung und Absonderung sowie die zulässigen Aufrechnungen vorzunehmen. Die Erfüllung der Ansprüche der Massegläubiger erfolgt außerhalb des Insolvenzverfahrens. Sie können während des Laufes des Insolvenzverfahrens die Ansprüche gegen den Insolvenzverwalter klageweise geltend machen. Es ist allerdings unzulässig, Masseverbindlichkeiten, die nicht durch eine Rechtshandlung des Insolvenzverwalters begründet wurden, in den ersten sechs Monaten ab Eröffnung des Verfahrens geltend zu machen.

Kosten des InsO-Verfahrens müssen gedeckt sein.

§ 90 Abs. 1 InsO

Wenn der Insolvenzverwalter nach Eröffnung des Verfahrens feststellt, dass die Masse nicht zur Befriedigung aller Massegläubiger ausreicht, hat er dies dem Insolvenzgericht sofort mitzuteilen.

§ 208 InsO

Bei der Befriedigung der Masseverbindlichkeiten ist eine bestimmte Rangfolge zu berücksichtigen. Zunächst sind die Kosten des Verfahrens zu begleichen. Danach sind Masseverbindlichkeiten, die nach der Anzeige der Masseunzulänglichkeit begründet wurden, auszugleichen. Erst danach sind die übrigen Masseverbindlichkeiten sowie etwaiger Unterhalt zu begleichen.

§ 209 InsO

§ 100 InsO

Die Gerichtskosten für das Insolvenzverfahren und die Vergütungen sowie Auslagen des vorläufigen Insolvenzverwalters, die Kosten des Insolvenzverwalters und die Kosten der Mitglieder des Gläubigerausschusses sind als Kosten des Insolvenzverfahrens anzusehen. Können diese Kosten nicht gedeckt werden, ist das Verfahren durch das Insolvenzgericht einzustellen.

§ 54 Nr. 1 InsO

§ 73 InsO

§ 207 Abs. 1 InsO

Sonstige Masseverbindlichkeiten sind solche, die der Insolvenzverwalter innerhalb seines gesetzlichen Wirkungskreises durch Rechtsge-

§ 55 Abs. 1 Nr. 1 InsO

schäfte oder Rechtshandlungen begründet. Dazu gehören insbesondere Rechtsgeschäfte, die zur Fortführung eines Handelsgeschäftes oder Unternehmens gehören wie Lohnzahlungen. Ferner werden hierzu Kosten für Rechtsstreitigkeiten, die der Insolvenzverwalter zu führen hat, gezählt.

> Lohnzahlungen sind sonstige Masseverbindlichkeiten.

Wenn durch eine Rechtshandlung des Verwalters eine Masseverbindlichkeit begründet wurde, die wegen deren Unzulänglichkeit nicht mehr erfüllt werden kann, haftet der Verwalter auf Schadensersatz. Dies ist nur dann ausgeschlossen, wenn der Insolvenzverwalter bei Abschluss des Rechtsgeschäftes die Masseunzulänglichkeit nicht voraussehen konnte.

> § 60 Satz 1 InsO

Zur Masseverbindlichkeiten gehören auch Verbindlichkeiten aus gegenseitigen Verträgen, in die der Verwalter eintritt. Hierzu gehören die aus diesen Verträgen stammenden Gewährleistungsverpflichtungen.

> §103 Abs. 1 InsO

Verbindlichkeiten aus gegenseitigen Verträgen, die kraft Gesetzes nach Eröffnung des Verfahrens erfüllt werden müssen, ohne dass dem Insolvenzverwalter ein Wahlrecht zustünde, gehören ebenfalls zu den Masseverbindlichkeiten. Dies gilt insbesondere für bestehen bleibende Dienstverhältnisse, insbesondere solche Ansprüche von Arbeitnehmern, die von der Eröffnung des Insolvenzverfahrens bis zur Beendigung des Arbeitsverhältnisses durch Kündigung des Insolvenzverwalters entstanden sind.

> §113 Abs. 1 InsO

Ebenso gehören hierzu Verbindlichkeiten aus Miet- und Pachtverhältnissen.

> Mietzinszahlungen sind ebenfalls sonstige Masseverbindlichkeiten.

Einfache Insolvenzforderungen sind dagegen vertragliche Ansprüche auf Erstattung der Abbau- oder Rücknahmekosten einer gemieteten Sache nach Vertragsbeendigung.

Wer Geschäfte mit einem vorläufigen Insolvenzverwalter abschließt oder diesem gegenüber ein Dauerschuldverhältnis erfüllt, das er mit dem Schuldner vereinbart hatte, kann diese Forderung dann als Masseverbindlichkeiten geltend machen.

> § 55 Abs. 2 InsO

7. Insolvenzgläubiger

§§ 38-46 InsO

Begriff der Insolvenzgläubiger — § 38 InsO

Die Insolvenzmasse dient zur Befriedigung der persönlichen Gläubiger, die einen zur Zeit der Eröffnung des Insolvenzverfahrens begründeten Vermögensanspruch gegen den Schuldner haben (Insolvenzgläubiger).

7.1. Begriff

Insolvenzgläubiger sind diejenigen persönlichen Gläubiger, die zum Zeitpunkt der Eröffnung des Insolvenzverfahrens einen begründeten Vermögensanspruch gegen den Schuldner haben, wobei dieser Anspruch nicht tituliert sein muss.

Hierzu gehören auch bereits verjährte Ansprüche.

Die nachrangigen Insolvenzgläubiger werden nach den nichtrangigen Insolvenzgläubigern in einer bestimmten Reihenfolge befriedigt.

Nachrangige Insolvenzgläubiger — § 39 Abs. 1 InsO

Im Rang nach den übrigen Forderungen der Insolvenzgläubiger werden in folgender Rangfolge, bei gleichem Rang nach dem Verhältnis ihrer Beträge, berichtigt:

1. die seit der Eröffnung des Insolvenzverfahrens laufenden Zinsen der Forderungen der Insolvenzgläubiger;
2. die Kosten, die den einzelnen Insolvenzgläubigern durch ihre Teilnahme am Verfahren erwachsen;
3. Geldstrafen, Geldbußen, Ordnungsgelder und Zwangsgelder sowie solche Nebenfolgen einer Straftat oder Ordnungswidrigkeit, die zu einer Geldzahlung verpflichten;
4. Forderungen auf eine unentgeltliche Leistung des Schuldners;
5. Forderungen auf Rückgewähr des kapitalersetzenden Darlehens eines Gesellschafters oder gleichgestellte Forderungen.

Bedeutsam ist diese Regelung nur ausnahmsweise. Falls einmal ein Insolvenzverfahren zur vollständigen Befriedigung aller übrigen Gläubiger führen sollte und dann noch ein Überschuss verbleibt, ist diese Regelung einschlägig.

Wenn ein vermögensrechtlicher Anspruch sich nicht in einen Geldbetrag begründen lässt wie etwa ein Verschaffungsanspruch, ist er seinem Wert nach zu schätzen und in Euro geltend zu machen.

Forderungen in ausländischer Währung sind nach dem zum Zeitpunkt der Eröffnung gültigen Kurs umzurechnen.
§ 45 InsO

Das Insolvenzverfahren soll nur zu einer anteilmäßigen Befriedigung in Geld führen. Deshalb sind auch nur die auf einen bestimmten Geld-

Materielles Insolvenzrecht

betrag gerichteten Forderungen anmeldungsfähig. Dabei muss der Gläubiger die Schätzung und Umrechnung selbst vornehmen. Maßgebend ist der Zeitpunkt der Verfahrenseröffnung. Die Umwandlung in eine Geldforderung erfolgt, wenn die Forderung im Eröffnungsverfahren festgestellt und vom Insolvenzschuldner nicht bestritten ist, da die Feststellung mit einem rechtskräftigen Urteil gleichzusetzen ist.

§178 Abs. 3 InsO

§41 InsO

Der Anspruch muss zum Zeitpunkt der Insolvenzeröffnung begründet sein. Fälligkeit ist nicht Voraussetzung. Auflösend bedingte Forderungen sind Insolvenzforderungen, solange die Bedingung nicht eingetreten ist.

§42 InsO

Verwalter muss die Einrede der Verjährung geltend machen.

Eine verjährte Forderung ist ebenfalls Insolvenzforderung. Erst durch die Geltendmachung des Leistungsverweigerungsrechtes (Einrede der Verjährung) wird deren Durchsetzung im Insolvenzverfahren ausgeschlossen.

§43 InsO

Ein Gläubiger, dem mehrere Personen für dieselbe Leistung auf das Ganze haften, kann im Insolvenzverfahren gegen jeden Schuldner bis zu seiner vollen Befriedigung den ganzen Betrag geltend machen, den er zur Zeit der Eröffnung des Verfahrens zu fordern hatte. Dabei wird die Haftung mehrerer für dieselbe Leistung auf das Ganze im Interesse des Gläubigerschutzes weit gefasst. Hiervon ist auszugehen bei

- echter und unechter Gesamtschuld
- im Verhältnis von Hauptschuldner und Bürgen in der Insolvenz des Hauptschuldners
- bei der Haftung mehrerer Wechselschuldner
- bei der bloßen Sachmithaftung massefremder Gegenstände
- bei der Haftung eines ausgeschiedenen Kommanditisten.

7.2. Geltendmachung der Insolvenzforderung

§87 InsO

Seine Forderungen kann der Insolvenzgläubiger nur im Insolvenzverfahren geltend machen. Eine Klage gegen den Insolvenzschuldner ist nicht möglich. Nur so ist die gemeinschaftliche und gleichmäßige Befriedigung der Insolvenzgläubiger gewährleistet. Es ist nicht möglich, auf die Teilnahme am Insolvenzverfahren zu verzichten, um dann nach dessen Beendigung gegen den Schuldner persönlich vorzugehen.

Klage gegen den Schuldner ist unzulässig.

§§ 174-186 InsO

Der Gläubiger hat im Feststellungsverfahren seine Forderung beim Insolvenzverwalter anzumelden. Nur so kann er bei einer etwaigen Verteilung berücksichtigt werden.

Im Eröffnungsbeschluss setzt das Insolvenzgericht die Frist zur Anmeldung der Forderung beim Insolvenzverwalter fest. Die Forderungen sind schriftlich anzumelden.

§ 28 Abs. 1 InsO
§ 174 Abs. 1 InsO

Die den Anspruch belegenden Urkunden sollen beigefügt werden. Grund und Betrag der Forderungen sind anzugeben. Ferner sind die Tatsachen mitzuteilen, aus denen sich nach Einschätzung des Gläubigers ergibt, dass er eine vorsätzlich begangene unerlaubte Handlung des Schuldners als Haftungsgrund anführt.

In einem allgemeinen Prüfungstermin werden dann die Forderungen geprüft. Dieser Termin wird bereits im Eröffnungsbeschluss vom Insolvenzgericht festgesetzt. In dieser Gläubigerversammlung werden die angemeldeten Forderungen im Einzelnen geprüft, wobei jedoch nur die bestrittenen Forderungen erörtert werden.

§ 176 Satz 2 InsO

Das Ergebnis der Prüfung wird vom Insolvenzgericht in die Insolvenztabelle eingetragen.

§ 178 InsO

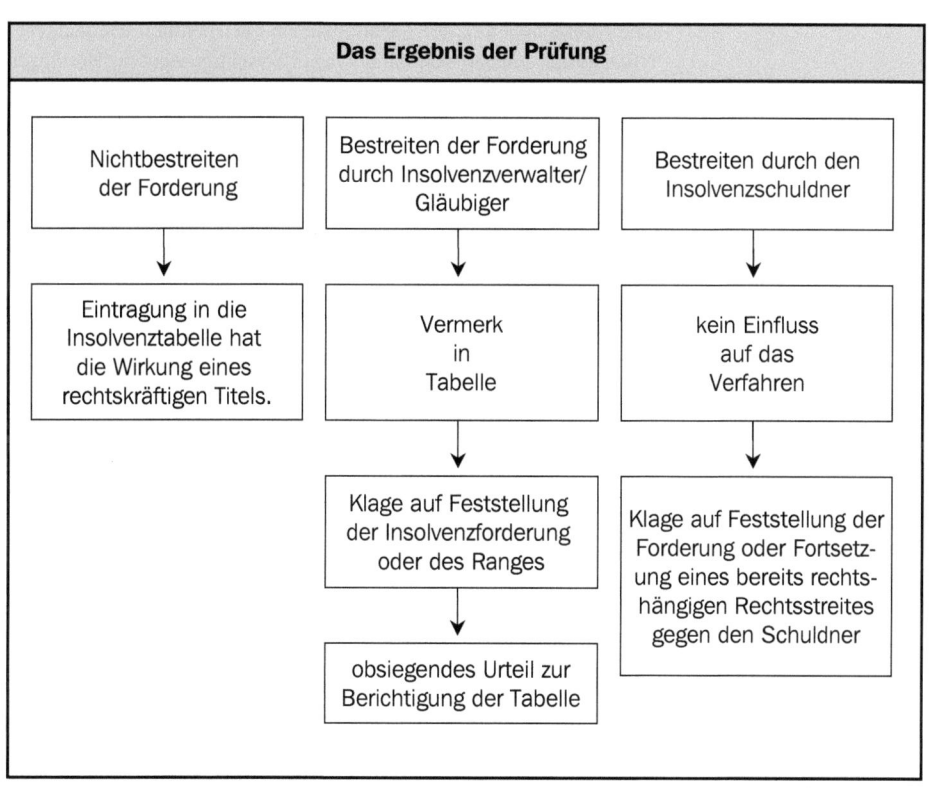

§ 178 Abs. 1 InsO	Wenn die Forderung weder vom Insolvenzverwalter noch von einem Insolvenzgläubiger bestritten wird, gilt sie als festgestellt.
Tabelleneintrag ist die Titulierung des Anspruches. § 178 Abs. 2 InsO	Dies wird entsprechend in der Tabelle vermerkt. Diese Eintragung hat sowohl gegenüber dem Insolvenzverwalter als auch allen anderen Insolvenzgläubigern gegenüber die Wirkung eines rechtskräftigen Urteils.
§§ 201 Abs. 2, 202 InsO	Wird das Insolvenzverfahren aufgehoben, kann aus dem Tabelleneintrag die Zwangsvollstreckung gegen den (Insolvenz)Schuldner durchgeführt werden.
§ 767 ZPO	Der Tabelleneintrag kann nur mit Rechtsmitteln angegriffen werden, die gegen ein rechtskräftiges Urteil möglich sind (Wiederaufnahme des Verfahrens durch Nichtigkeits- und/oder Restitutionsklage). Wenn Einwendungen gegen die festgestellte Forderung erhoben werden sollen, geht dies nur durch Erhebung der Vollstreckungsgegenklage. Dabei kann nur der Anspruch selbst angefochten werden. Die Gründe hierzu müssen nach der Forderungsfeststellung entstanden sein. Falsche Eintragungen in der Tabelle wie ein versehentlich übergangener
§§ 6 Abs. 1 InsO, 11 RPflG	Widerspruch können von Amts wegen berichtigt werden. Hiergegen wiederum ist die sofortige Beschwerde möglich.
	Wenn die Forderung oder Rang vom Insolvenzverwalter oder einem Insolvenzgläubiger bestritten wird, erfolgt eine entsprechende Beurkundung in der Tabelle. Dort wird vermerkt: »Vom Insolvenzverwalter bestritten« oder »Vom Insolvenzgläubiger X bestritten«. Das Bestreiten des Ranges wird ebenfalls vermerkt.
	Praktisch häufig ist ein vorläufiges Bestreiten. Dies erfolgt dann, wenn der Insolvenzverwalter die Forderung noch nicht prüfen konnte. Auch hierbei handelt es sich um ein Bestreiten. Oftmals wird in dieser Situation eine Vertagung beantragt, um die Forderung prüfen zu können. Den Insolvenzverwalter trifft nicht die Kostenlast, wenn er eine angemeldete Forderung, die er vorläufig bestritten hat, später anerkennt.
Will der Schuldner eine spätere Vollstreckung aus der Tabelle verhindern, muss er die Forderung bestreiten.	Ein Bestreiten der Forderung durch den Insolvenzschuldner ist für das Verfahren unbeachtlich. Das Bestreiten wird allerdings in der Tabelle vermerkt. Daher kann nach Beendigung des Insolvenzverfahrens aus dem Tabelleneintrag die Zwangsvollstreckung gegen den Insolvenzschuldner nicht betrieben werden.
Zuständigkeit des Gerichtes richtet sich nach dem Streitwert. § 179 InsO	Wenn die angemeldete Forderung bestritten wird oder dem beanspruchten Rang nicht stattgegeben wird, muss der Gläubiger außerhalb des Insolvenzverfahrens Klage auf Feststellung der Insolvenzforderung oder des Ranges erheben.
§ 189 Abs. 1 InsO	Bei Geltendmachung einer nicht titulierten Forderung ist auf Feststellung im ordentlichen Verfahren zu klagen. Ein dann die Klage abweisendes Urteil wirkt sowohl gegenüber dem Insolvenzverwalter und

allen Insolvenzgläubigern als auch zu Gunsten des Insolvenzschuldners. Dies gilt auch dann, wenn dieser die geltend gemachte Forderung nicht bestritten hatte.

Ein obsiegendes Urteil führt zur Berichtigung der Insolvenztabelle, indem beim Insolvenzgericht die Berechtigung beantragt wird.

§ 183 Abs. 2 InsO

Anders verhält es sich bei bereits titulierten Forderungen. Hier können nur die Rechtsbehelfe eingelegt werden, die der Insolvenzschuldner hätte einlegen können, wenn nicht das Insolvenzverfahren eröffnet worden wäre. Es handelt sich somit um Berufung, Wiederaufnahme des Verfahrens durch Restitutions- oder Nichtigkeitsklage sowie Vollstreckungsgegenklage. Das Klageziel ist, dass der Widerspruch gegen die Forderung für begründet erklärt wird.

Widerspricht der Insolvenzschuldner, hat dies zwar keinen Einfluss auf das Verfahren. Da der Widerspruch jedoch eine spätere Zwangsvollstreckung gegen den Insolvenzschuldner ausschließt, kann der Gläubiger Klage auf Feststellung der Forderung gegen den Schuldner erheben oder einen zum Zeitpunkt der Eröffnung des Verfahrens bereits rechtshängigen Rechtsstreit wieder aufnehmen.

§ 184 InsO

7.3. Verteilung

§§ 187 ff. InsO

Der Insolvenzverwalter hat die Pflicht, die Teilungsmasse an die Insolvenzgläubiger nach vorheriger Zustimmung durch den Gläubigerausschuss auszukehren. Sooft hinreichende Barmittel in der Insolvenzmasse vorhanden sind ist nach Abhaltung des allgemeinen Prüfungstermins eine Abschlagsverteilung vorzunehmen.

Abschlagszahlungen sind möglich soweit ausreichende Barmittel vorhanden sind.

Ist die Verwertung der Masse beendet, findet die Schlussverteilung statt. Dies erfolgt mit Genehmigung des Insolvenzgerichtes.

§ 196 InsO

Falls zu diesem Zeitpunkt Rechtsstreitigkeiten auf Feststellung geführt werden, wird deren Ergebnis nicht abgewartet. Die dann möglicherweise zur Auszahlung anstehenden Beträge müssen hinterlegt werden.

§ 198 InsO

Eine Nachtragsverteilung findet statt, wenn nach der Schlussverteilung noch Beträge für die Masse frei werden.

§ 203 InsO

8. Wiederholungsfragen

- 1. Wem gegenüber sind Verfügungen des Schuldners nach Eröffnung unwirksam? Lösung S. 48
- 2. Was ist eine Grundbuchsperre? Lösung S. 50
- 3. Was versteht man unter einer Rückschlagsperre? Lösung S. 51, 78
- 4. Was ist Voraussetzung für das Wahlrecht des Insolvenzverwalters? Lösung S. 53
- 5. Welches Schicksal haben Arbeits- und Dienstverhältnisse? Lösung S. 61
- 6. Welche Rechtsstellung hat der Insolvenzverwalter? Lösung S. 65
- 7. Welche Aufgaben hat der Insolvenzverwalter? Lösung S. 66 ff.
- 8. Welchen Zweck hat die Insolvenzanfechtung? Lösung S. 68
- 9. Welchen Inhalt hat die Insolvenzanfechtung? Lösung S. 70
- 10. Welche Voraussetzungen hat eine Gläubigerbenachteiligung? Lösung S. 74
- 11. Was versteht man unter inkongruenter Deckung? Lösung S. 77
- 12. Was ist eine Aussonderung? Lösung S. 85
- 13. Welche Voraussetzungen hat eine Ersatzaussonderung? Lösung S. 87
- 14. Wann kommt eine Absonderung in Betracht? Lösung S. 90
- 15. Wann ist eine Aufrechnung unzulässig? Lösung S. 95
- 16. Was versteht man unter Massekosten und Massegläubiger? Lösung S. 97
- 17. Wer ist Insolvenzgläubiger? Lösung S. 99
- 18. Welche Ergebnisse kann der allgemeine Prüfungstermin ergeben? Lösung S. 101

Anfechtung nach dem Anfechtungsgesetz

1.	**Sinn und Zweck einer Anfechtung**	**106**
2.	**Das Anfechtungsrecht**	**107**
2.1.	Geltendmachung	107
2.2.	Anfechtungsgegner	107
2.3.	Fristen	108
2.4.	Inhalt	109
2.5.	Voraussetzungen	111
2.6.	Anfechtungsgründe	112
3.	**Wiederholungsfragen**	**114**

1. Sinn und Zweck einer Anfechtung

§1 AnfG

Grundsatz

(1) Rechtshandlungen eines Schuldners, die seine Gläubiger benachteiligen, können außerhalb des Insolvenzverfahrens nach Maßgabe der folgenden Bestimmungen angefochten werden.

(2) Eine Unterlassung steht einer Rechtshandlung gleich.

Anfechtung außerhalb des Insolvenzverfahrens

Diese Art der Anfechtung erfolgt außerhalb des Insolvenzverfahrens und richtet sich nach den Bestimmungen des Anfechtungsgesetzes. Vielfach müssen Gläubiger feststellen, dass Schuldner in kritischen Situationen ihr Vermögen auf Dritte übertragen, um es der Zwangsvollstreckung der Gläubiger zu entziehen. Hier wird das Einzelinteresse eines Gläubigers geschützt, in dem mithilfe des Anfechtungsgesetzes die Vollstreckungslage für die Einzelzwangsvollstreckung so wieder hergestellt wird, wie sie ohne die anfechtbare Handlung bestanden hätte.

§§ 11, 1 AnfG

Schon mit der Verwirklichung einer der gesetzlichen Anfechtungstatbestände entsteht das Anfechtungsrecht für den benachteiligten Gläubiger. Es wird zwischen ihm und dem Dritten, der die anfechtbare Leistung erhalten hat, ein gesetzliches Schuldverhältnis begründet.

Gläubiger muss die Anfechtung durchsetzen.

§§ 119 ff. BGB

Diese Anfechtung ist von der im Bürgerlichen Gesetzbuch geregelten Anfechtung streng zu unterscheiden. Die Anfechtung nach dem Anfechtungsgesetz bzw. der Insolvenzordnung hat die Rückführung eines zu Lasten des Gläubigers entzogenen Gegenstandes in das Schuldnervermögen zum Ziel. Die Anfechtung nach dem BGB beseitigt rückwirkend das abgeschlossene Rechtsgeschäft (ex tunc).

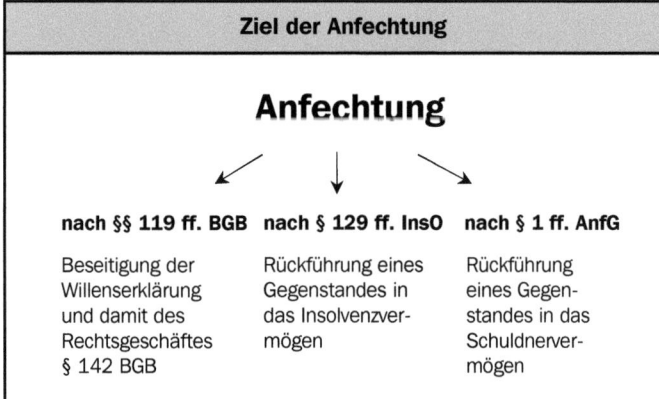

2. Das Anfechtungsrecht
2.1. Geltendmachung

Es gibt zwei Möglichkeiten, das Anfechtungsrecht auszuüben. Zum einen geht dies durch die Erhebung der Anfechtungseinrede.

Dies wiederum erfolgt gegenüber der Drittwiderspruchsklage oder der Klage auf vorzugsweise Befriedigung über den Einwand der unzulässigen Rechtsausübung.

Zum anderen kann, und dies ist wohl der Regelfall, Anfechtungsklage erhoben werden.

§ 9 AnfG
§ 771 ZPO
§ 805 ZPO
Hierzu sei auf die Ausführungen in »Zivilprozessrecht – schnell erfasst« (Zwangsvollstreckung) verwiesen.

Ziel ist die Duldung der Zwangsvollstreckung.

Bestimmter Klageantrag

Wird der Anfechtungsanspruch im Wege der Klage geltend gemacht, so hat der Klageantrag bestimmt zu bezeichnen, in welchem Umfang und in welcher Weise der Anfechtungsgegner das Erlangte zur Verfügung stellen soll.

§ 13 AnfG

2.2. Anfechtungsgegner

In einem Anfechtungsprozess muss der Empfänger der anfechtbaren Leistung oder dessen Erben oder einen anderen Gesamtrechtsnachfolger verklagt werden.

§ 15 Abs. 1 AnfG

Gegen einen sonstigen Rechtsnachfolger kann die Anfechtbarkeit geltend gemacht werden:
- Wenn dem Rechtsnachfolger zur Zeit seines Erwerbes die Umstände bekannt waren, welche die Anfechtbarkeit des Erwerbes seines Rechtsvorgängers begründen;
- wenn der Rechtsnachfolger zur Zeit seines Erwerbes zu den Personen gehörte, die dem Schuldner nahe stehen (§ 138 InsO), es sei denn, dass ihm zu dieser Zeit die Umstände unbekannt waren, welche die Anfechtbarkeit des Erwerbes seines Rechtsvorgängers begründen;
- wenn dem Rechtsnachfolger das Erlangte unentgeltlich zugewendet worden ist.

2.3. Fristen

§ 3 AnfG

Vorsätzliche Benachteiligung

(1) Anfechtbar ist eine Rechtshandlung, die der Schuldner in den letzten zehn Jahren vor der Anfechtung mit dem Vorsatz, seine Gläubiger zu benachteiligen, vorgenommen hat, wenn der andere Teil zur Zeit der Handlung den Vorsatz des Schuldners kannte.

Diese Kenntnis wird vermutet, wenn der andere Teil wußte, daß die Zahlungsunfähigkeit des Schuldners drohte und daß die Handlung die Gläubiger benachteiligte.

(2) Anfechtbar ist ein vom Schuldner mit einer nahestehenden Person (§ 138 der Insolvenzordnung) geschlossener entgeltlicher Vertrag, durch den seine Gläubiger unmittelbar benachteiligt werden. Die Anfechtung ist ausgeschlossen, wenn der Vertrag früher als zwei Jahre vor der Anfechtung geschlossen worden ist oder wenn dem anderen Teil zur Zeit des Vertragsschlusses ein Vorsatz des Schuldners, die Gläubiger zu benachteiligen, nicht bekannt war.

§ 4 AnfG

Unentgeltliche Leistung

(1) Anfechtbar ist eine unentgeltliche Leistung des Schuldners, es sei denn, sie ist früher als vier Jahre vor der Anfechtung vorgenommen worden.

(2) Richtet sich die Leistung auf ein gebräuchliches Gelegenheitsgeschenk geringen Werts, so ist sie nicht anfechtbar.

§ 6 AnfG

Kapitalersetzende Darlehen

Anfechtbar ist eine Rechtshandlung, die für die Forderung eines Gesellschafters auf Rückgewähr eines kapitalersetzenden Darlehens oder für eine gleichgestellte Forderung

1. Sicherung gewährt hat, wenn die Handlung in den letzten zehn Jahren vor der Anfechtung vorgenommen worden ist;
2. Befriedigung gewährt hat, wenn die Handlung im letzten Jahr vor der Anfechtung vorgenommen worden ist.

Diese Fristen sind von dem Zeitpunkt zurück zu rechnen, in dem die Anfechtbarkeit gerichtlich geltend gemacht wird. Hat ein Gläubiger, bevor er einen vollstreckbaren Schuldtitel erlangt hatte oder seine Forderung fällig wurde, dem Anfechtungsgegner seine Absicht, die Rechtshandlung anzufechten, schriftlich mitgeteilt, so wird die Frist vom Zeitpunkt des Zuganges der Mitteilung zurückgerechnet, wenn schon zu dieser Zeit der Schuldner unfähig war, den Gläubiger zu befriedigen, und wenn bis zum Ablauf von zwei Jahren seit diesem Zeitpunkt die Anfechtbarkeit gerichtlich geltend gemacht wird.

§ 7 AnfG

Eine Rechtshandlung gilt als in dem Zeitpunkt vorgenommen, in dem ihre rechtlichen Wirkungen eintreten.

§ 8 AnfG

2.4. Inhalt

Mit der Anfechtung wird die Wiederherstellung der ursprünglichen Zugriffslage für eine Zwangsvollstreckung geltend gemacht. Der vom Schuldner weggegebene Gegenstand wird durch die gerichtliche Entscheidung dem Gläubiger zwecks Durchführung der Einzelzwangsvollstreckung wieder zur Verfügung gestellt. Praktisch wird die Lage wieder hergestellt, als wenn sich der Gegenstand noch im Vermögen des Schuldners befände. Der Anfechtungsgegner hat diese Einzelzwangsvollstreckung zu dulden. Bei der Insolvenzanfechtung muss im Gegensatz hierzu das Erlangte an die Insolvenzmasse zurückgegeben werden.

Ziel einer Anfechtung
• nach AnfG: Einzelvollstreckung
• nach InsO: Rückgabe an die Masse

Erwirbt ein Miteigentümer Anteile an einem Grundstück von einem anderen Miteigentümer, tritt eine Vereinigung der Anteile ein. Der Gläubiger kann von dem jetzigen Alleineigentümer die Duldung der Zwangsversteigerung des gesamten Grundstückes verlangen.

§ 180 ff. ZVG

Es besteht allerdings eine Einschränkung, als eine Befriedigung nur aus dem Anteil an dem Versteigerungserlös, der dem Schuldner als fingiertem Miteigentümer zusteht, vorgenommen werden darf.

Wird eine Auflassungsvormerkung angefochten, muss Duldung der Zwangsvollstreckung in das Grundstück klageweise geltend gemacht werden.

Wird die Belastung von beweglichen Sachen oder Grundstücken angefochten, richtet sich der Anspruch darauf, dass der Anfechtungsgegner von seinem Recht dem Gläubiger gegenüber keinen Gebrauch macht. Ebenso kann verlangt werden, dass der Anfechtungsgegner in die Auszahlung des auf ihn bei der Zwangsversteigerung des angefochtenen Rechts entfallenden Erlöses an den Gläubiger einwilligt.

Wenn die Zwangsvollstreckung etwa bei Untergang der Sache nicht mehr möglich ist, ist Wertersatz zu leisten. Entscheidend ist hier der Verkehrswert, den der Anfechtungsgegenstand im Zeitpunkt der letzten mündlichen Verhandlung innerhalb des Anfechtungsprozesses hatte.

Hat der Anfechtungsgegner wertverbessernde Maßnahmen am Anfechtungsgegenstand vorgenommen, muss er die Zwangsvollstreckung in den Gegenstand dulden. Er kann jedoch Ersatz seiner Aufwendungen geltend machen.

Zwischenzeitliche Wertverbesserungen durch Anfechtungsgegner sind zu ersetzen.

Der Anspruch auf Anfechtung kann durch eine einstweilige Verfügung oder einen Arrest vorab geltend gemacht werden. Das Hauptsacheverfahren ist dann auf jeden Fall einzuleiten.

Beispiel: Gläubiger Steiner hat aufgrund eines Zahlungstitels vor Insolvenzeröffnung eine Forderung des künftigen Insolvenzschuldners Berg gegen den Drittschuldner Wirsing pfänden und sich zur Einziehung überweisen lassen, §§ 803, 828 ff. ZPO. Wie ist die Rechtslage?

1. Erfolgte die Zustellung des Pfändungs- und Überweisungsbeschlusses, §§ 828, 829, 835 ZPO, innerhalb des letzten Monates vor dem Antrag auf Eröffnung des Insolvenzverfahrens, so ist die durch die Forderungsvollstreckung erlangte Sicherung mit der Eröffnung des Insolvenzverfahrens unwirksam, § 88 InsO.

2. Erfolgte dagegen die Zustellung des Pfändungs- und Überweisungsbeschlusses nach §§ 828, 829, 835 ZPO vor dem letzten Monat vor dem Antrag auf Eröffnung des Insolvenzverfahrens, so steht dem Insolvenzverwalter unter den Voraussetzungen des § 131 InsO ein Insolvenzanfechtungsrecht zu, die Insolvenzanfechtung wird nicht dadurch ausgeschlossen, dass der Gläubiger Steiner einen Zahlungstitel erlangt hatte, § 141 InsO.

2.5. Voraussetzungen

Anfechtungsberechtigte

§ 2 AnfG

> Zur Anfechtung ist jeder Gläubiger berechtigt, der einen vollstreckbaren Schuldtitel erlangt hat und dessen Forderung fällig ist, wenn die Zwangsvollstreckung in das Vermögen des Schuldners nicht zu einer vollständigen Befriedigung des Gläubigers geführt hat oder wenn anzunehmen ist, daß sie nicht dazu führen würde.

Zur Anfechtung ist jeder Gläubiger berechtigt, der einen vollstreckbaren Schuldtitel erlangt hat und dessen Forderung fällig ist, wenn die Zwangsvollstreckung in das Vermögen des Schuldners nicht zu einer vollständigen Befriedigung des Gläubigers geführt hat oder wenn anzunehmen ist, dass sie nicht dazu führen würde. Ein auf Zahlung gerichteter, rechtskräftiger oder vorläufig vollstreckbarer Titel jeder Art reicht aus. Innerhalb des Anfechtungsprozesses muss er in der letzten mündlichen Tatsachenverhandlung spätestens vorgelegt werden. Nicht erforderlich ist, die Zustellung des Titels vorher bewirkt zu haben. Ebenso ist die Erbringung der die Vollstreckbarkeit bedingenden Sicherheit (Prozessbürgschaft) nicht erforderlich.

§ 2 AbfG

Fruchtlosigkeit der Einzelzwangsvollstreckung ist nachzuweisen

Weitere Voraussetzung ist, dass die Forderung des die Anfechtung ausübenden Gläubigers gegenüber dem Schuldner auch fällig ist. Die Fälligkeit muss spätestens vor der letzten mündlichen Verhandlung im Anfechtungsprozess eingetreten sein.

Ebenso muss die Unzulänglichkeit des Schuldnervermögens feststehen. Die Zwangsvollstreckung in das dem Schuldner verbliebene Vermögen muss fruchtlos versucht worden sein oder voraussichtlich fruchtlos verlaufen. Es reicht aus, wenn der Gläubiger nachweist, dass andere Gläubiger vergebliche Vollstreckungsversuche unternommen haben oder selbst eine Unpfändbarkeitsbescheinigung vorlegt. Nicht erforderlich ist, dass der Schuldner die eidesstattliche Versicherung abgegeben hätte.

Schuldner muss nicht die eidesstattliche Versicherung abgegeben haben.

Über das Vermögen des Schuldners darf das Insolvenzverfahren nicht eröffnet worden sein. In diesem Fall ist eine Anfechtungsklage unzulässig. Ein bereits rechtshängiger Prozess wird unterbrochen und könnte vom Insolvenzverwalter wieder aufgenommen werden.

Von praktischer Bedeutung ist ferner, dass die Gläubigerbenachteiligung ihre Ursache in der angefochtenen Rechtshandlung haben muss, wodurch die Zwangsvollstreckung unmöglich gemacht oder erschwert wurde. Diese Kausalität fehlt, wenn die Zwangsvollstreckung auch ohne die angefochtene Rechtshandlung erfolglos geblieben wäre. Hiervon ist auszugehen, wenn ein dinglich belastetes Grundstück übertra-

Zwangsvollstreckung hätte erfolgreich sein müssen.

gen wird und eine Zwangsversteigerung des Grundstückes durch den Gläubiger wegen der valutierenden Forderungen keinen überschießenden Erlös erbracht hätte, der an den Gläubiger hätte ausgekehrt werden können. In diesen Fällen wird man ein Sachverständigengutachten über den Wert des übertragenden Grundstückes einholen, um diesen dann mit den Valutenständen abzugleichen.

2.6. Anfechtungsgründe

§ 3 Abs. 1, 2 AnfG
§ 4 Abs. 1 AnfG
§ 5 AnfG

§ 6 AnfG

Es kommen insoweit die vorsätzliche Benachteiligung und die Schenkungsanfechtung als Anfechtungsgründe in Betracht. Ferner können Rechtshandlungen des Erben gegenüber Nachlassgläubigern angefochten werden. Ebenso kann die Gewährung von Sicherheiten für kapitalersetzende Darlehen angefochten werden.

Bei der Anfechtung wegen vorsätzlicher Benachteiligung ist Vorsatz des Schuldners zur Benachteiligung des Gläubigers erforderlich. Dabei muss der Anfechtungsgegner zumindest zum Zeitpunkt dieser Handlung Kenntnis von dem Benachteiligungsvorsatz des Schuldners gehabt haben. Diese wird vermutet, wenn der Anfechtungsgegner wusste, dass die Zahlungsunfähigkeit des Schuldners drohte und dass die Handlung die Gläubiger benachteiligte. Es reicht insoweit bedingter Vorsatz aus.

Bedingter Vorsatz des Schuldners reicht aus.

Wenn der Schuldner das Bewusstsein hat, dass seine Handlungsweise zum Nachteil aller oder einzelner Gläubiger sich hätte auswirken können und er diese Folge in Kauf nimmt, ist von bedingtem Vorsatz auszugehen. Insoweit trifft den die Anfechtung geltend machenden Gläubiger die Darlegungs- und Beweislast. Diesem kommen dabei die Grundsätze des Beweises des ersten Anscheins zu Hilfe, wenn ein zahlungsunfähiger Schuldner einem Gläubiger eine inkongruente Sicherung gewährt. Hiervon ist auszugehen, wenn der Anfechtungsgegner nach dem Grundgeschäft keinen Anspruch auf die Leistung hat.

§ 3 Abs. 2 AnfG

Angefochten werden können entgeltliche Verträge, die der Schuldner mit einer ihm nahestehenden Person abgeschlossen hat. Hier findet sich im Anfechtungsgesetz ein Verweis auf die ausdrückliche Regelung in der Insolvenzordnung, obwohl es sich um ein Verfahren außerhalb der Insolvenz handelt.

§ 138 InsO

Nahestehende Personen

(1) Ist der Schuldner eine natürliche Person, so sind nahestehende Personen:
1. der Ehegatte des Schuldners, auch wenn die Ehe erst nach der Rechtshandlung geschlossen oder im letzten Jahr vor der Handlung aufgelöst worden ist;

1a. der Lebenspartner des Schuldners, auch wenn die Lebenspartnerschaft erst nach der Rechtshandlung eingegangen oder im letzten Jahr vor der Handlung aufgelöst worden ist;
2. Verwandte des Schuldners oder des in Nummer 1 bezeichneten Ehegatten in auf- und absteigender Linie und voll- und halbbürtige Geschwister des Schuldners oder des in Nummer 1 bezeichneten Ehegatten sowie die Ehegatten dieser Personen;
3. Personen, die in häuslicher Gemeinschaft mit dem Schuldner leben oder im letzten Jahr vor der Handlung in häuslicher Gemeinschaft mit dem Schuldner gelebt haben.

(2) Ist der Schuldner eine juristische Person oder eine Gesellschaft ohne Rechtspersönlichkeit, so sind nahestehende Personen:
1. die Mitglieder des Vertretungs- oder Aufsichtsorgans und persönlich haftende Gesellschafter des Schuldners sowie Personen, die zu mehr als einem Viertel am Kapital des Schuldners beteiligt sind;
2. eine Person oder eine Gesellschaft, die auf Grund einer vergleichbaren gesellschaftsrechtlichen oder dienstvertraglichen Verbindung zum Schuldner die Möglichkeit haben, sich über dessen wirtschaftliche Verhältnisse zu unterrichten;
3. eine Person, die zu einer der in Nummer 1 oder 2 bezeichneten Personen in einer in Absatz 1 bezeichneten persönlichen Verbindung steht; dies gilt nicht, soweit die in Nummer 1 oder 2 bezeichneten Personen kraft Gesetzes in den Angelegenheiten des Schuldners zur Verschwiegenheit verpflichtet sind.

Sowohl schuldrechtliche als auch dingliche Verträge des Familien-, Erb- und Gesellschaftsrechts gehören hierher. Von einer Entgeltlichkeit ist auszugehen, wenn nach dem Willen beider Parteien oder jedenfalls einer Partei der Erwerb von einer Gegenleistung abhängig ist. Hier besteht eine gesetzliche Vermutung für den Vorsatz des Schuldners zur Benachteiligung des Gläubigers sowie hinsichtlich der Kenntnis des anderen Teils von diesem Vorsatz. Der Anfechtungsgegner trägt daher hier die Darlegungs- und Beweislast.

Angefochten werden können weiter die in den letzten vier Jahren vor der Anfechtung vorgenommenen unentgeltlichen Leistungen, sofern sie nicht gebräuchliche Gelegenheitsgeschenke geringen Wertes darstellen. Von einer unentgeltlichen Leistung ist auszugehen, wenn diese ohne Rechtspflicht erfolgte und keine Gegenleistung erbrachte. Dabei ist auf den Zeitpunkt der tatsächlichen Zuwendung abzustellen. Die Zahlung oder Sicherung fremder Schulden ohne rechtliche Verpflichtung ist regelmäßig eine unentgeltliche Zuwendung.

§ 4 Abs. 1 AnfG

3. Wiederholungsfragen

○ 1. Was ist der Unterschied zwischen einer Anfechtung nach dem BGB und einer nach dem Anfechtungsgesetz? Lösung S. 106

○ 2. Welche Möglichkeiten bestehen, das Anfechtungsrecht auszuüben? Lösung S. 107

○ 3. Wer ist Anfechtungsgegner? Lösung S. 107

○ 4. Was ist das Ziel der Anfechtung? Lösung S. 109

○ 5. Welche Anfechtungsgründe bestehen? Lösung S. 112

Beendigung des Insolvenzverfahrens

1.	Einstellung des Verfahrens	116
2.	Aufhebung des Verfahrens	117
3.	Rechtsfolgen	118
4.	Der Insolvenzplan	119
4.1.	Verschiedene Zielrichtungen	120
4.2.	Das Initiativrecht	120
4.3.	Inhalt	120
4.4.	Annahme und Bestätigung	121
4.5.	Wirkungen	122
5.	Insolvenzstrafrecht	123
5.1.	Bankrott	123
5.2.	Verletzung der Buchführungspflicht	126
5.3.	Gläubigerbegünstigung	127
5.4.	Schuldnerbegünstigung	127
5.5.	Vorenthalten und Veruntreuen von Arbeitsentgelt	128
5.6.	Verspätete Anmeldung der Insolvenz	130
6.	Persönliche Haftung	131
6.1.	Innenhaftung	131
6.2.	Außenhaftung	132
7.	Wiederholungsfragen	133

1. Einstellung des Verfahrens

Diese Frage beantwortet die Insolvenzordnung mit ihrer ersten gesetzlichen Bestimmung selbst. Das Insolvenzverfahren dient dazu, die Gläubiger eines Schuldners gemeinschaftlich zu befriedigen, in dem das Vermögen des Schuldners verwertet und der Erlös verteilt oder in einem Insolvenzplan eine abweichende Regelung insbesondere zum Erhalt des Unternehmens getroffen wird. Dem redlichen Schuldner wird Gelegenheit gegeben, sich von seinen restlichen Verbindlichkeiten zu befreien.

EINSTELLUNG DES VERFAHRENS

§ 207 Abs. 1, 2 InsO

Einstellung mangels Masse

(1) Stellt sich nach der Eröffnung des Insolvenzverfahrens heraus, daß die Insolvenzmasse nicht ausreicht, um die Kosten des Verfahrens zu decken, so stellt das Insolvenzgericht das Verfahren ein. Die Einstellung unterbleibt, wenn ein ausreichender Geldbetrag vorgeschossen wird oder die Kosten nach § 4a gestundet werden; § 26 Abs. 3 gilt entsprechend.

(2) Vor der Einstellung sind die Gläubigerversammlung, der Insolvenzverwalter und die Massegläubiger zu hören.

Eine vorzeitige Beendigung des Insolvenzverfahrens durch eine Einstellung erfolgt, wenn eine die Verfahrenskosten deckende Masse nicht vorhanden ist. Dabei unterscheidet das Gesetz zwischen zwei Möglichkeiten der Einstellung des Verfahrens. Dies entscheidet sich nach dem Grad der Massearmut.

Wenn sich zeigt, dass nicht einmal die Kosten des Verfahrens gedeckt werden können, spricht man von Masselosigkeit. In diesem Fall ist das Verfahren nach § 207 InsO einzustellen.

Es ist zwischen Masselosigkeit und Masseunzulänglichkeit zu unterscheiden.

Wenn die Masse für die Verfahrenskosten, nicht aber für die sonstigen Masseverbindlichkeiten ausreicht, liegt eine Masseunzulänglichkeit vor. Diese hat der Insolvenzverwalter dem Insolvenzgericht anzuzeigen. Dies ist für das Gericht bindend. Der Insolvenzverwalter hat die Masseverbindlichkeiten zu berichtigen. Anschließend ist das Verfahren durch das Insolvenzgericht einzustellen.

§ 208 InsO
§ 209 InsO
§ 211 InsO

Die Vollstreckung wegen einer Masseverbindlichkeit ist unzulässig.

§ 210 InsO

Die Insolvenzanfechtung bleibt auch nach Anzeige der Masseunzulänglichkeit zulässig. Bei einer Bürgschaft entfällt das Recht, Zahlung auf erstes Anfordern zu verlangen. Dem Gläubiger stehen die Rechte aus einer üblichen Bürgschaft zu.

Eine Einstellung des Verfahrens erfolgt dann auf Antrag des Schuldners, wenn gewährleistet ist, dass nach der Einstellung beim Schuldner weder Zahlungsunfähigkeit noch drohende Zahlungsunfähigkeit noch, soweit die Überschuldung Grund für die Eröffnung des Insolvenzverfahrens war, Überschuldung vorliegt. Das Fehlen der Eröffnungsgründe muss glaubhaft gemacht werden.

§ 212 InsO

Eine Einstellung des Verfahrens erfolgt, wenn die Zustimmungen aller Insolvenzgläubiger hierzu beigebracht werden.

§ 213 InsO

2. Die Aufhebung des Verfahrens

Aufhebung des Insolvenzverfahrens

§ 200 InsO

(1) Sobald die Schlußverteilung vollzogen ist, beschließt das Insolvenzgericht die Aufhebung des Insolvenzverfahrens.
(2) Der Beschluß und der Grund der Aufhebung sind öffentlich bekanntzumachen. Die Bekanntmachung ist, unbeschadet des § 9, auszugsweise im Bundesanzeiger zu veröffentlichen. Die §§ 31 bis 33 gelten entsprechend.

Sobald die Schlussverteilung vollzogen ist, beschließt das Insolvenzgericht die Aufhebung des Insolvenzverfahrens.
Der Grund der Aufhebung ist im Beschluss anzugeben. Der Beschluss seinerseits ist öffentlich bekannt zu machen.

§ 200 InsO

Wird der Beschluss durch einen Richter erlassen, tritt Rechtskraft zwei Tage nach der Veröffentlichung ein. Da jedoch regelmäßig nach Verfahrenseröffnung zur weiteren Bearbeitung der Fall auf den Rechtspfleger übergeht, wird auch der Aufhebungsbeschluss im Regelfall vom Rechtspfleger gefertigt.

Im Regelfall entscheidet der Rechtspfleger.
§ 18 Abs. 1 RPflG

Der Aufhebungsbeschluss wird durch öffentliche Bekanntmachung verbreitet. Einer besonderen Zustellung an die Beteiligten bedarf es nicht. Zusätzlich ist der Beschluss auszugsweise im Bundesanzeiger zu veröffentlichen. Den Registergerichten ist ebenfalls Mitteilung zu machen. Die Eintragung der Insolvenzeröffnung im Grundbuch muss wieder gelöscht werden. Dies kann auf Ersuchen des Insolvenzgerichts erfolgen. Ebenso können Insolvenzverwalter oder Schuldner die Löschung beantragen.

Löschung der Eröffnungseintragung im Grundbuch erfolgt nur auf Antrag.
§ 258 Abs. 1 InsO

Entsprechendes gilt bei rechtskräftiger Bestätigung des Insolvenzplanes.

§ 289 Abs. 2 InsO

Ferner ist ein Insolvenzverfahren aufzuheben mit Rechtskraft des Beschlusses, der dem Insolvenzschuldner die Möglichkeit der Restschuldbefreiung einräumt.

3. Rechtsfolgen

Der Insolvenzschuldner erhält die Verwaltungs- und Verfügungsbefugnis zurück. Er kann über die Insolvenzmasse, die nicht verwertet wurde, frei verfügen.

§ 215 Abs. 2 InsO

Bislang unwirksame Verfügungen werden wirksam.

Der Insolvenzverwalter ist nicht mehr verpflichtet, Massegegenstände zu verwerten. Aufgrund der Verfahrenseinstellung sind die nicht verwerteten Vermögensgegenstände dem Schuldner zurückzugeben. Gläubiger können dann im Wege der Einzelzwangsvollstreckung auf diese Gegenstände zugreifen. Bei unterbrochenen Rechtsstreitigkeiten endet die Unterbrechungswirkung mit der Einstellung des Verfahrens. Maßgebender Zeitpunkt ist dabei das Wirksamwerden dieses Beschlusses mit Ablauf des zweiten Tages nach der öffentlichen Bekanntmachung.

§ 9 Abs. 1 S. 3 InsO

Von diesem Zeitpunkt an beginnen die Fristen wieder zu laufen.

Fristenkontrolle besonders wichtig im Hinblick auf eine Verjährung der Forderung

Anhängige Rechtsstreitigkeiten, die der Insolvenzverwalter während des Verfahrens eingeleitet oder aufgenommen hatte, werden fortgesetzt. Allerdings verliert der Insolvenzverwalter mit der Verfahrenseinstellung seine Prozessführungsbefugnis. Es findet ein Parteiwechsel statt. Der Schuldner muss den Prozess ordnungsgemäß wieder aufnehmen. Er tritt nicht automatisch in den Prozess ein. Wenn der Insolvenzverwalter zur Führung des Prozesses einen Rechtsanwalt bestellt hatte, so endet dessen Vollmacht nicht mit der Verfahrensbeendigung. Der Schuldner kann jedoch zur Prüfung seiner Erfolgsaussichten eine Aussetzung des Rechtsstreites beantragen.

Anfechtungsprozesse können vom Schuldner nicht weitergeführt werden. Sie sind vielmehr wegen der Verfahrenseinstellung in der Hauptsache erledigt. Der anfechtungsrechtliche Rückgewähranspruch ist untrennbar mit dem Amt des Insolvenzverwalters verbunden.

Einen vom Insolvenzverwalter bislang geführten Anfechtungsprozess darf der Schuldner nicht weiter führen, da er nicht Rechtsnachfolger des Insolvenzverwalters ist.

Anfechtungsprozesse sind erledigt.

Gläubigerversammlung, Gläubigerausschuss und Insolvenzverwalter verlieren ihre Befugnisse. Der Insolvenzverwalter hat sämtliche schriftlichen Unterlagen, die er nach Insolvenzeröffnung zur ordnungsgemäßen Ausführung seines Amtes in Besitz genommen hatte, dem Schuldner zurückzugeben. Ist der vormalige Insolvenzschuldner nicht zur Annahme der Unterlagen bereit, kann gegen ihn nicht ein Zwangsgeld festgesetzt werden. Vielmehr müssen die Unterlagen an einem vom Gericht bestimmten sicheren Ort für die Dauer von zehn Jahren aufbewahrt werden.

Gläubiger können uneingeschränkt gegen den Insolvenzschuldner vorgehen.

4. Der Insolvenzplan

Der Insolvenzplan ist an die Stelle des Zwangsvergleiches nach der alten Konkursordnung und des Vergleiches nach der alten Vergleichsordnung getreten. Es soll den Beteiligten ermöglicht werden, abweichend von den gesetzlichen Bestimmungen die Masse einvernehmlich zu verwerten oder zu verteilen, um die Insolvenz zu bewältigen. Beteiligt sind absonderungsberechtigte Gläubiger, die Insolvenzgläubiger und der Insolvenzschuldner. Der Insolvenzplan wird dabei überwiegend als Vertrag angesehen. Man könnte auch einen Urteilscharakter annehmen, da er der Bestätigung durch das Insolvenzgericht bedarf.

Man wird der zuerst genannten Auffassung folgen müssen, da der vorgeschlagene Insolvenzplan ein Angebot an alle Gläubiger darstellt. Ferner ist ein gegenseitiges Nachgeben im Insolvenzplanverfahren von Nöten, da die Gläubiger auf die Durchführung des Regelinsolvenzverfahrens verzichten.

§ 217 ff. InsO

Es gibt keine Mindestquote für die Gläubiger.

§ 252 InsO

4.1. Verschiedene Zielrichtungen

Vornehmlich soll der Insolvenzplan dazu dienen, das Unternehmen eines Insolvenzschuldners zu erhalten. Dabei handelt es sich dann um einen Sanierungsplan. Es soll dabei das Unternehmen fortgeführt, seine Ertragskraft wieder hergestellt und Gläubigeransprüche befriedigt werden.

<small>Es soll ein flexibler Rahmen für eine einvernehmliche Bewältigung der Insolvenz geschaffen werden.</small>

Es ist aber auch die Verwertung der Insolvenzmasse und deren Verteilung möglich. Es handelt sich dann um einen Liquidationsplan.

Wird ein Unternehmen ganz oder teilweise auf Dritte übertragen, spricht man von einem Übertragungsplan.

4.2. Initiativrecht

<small>§ 218 Abs. 1 InsO</small>

Nur der Insolvenzverwalter und der Insolvenzschuldner sind berechtigt, einen Insolvenzplan zu erstellen und dem Insolvenzgericht vorzulegen.

Dagegen können Gläubiger nur den Insolvenzverwalter mit der Ausarbeitung eines solchen Planes beauftragen.

4.3. Inhalt

<small>§ 220 InsO</small>

Im darstellenden Teil des Insolvenzplanes werden die Maßnahmen beschrieben, die nach Eröffnung des Insolvenzverfahrens getroffen wurden oder noch getroffen werden sollen. Es sollen alle Angaben zu den Grundlagen und Auswirkungen enthalten sein, die für die Entscheidung der Gläubiger zwecks Zustimmung zum Plan und die gerichtliche Bestätigung bedeutsam sind. Es handelt sich um eine Bestandaufnahme über die Vermögens-, Bestands- und Ertragslage des Unternehmens.

<small>Der Insolvenzplan hat einen darstellenden und einen gestaltenden Teil.</small>

<small>§ 221 InsO
§ 222 InsO</small>

Im gestaltenden Teil ist mitzuteilen, wie die Rechtsstellung der Beteiligten durch den Plan geändert werden sollen. Dabei werden die Gläubiger in Gruppen eingeteilt. Es handelt sich dabei um

- absonderungsberechtigte Gläubiger
- nichtnachrangige Insolvenzgläubiger
- nachrangige Insolvenzgläubiger
- Arbeitnehmer

<small>§ 228 InsO</small>

Wenn Rechte an Gegenständen begründet, geändert, übertragen oder aufgehoben werden sollen, können die erforderlichen Willenserklärungen der Beteiligten in dem gestaltenden Teil des Insolvenzplanes aufgenommen werden. Einer notariellen Beurkundung bedarf es nicht. Sollen im Grundbuch eingetragene Rechte an einem Grundstück oder an eingetragenen Rechten verändert werden, so sind diese Rechte genau zu bezeichnen.

§ 28 GBO

Forderungen von Gläubigern können gestundet oder teilweise erlassen werden. Allerdings wird die Stundung oder der Erlass für den Gläubiger hinfällig, wenn der Schuldner mit der Erfüllung des Planes erheblich in Rückstand gerät.

§ 255 Abs. 1 InsO

Es können bestimmte Rechtsgeschäfte für zustimmungsbedürftig erklärt werden.

§ 263 InsO

Die Wirksamkeit der Geschäfte hängt davon ab, ob der Insolvenzverwalter zustimmt. Die zustimmungsbedürftigen Rechtsgeschäfte müssen eindeutig bezeichnet sein, damit sie für Dritte durch Einsicht in den Insolvenzplan einwandfrei festgestellt werden können.

Dritte haben Einsichtsrecht in den Insolvenzplan.

Ferner ist es möglich, dass die Insolvenzgläubiger nachrangig gegenüber Gläubigern mit Forderungen aus Darlehen und sonstigen Krediten, die der Schuldner oder die Übernahmegesellschaft während der Zeit der Überwachung aufnehmen oder die an Massegläubiger in der Zeit der Überwachung hinein stehen lässt. Hierbei ist zugleich der Kreditrahmen festzulegen, der den Wert der Vermögensgegenstände nicht übersteigen darf, die in der Vermögensübersicht des Insolvenzplanes aufgeführt sind. Die Finanzierung von Sanierungsplänen soll hierdurch erleichtert werden. In der Überwachungszeit ist daher die Aufnahme von Krediten zulässig. Für den Fall der erneuten Insolvenz des Schuldners innerhalb des Sanierungszeitraumes steht dann diesen Gläubigern eine vorrangige Befriedigung zu. Deshalb muss der Insolvenzplan eine Regelung enthalten, wonach die beteiligten Gläubiger in einem späteren Insolvenzverfahren nachrangig gegenüber Gläubigern mit Kreditforderungen stehen, die während der Überwachungszeit begründet wurden.

§ 264 InsO

4.4. Annahme und Bestätigung

In einem Erörterung- und Abstimmungstermin wird über die Annahme des Planes abgestimmt. Dabei sind die Insolvenzgläubiger und die absonderungsberechtigten Gläubiger, soweit deren Rechtsstellung geregelt ist, stimmberechtigt. Die Abstimmung erfolgt in jeder Gläubigergruppe. Zur Annahme des Planes ist die Kopf- und Summenmehrheit erforderlich.

§ 235 Abs. 1 InsO

§ 244 InsO

Der Schuldner hat ebenfalls zuzustimmen. Bei fehlendem Widerspruch wird seine Zustimmung allerdings fingiert.

§ 247 Abs. 1 InsO

Das Insolvenzgericht hat den Plan zu bestätigen.

§§ 248-253 InsO

Die Bestätigung des Insolvenzplanes kann durch das Insolvenzgericht verweigert werden, wenn ein Gläubiger dem Plan spätestens im Bestimmungstermin schriftlich oder zu Protokoll der Geschäftsstelle widerspricht und er glaubhaft macht, dass er durch den Plan voraussichtlich schlechter gestellt wird, als er ohne den Plan stünde.

4.5. Wirkungen

Mit der Rechtskraft der Bestätigung des Insolvenzplanes durch das Insolvenzgericht treten die im gestaltenden Teil festgelegten Wirkungen für und gegen alle Beteiligten ein.

§ 254 InsO

Wirkungen gelten auch für Beteiligte, die dem Plan widersprochen haben.

Dies gilt auch für diejenigen Insolvenzgläubiger, die ihre Forderungen nicht angemeldet haben. Rechte der Insolvenzgläubiger gegen Mitschuldner und Bürgen des Schuldners bleiben bestehen.

§ 257 Abs. 1 InsO

Hat ein Gläubiger über den Plan hinausgehende Befriedigung erhalten, besteht keine Rückgewährpflicht.

Der Insolvenzplan in Verbindung mit der Eintragung in die Tabelle ist gleichzeitig Vollstreckungstitel für Insolvenzgläubiger, wenn deren Forderungen festgestellt und vom Schuldner nicht im Prüfungstermin bestritten wurden.

§ 258 InsO

Sobald die unstreitigen Masseansprüche berichtigt sind, wird das Insolvenzverfahren durch Beschluss des Gerichts aufgehoben.

§ 259 InsO

Der Schuldner erhält das Recht zurück, über die Insolvenzmasse frei zu verfügen.

5. Insolvenzstrafrecht

In der Konkursordnung, die seit 1877 galt, fanden sich ursprünglich die Vorschriften über Konkursstraftaten. Diese sind 1976 in das StGB eingefügt worden. Die Vorschriften zielen darauf ab, das Interesse der Gläubiger an einer Befriedigung ihrer geltwerten Ansprüche zu schützen. Einbezogen in den Gläubigerschutz sind auch Arbeitnehmer. Die Vorschriften dienen ferner dem Schutz der Gesamtwirtschaft, die durch Insolvenzstraftaten mit betroffen ist. Eine Verurteilung eines Schuldners wegen einer Insolvenzstraftat hat zur Folge, dass er auf die Dauer von 5 Jahren seit Rechtskraft des Urteils weder Geschäftsführer einer GmbH noch Mitglied des Vorstandes einer Aktiengesellschaft sein kann.

§ 6 Abs. 2 GmbHG;
§ 76 Abs. 3 AktG

Neben den erheblichen wirtschaftlichen Nachteilen und Unannehmlichkeiten einer Insolvenz droht weiterer Ungemach durch strafrechtliche Bestimmungen.

5.1. Bankrott

Bankrott § 283 StGB

(1) Mit Freiheitsstrafe bis zu fünf Jahren oder mit Geldstrafe wird bestraft, wer bei Überschuldung oder bei drohender oder eingetretener Zahlungsunfähigkeit

1. Bestandteile seines Vermögens, die im Falle der Eröffnung des Insolvenzverfahrens zur Insolvenzmasse gehören, beiseite schafft oder verheimlicht oder in einer den Anforderungen einer ordnungsgemäßen Wirtschaft widersprechenden Weise zerstört, beschädigt oder unbrauchbar macht,
2. in einer den Anforderungen einer ordnungsgemäßen Wirtschaft widersprechenden Weise Verlust- oder Spekulationsgeschäfte oder Differenzgeschäfte mit Waren oder Wertpapieren eingeht oder durch unwirtschaftliche Ausgaben, Spiel oder Wette übermäßige Beträge verbraucht oder schuldig wird,
3. Waren oder Wertpapiere auf Kredit beschafft und sie oder die aus diesen Waren hergestellten Sachen erheblich unter ihrem Wert in einer den Anforderungen einer ordnungsgemäßen Wirtschaft widersprechenden Weise veräußert oder sonst abgibt,
4. Rechte anderer vortäuscht oder erdichtete Rechte anerkennt,
5. Handelsbücher, zu deren Führung er gesetzlich verpflichtet ist, zu führen unterläßt oder so führt oder verändert, daß die Übersicht über seinen Vermögensstand erschwert wird,

> 6. Handelsbücher oder sonstige Unterlagen, zu deren Aufbewahrung ein Kaufmann nach Handelsrecht verpflichtet ist, vor Ablauf der für Buchführungspflichtige bestehenden Aufbewahrungsfristen beiseite schafft, verheimlicht, zerstört oder beschädigt und dadurch die Übersicht über seinen Vermögensstand erschwert,
> 7. entgegen dem Handelsrecht
>   a) Bilanzen so aufstellt, daß die Übersicht über seinen Vermögensstand erschwert wird, oder
>   b) es unterläßt, die Bilanz seines Vermögens oder das Inventar in der vorgeschriebenen Zeit aufzustellen, oder
> 8. in einer anderen, den Anforderungen einer ordnungsgemäßen Wirtschaft grob widersprechenden Weise seinen Vermögensstand verringert oder seine wirklichen geschäftlichen Verhältnisse verheimlicht oder verschleiert.
>
> (2) Ebenso wird bestraft, wer durch eine der in Absatz 1 bezeichneten Handlungen seine Überschuldung oder Zahlungsunfähigkeit herbeiführt.
>
> (3) Der Versuch ist strafbar.
>
> (4) Wer in den Fällen
> 1. des Absatzes 1 die Überschuldung oder die drohende oder eingetretene Zahlungsunfähigkeit fahrlässig nicht kennt oder
> 2. des Absatzes 2 die Überschuldung oder Zahlungsunfähigkeit leichtfertig verursacht,
>
> wird mit Freiheitsstrafe bis zu zwei Jahren oder mit Geldstrafe bestraft.
>
> (6) Die Tat ist nur dann strafbar, wenn der Täter seine Zahlungen eingestellt hat oder über sein Vermögen das Insolvenzverfahren eröffnet oder der Eröffnungsantrag mangels Masse abgewiesen worden ist.

Erfasst werden solche Handlungen, die entweder in einer wirtschaftlichen Krisensituation des Täters vorgenommen wurden oder deren Vornahme eine solche Krise herbeigeführt haben. Einem wirtschaftlich verantwortungslosen Verhalten soll entgegengetreten werden, das die Gläubigerinteressen und allgemeine Belange der Gesamtwirtschaft und der Kreditwirtschaft gefährdet. Es handelt sich um ein abstraktes Gefährdungsdelikt für die in Abs. 1 aufgeführten Handlungen. Die in Abs. 2 bezeichneten Bankrotthandlungen müssen kausal und objektiv zurechenbar den Erfolg von Überschuldung oder Zahlungsunfähigkeit herbeigeführt haben.

Voraussetzung einer Strafbarkeit ist nicht der Eintritt eines Vermögensschadens.
§ 283 Abs. Nr. 1 StGB

Zu Vermögensbestandteilen gehören auch solche, die während des Insolvenzverfahrens hinzu erlangt werden. Es muss sich um Gegenstände handeln, die der Zwangsvollstreckung unterliegen.

§ 36 InsO

Ferner sind Forderungen erfasst, sofern sie nicht völlig wertlos sind. Geschäftsbücher gehören ebenso zur Insolvenzmasse wie eine Kundenkartei. Vermögensbestandteile müssen nicht auf rechtmäßige Art erworben worden sein. Auch ein durch Betrug erlangter Gegenstand ist trotz des Anfechtungsrechts des Betroffenen Bestandteil des Schuldnervermögens.

Unter Beiseiteschaffen wird jede Handlung, die einen Vermögensbestandteil durch räumliches Verschieben oder Veränderung der rechtlichen Lage dem Zugriff der Gläubiger entzieht oder diesen Zugriff erheblich erschwert, verstanden. Hierzu gehört ebenso eine nicht gerechtfertigte Sicherungsübereignung wie die Veräußerung ohne einen entsprechenden alsbald greifbaren Gegenwert. Es genügt bereits die Eintragung einer Auflassungsvormerkung, da hierdurch die Verwertung des Grundstückes zur Befriedigung der Gläubiger erschwert wird.

Zum Beispiel:
- *Nichtgerechtfertige Sicherungsübereignung*
- *Scheinveräußerung*

Verheimlichen ist jedes Verhalten, durch das ein Vermögensbestandteil oder dessen Zugehörigkeit zur Insolvenzmasse der Kenntnis der Gläubiger oder des Insolvenzverwalters entzogen wird.

Ein Verlustgeschäft liegt vor, wenn es von vornherein auf eine Vermögensminderung angelegt ist und zu einer Vermögenseinbuße führt. Das Geschäft bewirkt schon nach der Vorauskalkulation bei Gegenüberstellung der Einnahmen und Ausgaben einen Vermögensverlust. Geschäfte, die erst im Nachhinein einen Verlust bringen, werden nicht erfasst.

§ 283 Abs. 1 Nr. 2 StGB

Spekulationsgeschäfte sind Geschäfte mit einem besonders hohen Risiko, die in der Hoffnung, einen größeren Gewinn als den sonst üblichen zu erzielen, und um den Preis, möglicherweise einen größeren Verlust zu erleiden, eingegangen werden.

Beteiligung an unseriösen Unternehmen

Bei einem Differenzgeschäft muss es dem Täter bei Vertragsabschluss auf die Zahlung der Differenz zwischen An- und Verkaufspreis, nicht auf die Lieferung der Waren ankommen.

Die auf Kredit beschafften Waren oder die aus diesem Waren hergestellten Sachen müssen erheblich unter ihrem Wert in einer den Anforderungen einer ordnungsgemäßen Wirtschaft widersprechenden Weise veräußert oder sonst abgegeben worden sein. Einer ordnungsgemäßen Wirtschaft kann es ausnahmsweise entsprechen, wenn ein Preissturz kurz bevorsteht oder die Ware zu verderben droht.

§ 283 Abs. 1 Nr. 3 StGB

Marginalia (left):

§ 283 Abs. 1 Nr. 5 StGB
§ 238 Abs. 1 HGB

Einwandfreie Buchführung ist Grundvoraussetzung einer ordnungsgemäßen Wirtschaftsführung.

§ 283a StGB

§ 283 b StGB

Wegen Nichtführens oder mangelhafter Führung von Handelsbüchern kann bestraft werden, wer gesetzlich verpflichtet ist, Handelsbücher zu führen. Buchführungspflichtig ist jeder Kaufmann, also jeder, der ein Handelsgewerbe betreibt. Handelsgewerbe ist jeder Gewerbebetrieb, es sei denn, dass das Unternehmen nach Art und Umfang einen in kaufmännischer Weise eingerichteten Geschäftsbetrieb nicht erfordert. Für Kleingewerbetreibende entsteht die Kaufmannseigenschaft und die damit verbundene handelsrechtliche Buchführungspflicht erst mit der freiwilligen Eintragung im Register.

Die mangelnde Buchführung muss die Übersicht über den Vermögensstand erschweren. Es reicht, wenn ein Sachverständiger sich keinen Überblick oder diesen nur unter großen Schwierigkeiten und mit besonderer Mühe und erheblichem Zeitaufwand verschaffen kann.

Das Entziehen von Handelsbüchern bezieht sich auf alle tatsächlich geführten Handelsbücher und nicht nur solche, zu deren Führung der Schuldner gesetzlich verpflichtet war.

Wer aus Gewinnsucht handelt oder wissentlich viele Personen in die Gefahr des Verlustes ihrer ihm anvertrauten Vermögenswerte oder in wirtschaftliche Not bringt, begeht einen besonders schweren Fall des Bankrotts. Das Gesetz sieht hier eine Freiheitsstrafe von sechs Monaten bis zu zehn Jahren vor.

5.2. Verletzung der Buchführungspflicht

Verletzung der Buchführungspflicht

(1) Mit Freiheitsstrafe bis zu zwei Jahren oder mit Geldstrafe wird bestraft, wer

1. Handelsbücher, zu deren Führung er gesetzlich verpflichtet ist, zu führen unterläßt oder so führt oder verändert, daß die Übersicht über seinen Vermögensstand erschwert wird,
2. Handelsbücher oder sonstige Unterlagen, zu deren Aufbewahrung er nach Handelsrecht verpflichtet ist, vor Ablauf der gesetzlichen Aufbewahrungsfristen beiseite schafft, verheimlicht, zerstört oder beschädigt und dadurch die Übersicht über seinen Vermögensstand erschwert,
3. entgegen dem Handelsrecht
    a) Bilanzen so aufstellt, daß die Übersicht über seinen Vermögensstand erschwert wird, oder
    b) es unterläßt, die Bilanz seines Vermögens oder das Inventar in der vorgeschriebenen Zeit aufzustellen.

(2) Wer in den Fällen des Absatzes 1 Nr. 1 oder 3 fahrlässig handelt, wird mit Freiheitsstrafe bis zu einem Jahr oder mit Geldstrafe bestraft.

(3) § 283 Abs. 6 gilt entsprechend.

Erforderlich ist, dass zwischen der Tathandlung und der Zahlungseinstellung ein Zusammenhang besteht. Hat der Täter etwa eine Bilanz viele Jahre vor Zahlungseinstellung nicht rechtzeitig aufgestellt und das Versäumte längst nachgeholt, ohne dass sich die Verfehlung bei Zahlungseinstellung noch irgendwie gefahrerhöhend auswirkt, entfällt ein Strafbedürfnis.

> Kausalität zwischen Fehler in der Buchführung und der Zahlungseinstellung nötig.

Der Versuch einer Tat nach § 283 b StGB ist nicht strafbar.

5.3. Gläubigerbegünstigung

Gläubigerbegünstigung § 283 c StGB

(1) Wer in Kenntnis seiner Zahlungsunfähigkeit einem Gläubiger eine Sicherheit oder Befriedigung gewährt, die dieser nicht oder nicht in der Art oder nicht zu der Zeit zu beanspruchen hat, und ihn dadurch absichtlich oder wissentlich vor den übrigen Gläubigern begünstigt, wird mit Freiheitsstrafe bis zu zwei Jahren oder mit Geldstrafe bestraft.

(2) Der Versuch ist strafbar.

(3) § 283 Abs. 6 gilt entsprechend.

Das Gewähren einer Sicherheit oder Befriedigung an einen Gläubiger, der zum Zeitpunkt der Tat keinen fälligen Anspruch darauf hatte, ist strafbar. Der bevorzugte Gläubiger muss vor den übrigen Gläubigern begünstigt sein. Ferner muss die Tat nach Eintritt der Zahlungsunfähigkeit vorgenommen werden.

Die Sicherheit oder Befriedigung ist nur gewährt, wenn der bevorzugte Gläubiger mitgewirkt hat. Er muss den Vorteil angenommen haben.

> Befriedigung ist die Erfüllung der Verbindlichkeit.

5.4. Schuldnerbegünstigung

Schuldnerbegünstigung 283 d StGB

(1) Mit Freiheitsstrafe bis zu fünf Jahren oder mit Geldstrafe wird bestraft, wer

1. in Kenntnis der einem anderen drohenden Zahlungsunfähigkeit oder
2. nach Zahlungseinstellung, in einem Insolvenzverfahren oder in einem Verfahren zur Herbeiführung der Entscheidung über die Eröffnung des Insolvenzverfahrens eines anderen Bestandteile des

Vermögens eines anderen, die im Falle der Eröffnung des Insolvenzverfahrens zur Insolvenzmasse gehören, mit dessen Einwilligung oder zu dessen Gunsten beiseite schafft oder verheimlicht oder in einer den Anforderungen einer ordnungsgemäßen Wirtschaft widersprechenden Weise zerstört, beschädigt oder unbrauchbar macht.

(2) Der Versuch ist strafbar.

(3) In besonders schweren Fällen ist die Strafe Freiheitsstrafe von sechs Monaten bis zu zehn Jahren. Ein besonders schwerer Fall liegt in der Regel vor, wenn der Täter

1. aus Gewinnsucht handelt oder
2. wissentlich viele Personen in die Gefahr des Verlustes ihrer dem anderen anvertrauten Vermögenswerte oder in wirtschaftliche Not bringt.

(4) Die Tat ist nur dann strafbar, wenn der andere seine Zahlungen eingestellt hat oder über sein Vermögen das Insolvenzverfahren eröffnet oder der Eröffnungsantrag mangels Masse abgewiesen worden ist.

> Die Gesamtheit der Gläubiger muss betroffen sein.

Der Täter muss mit Einwilligung des Schuldners handeln. Dies ist auch der Fall, wenn der Wille des Schuldners deliktisch beeinflusst worden ist durch Täuschung oder Nötigung. Dabei kommt es nicht darauf an, von wem die Initiative ausgegangen ist.

5.5. Vorenthalten und Veruntreuen von Arbeitsentgelt

> § 266 a Abs. 1-3 StGB

Vorenthalten und Veruntreuen von Arbeitsentgelt

(1) Wer als Arbeitgeber der Einzugsstelle Beiträge des Arbeitnehmers zur Sozialversicherung einschließlich der Arbeitsförderung, unabhängig davon, ob Arbeitsentgelt gezahlt wird, vorenthält, wird mit Freiheitsstrafe bis zu fünf Jahren oder mit Geldstrafe bestraft.

(2) Ebenso wird bestraft, wer als Arbeitgeber sonst Teile des Arbeitsentgelts, die er für den Arbeitnehmer an einen anderen zu zahlen hat, dem Arbeitnehmer einbehält, sie jedoch an den anderen nicht zahlt und es unterläßt, den Arbeitnehmer spätestens im Zeitpunkt der Fälligkeit oder unverzüglich danach über das Unterlassen der Zahlung an den anderen zu unterrichten. Satz 1 gilt nicht für die Teile des Arbeitsentgelts, die als Lohnsteuer einbehalten werden.

(3) Wer als Mitglied einer Ersatzkasse Beiträge zur Sozialversicherung einschließlich der Arbeitsförderung, die er von seinem Arbeitgeber erhalten hat, der Einzugsstelle vorenthält, wird mit Freiheitsstrafe bis zu einem Jahr oder mit Geldstrafe bestraft.

In Abs. 1 dieser Vorschrift wird das Interesse der Solidargemeinschaft an der Sicherstellung des Sozialversicherungsaufkommens geschützt.

Abs. 2 dieser Vorschrift schützt ausschließlich das Vermögen des betroffenen Arbeitnehmers.

Abs. 1 erfasst die Beiträge des Arbeitnehmers. Der Arbeitgeber ist zur Einbehaltung vom Bruttolohn als der gegenüber der Einzugsstelle verpflichtete Schuldner des Gesamtbeitrages berechtigt.

§§ 28 e, 28 g SGB IV

Es handelt sich auch dann um Beiträge des Arbeitnehmers, wenn der Arbeitgeber sich zur alleinigen Tragung der Beiträge im Arbeitsvertrag verpflichtet hat. Entsprechendes gilt auch, wenn zwischen Arbeitgeber und Arbeitnehmer Einigkeit besteht, dass keine Sozialversicherungsbeiträge abgeführt werden sollen.

Beiträge zur Krankenpflege- und Rentenversicherung werden erfasst.

Voraussetzung ist ein materielles Sozialversicherungsverhältnis. Dies wird durch die Aufnahme einer sozialversicherungspflichtigen Tätigkeit begründet.

Der vorenthaltene Beitrag muss fällig sein, was nicht der Fall ist, wenn eine vorherige und wirksame Stundung vereinbart werden konnte. Einzugsstellen sind die Krankenkassen. Das Vorenthalten der Beiträge besteht im Unterlassen der fälligen Zahlung. Dabei kommt es nicht darauf an, ob der Arbeitgeber die vorenthaltenen Beiträge einbehalten bzw. vom Arbeitnehmer erhalten hat oder nicht. Nunmehr sind auch die Fälle der vereinbarten Schwarzarbeit erfasst.

Fälligkeit ist zum 15. eines Monats gegeben.

Ferner ist Voraussetzung, dass die Abführung der Beiträge möglich und zumutbar war. Eine Unmöglichkeit ist gegeben, wenn aus tatsächlichen oder rechtlichen Gründen nicht gezahlt werden konnte.

Unmöglichkeit:
- Krankheit
- Eröffnung des Insolvenzverfahrens

Allerdings ist hier zu beachten, dass der Handlungspflichtige möglicherweise dafür verantwortlich ist, dass er im entscheidenden Augenblick nicht in der Lage war, die Zahlung vorzunehmen. Dies ist unproblematisch anzunehmen, wenn durch eine Kreditaufnahme die Zahlung hätte erfolgen können. Ist die Zahlungsunfähigkeit durch aktives Tun herbeigeführt worden, wird der Täter ebenfalls verantwortlich sein wie dies etwa der Fall ist bei inkongruenter Befriedigung eines Gläubigers oder Beiseiteschaffen von Geldbeträgen.

Der Tatbestand des Abs. 2 erfasst das Verheimlichen des Nichtabführens sonstiger Lohnteile, die der Arbeitgeber einbehalten und für den Arbeitnehmer einem anderen zu zahlen hatte. Dabei kommt es nicht darauf an, ob die Pflicht des Arbeitgebers zur Abführung der einbehaltenen Lohnteile privatrechtlich durch eine Abtretung oder eine Vereinbarung zwischen ihm und dem Arbeitnehmer begründet ist oder ob sie auf einer öffentlich-rechtlichen Anordnung wie einer Pfändung beruht. Derjenige, an den gezahlt werden muss, ist meist ein Gläubiger des Arbeitnehmers. Dies kann der Versicherer einer freiwilligen Renten-

Teillohnzahlungen werden nicht erfasst.

oder Krankenversicherung sein. Ebenso kommen Ersatz- und Pensionskassen in Betracht. Zu dem Kreis gehören auch Unterhalts- und Darlehensgläubiger.

5.6. Verspätete Anmeldung der Insolvenz

§ 84 GmbHG

Pflichtverletzung bei Verlust, Zahlungsunfähigkeit oder Überschuldung

(1) Mit Freiheitsstrafe bis zu drei Jahren oder mit Geldstrafe wird bestraft, wer es

1. als Geschäftsführer unterläßt, den Gesellschaftern einen Verlust in Höhe der Hälfte des Stammkapitals anzuzeigen, oder
2. als Geschäftsführer entgegen § 64 Abs. 1 oder als Liquidator entgegen § 71 Abs. 4 unterläßt, bei Zahlungsunfähigkeit oder Überschuldung die Eröffnung des Insolvenzverfahrens zu beantragen.

(2) Handelt der Täter fahrlässig, so ist die Strafe Freiheitsstrafe bis zu einem Jahr oder Geldstrafe.

§ 64 Abs. 1 GmbH

Wird eine Gesellschaft zahlungsunfähig, so haben die Geschäftsführer ohne schuldhaftes zögern, spätestens aber drei Wochen nach Eintritt der Zahlungsunfähigkeit den Antrag auf Eröffnung des Insolvenzverfahrens zu stellen.

Dies gilt ebenso, wenn sich eine Überschuldung der Gesellschaft ergibt.

6. Persönliche Haftung

Dem Geschäftsführer einer GmbH obliegen umfangreiche Pflichten. Insbesondere bei sich zuspitzender Krise des Unternehmens trifft den Geschäftsführer eine Reihe von Verpflichtungen. Diese Haftungsrisiken können Existenz bedrohende Auswirkungen haben.

6.1. Innenhaftung

Haftung der Geschäftsführer § 43 Abs. 1, 2 GmbHG

(1) Die Geschäftsführer haben in den Angelegenheiten der Gesellschaft die Sorgfalt eines ordentlichen Geschäftsmannes anzuwenden.

(2) Geschäftsführer, welche ihre Obliegenheiten verletzen, haften der Gesellschaft solidarisch für den entstandenen Schaden.

Diesbezügliche Pflichten sind die Abführung anfallender Steuern und Sozialabgaben sowie die Pflicht zur rechtzeitigen Insolvenzantragstellung. In einem Insolvenzverfahren wird der Insolvenzverwalter diese Ansprüche der Gesellschaft und den Gesamtschaden der Gläubiger zu Gunsten der Insolvenzmasse geltend machen.

§ 92 InsO

Insbesondere für den Fall, dass eine rechtskräftige strafrechtliche Verurteilung des Geschäftsführers nach einem der vorstehend aufgeführten strafrechtlichen Tatbestände erfolgt ist, gelingt der Nachweis einer Pflichtverletzung ohne weiteres.

Ferner sind Geschäftsführer der Gesellschaft zum Ersatz von Zahlungen verpflichtet, die nach Eintritt der Zahlungsunfähigkeit der Gesellschaft oder nach Feststellung ihrer Überschuldung geleistet werden. Dies gilt nicht von Zahlungen, die auch nach diesem Zeitpunkt mit der Sorgfalt eines ordentlichen Geschäftsmannes vereinbar sind.

§ 64 Abs. 2 GmbHG

Da ein Insolvenzverwalter verpflichtet ist, alle Vermögensansprüche der Gesellschaft zu verfolgen, um den Gläubigern eine bestmögliche Befriedigung zu geben, überprüft er das Verhalten des Geschäftsführers nach Eintritt von Zahlungsunfähigkeit und Überschuldung. Der Insolvenzverwalter muss feststellen, ob Haftungsansprüche gegen den Geschäftsführer geltend gemacht werden können.

6.2. Außenhaftung

§ 64 Abs. 1 GmbHG

Insolvenzantragspflicht

> Wird die Gesellschaft zahlungsunfähig, so haben die Geschäftsführer ohne schuldhaftes Zögern, spätestens aber drei Wochen nach Eintritt der Zahlungsunfähigkeit, die Eröffnung des Insolvenzverfahrens zu beantragen. Dies gilt sinngemäß, wenn sich eine Überschuldung der Gesellschaft ergibt.

Bei dieser Vorschrift handelt es sich um eine solche mit Drittschutz im Sinne des § 823 Abs. 2 BGB. Geschützter Personenkreis sind die Gläubiger der Gesellschaft. Gläubiger, die ihre Forderung gegen eine GmbH nach Eintritt der Insolvenzantragspflicht erworben haben, können über § 823 Abs. 2 BGB i.V.m. § 64 Abs. 1 GmbHG gegenüber den Geschäftsführern zusätzlich den Ersatz des vollen Schadens verlangen, der durch den entsprechenden Vertragsschluss mit der Gesellschaft entstanden ist.

Auch ein Verstoß gegen § 266 a StGB bewirkt die persönliche Haftung des Geschäftsführers. Diese Vorschrift hat ebenfalls drittschützenden Charakter im Sinne des § 823 Abs. 2 BGB. Geschützt wird das Vermögen der Sozialversicherungsträger. Wenn Löhne gezahlt werden, ohne die Sozialabgaben abzuführen, haftet der Geschäftsführer wegen des Verstoßes gegen § 266 a Abs. 1 StGB für die vorenthaltenen Sozialabgaben persönlich.

§ 34 AO

Die gesetzlichen Vertreter natürlicher oder juristischer Personen haben deren steuerlichen Pflichten zu erfüllen.

§ 69 AO

Dies gilt insbesondere für die Zahlung von Steuern. Wenn Ansprüche aus dem Steuerschuldverhältnis infolge vorsätzlicher oder grob fahrlässiger Verletzung der auferlegten Pflichten nicht oder nicht rechtzeitig erfüllt werden, haften diese Personen persönlich.

Die Haftung erstreckt sich auch auf die zu zahlenden Säumniszuschläge. Hierbei wird davon ausgegangen, dass der Steuerschuldner nicht erst bei der Fälligkeit der Steuer für eine Zahlung Sorge tragen muss. Steuerverbindlichkeiten sind vielmehr latent vorhanden, so dass insbesondere bei den vom Unternehmen nur treuhänderisch verwalteten Steuern, also insbesondere der Lohnsteuer, die gesteigerte Haftung der Geschäftsführer greift.

7. Wiederholungsfragen

○ 1. Was versteht man unter Masseunzulänglichkeit? Lösung S. 117
○ 2. Kann der Schuldner die Einstellung des Verfahrens beantragen? Lösung S. 117
○ 3. Wie ist mit einem vom Insolvenzverwalter eingeleiteten Anfechtungsprozess umzugehen? Lösung S. 119
○ 4. Was ist ein Bankrott? Lösung S. 124
○ 5. Wann liegt eine Gläubigerbegünstigung vor? Lösung S. 127
○ 6. Welche Voraussetzungen hat eine Schuldnerbegünstigung? Lösung S. 127
○ 7. Was ist der Unterschied zwischen Innen- und Außenhaftung? Lösung S. 131 f.

Verbraucherinsolvenz und Restschuldbefreiung

1.	**Verbraucherinsolvenzverfahren**	**136**
1.1.	Allgemeines	136
1.2.	Persönlicher Anwendungsbereich	137
1.3.	Verfahrensablauf	137
2.	**Restschuldbefreiung**	**145**
2.1.	Vorangegangenes Insolvenzverfahren	145
2.2.	Antrag des Schuldners	147
2.3.	Entscheidung des Insolvenzgerichtes	148
2.4.	Wohlverhaltensperiode	149
2.5.	Bewilligung der Restschuldbefreiung	153
2.6.	Widerruf	153
3.	**Wiederholungsfragen**	**154**

1. Verbraucherinsolvenzverfahren

Voraussetzung für die Durchführung einer Restschuldbefreiung ist das das vorherige Durchlaufen des vereinfachten Verbraucherinsolvenzverfahrens.

1.1. Allgemeines

Das Verbraucherinsolvenzverfahren verläuft dreistufig:

§ 305 Abs. 1 Nr. 1 InsO
§§ 305 – 310 InsO
§§ 311 – 314 InsO

- Versuch einer außergerichtlichen Einigung aufgrund eines Planes
- Gerichtliches Schuldenbereinigungsverfahren
- Vereinfachtes Insolvenzverfahren

```
┌─────────────────────────────────────────┐
│             1. Stufe:                   │
│  Außergerichtlicher Schuldenbereinigungsplan │
└─────────────────────────────────────────┘
                    │
┌─────────────────────────────────────────┐
│             2. Stufe:                   │
│  Gerichtliches Schuldenbereinigungsverfahren │
└─────────────────────────────────────────┘
                    │
┌─────────────────────────────────────────┐
│             3. Stufe:                   │
│      Vereinfachtes Insolvenzverfahren   │
└─────────────────────────────────────────┘
```

§ 306 Abs. 1 S. 3 InsO

Um in die jeweils nächste Stufe zu gelangen, ist es grundsätzlich erforderlich, zunächst die vorhergehende Stufe zu durchlaufen.

1.2. Persönlicher Anwendungsbereich

Grundsatz § 304 InsO

(1) Ist der Schuldner eine natürliche Person, die keine selbständige wirtschaftliche Tätigkeit ausübt oder ausgeübt hat, so gelten für das Verfahren die allgemeinen Vorschriften, soweit in diesem Teil nichts anderes bestimmt ist. Hat der Schuldner eine selbständige wirtschaftliche Tätigkeit ausgeübt, so findet Satz 1 Anwendung, wenn seine Vermögensverhältnisse überschaubar sind und gegen ihn keine Forderungen aus Arbeitsverhältnissen bestehen.

(2) Überschaubar sind die Vermögensverhältnisse im Sinne von Absatz 1 Satz 2 nur, wenn der Schuldner zu dem Zeitpunkt, zu dem der Antrag auf Eröffnung des Insolvenzverfahrens gestellt wird, weniger als 20 Gläubiger hat

Nach der Neuregelung des § 304 InsO ist Abgrenzungskriterium für das Regel- zum Verbraucherinsolvenzverfahren die Ausübung einer selbstständigen wirtschaftlichen Tätigkeit, die Anzahl der Gläubiger – 20 –, weiterhin, ob Verbindlichkeiten aus früheren oder gegenwärtigen Arbeitsverhältnissen bestehen, worunter auch die auf die Bundesagentur für Arbeit übergegangenen Forderungen fallen.

§ 304 Abs. 2 InsO

§ 187 SGB III

Ein Schuldner, der im Zeitpunkt der Antragstellung noch eine selbstständige wirtschaftliche Tätigkeit ausübt, fällt nicht unter § 304 Abs.1 S. 1, 2 InsO

1.3. Verfahrensablauf

Das Verbraucherinsolvenzverfahren gliedert sich bei Antragstellung durch den Schuldner in drei Stufen:

Die Stufen der Verbraucherinsolvenz:
- Versuch außergerichtlicher Einigung
- Schuldenbereinigungsverfahren
- Vereinfachtes Insolvenzverfahren

1. Stufe: Versuch einer außergerichtlichen Einigung aufgrund eines Planes

1. Zum Schutz der Gerichte vor Überlastung ist die Erstellung eines Schuldenbereinigungsplanes erforderlich, um in die zweite Stufe zu gelangen.

2. Vor Erreichen der zweiten Stufe hat der Schuldner den Versuch einer außergerichtlichen Einigung durch eine Bescheinigung zu belegen.

3. Diese Bescheinigung muss von einer geeignet erscheinenden Person oder Stelle ausgestellt werden. Die Festlegung, wer hierfür ge-

eignet ist, erfolgt durch die einzelnen Bundesländer. Es handelt sich um folgende Personenkreise und Institutionen (nicht abschließend aufgezählt):
- Rechtsanwälte
- Steuerberater
- Wirtschaftsprüfer
- Schuldnerberatungsstellen
- Wohlfahrtsverbände
- Kirchen
- Banken/Sparkassen

4. Diese Bescheinigung kann nur aufgrund eines vorher erstellten Planes zur Schuldenbereinigung erfolgen.

5. Für die Durchführung des außergerichtlichen Einigungsversuchs gelten folgende Grundsätze:
   - Es bedarf der Zustimmung sämtlicher Gläubiger, eine Mehrheitsentscheidung gibt es nicht.
   - Die Verweigerung der Zustimmung ist nicht rechtsmissbräuchlich.
   - Das Schweigen auf einen vorgelegten Plan gilt nicht als Zustimmung.
   - Eine Frist für die Zustimmung gibt es nicht.
   - Stimmen nicht alle Gläubiger dem Schuldenbereinigungsplan zu, ist der Versuch der außergerichtlichen Einigung gescheitert.

6. Der Schuldner kann den Einigungsversuch beliebig oft wiederholen.

7. Während des außergerichtlichen Einigungsversuchs sind Einzelzwangsvorstellungsmaßnahmen weiterhin zulässig, was eine Einigung die mit allen Gläubigern zu erfolgen hat, verhindert, zumindest erschwert.

§ 88 InsO

§ 312 Abs. 1 S. 3 InsO

Die sogenannte Rückschlagsperre wird bei einem Eigenantrag des Schuldners im Verbraucherinsolvenzverfahren auf drei Monate vor Antragstellung verlängert.

§ 305 a InsO

Der außergerichtliche Einigungsversuch gilt als gescheitert, wenn ein Gläubiger Zwangsvollstreckungsmaßnahmen betreibt, nachdem die Verhandlungen über die außergerichtliche Schuldenbereinigung aufgenommen wurden.

2. Stufe: Das gerichtliche Schuldenbereinigungsverfahren

In der zweiten Stufe soll noch versucht werden, eine Einigung des Schuldners mit seinen Gläubigern zu erreichen, nunmehr aber mit gerichtlicher Hilfe. Zu vergleichen ist das geregelte Verfahren mit dem Prozessvergleich.

§§ 305-310 InsO

Eröffnungsantrag des Schuldners

§ 305 Abs. 1 InsO

Mit dem schriftlich einzureichenden Antrag auf Eröffnung des Insolvenzverfahrens (§ 311) oder unverzüglich nach diesem Antrag hat der Schuldner vorzulegen:

1. eine Bescheinigung, die von einer geeigneten Person oder Stelle ausgestellt ist und aus der sich ergibt, daß eine außergerichtliche Einigung mit den Gläubigern über die Schuldenbereinigung auf der Grundlage eines Plans innerhalb der letzten sechs Monate vor dem Eröffnungsantrag erfolglos versucht worden ist; der Plan ist beizufügen und die wesentlichen Gründe für sein Scheitern sind darzulegen; die Länder können bestimmen, welche Personen oder Stellen als geeignet anzusehen sind;
2. den Antrag auf Erteilung von Restschuldbefreiung (§ 287) oder die Erklärung, daß Restschuldbefreiung nicht beantragt werden soll;
3. ein Verzeichnis des vorhandenen Vermögens und des Einkommens (Vermögensverzeichnis), eine Zusammenfassung des wesentlichen Inhalts dieses Verzeichnisses (Vermögensübersicht), ein Verzeichnis der Gläubiger und ein Verzeichnis der gegen ihn gerichteten Forderungen; den Verzeichnissen und der Vermögensübersicht ist die Erklärung beizufügen, dass die enthaltenen Angaben richtig und vollständig sind;
4. einen Schuldenbereinigungsplan; dieser kann alle Regelungen enthalten, die unter Berücksichtigung der Gläubigerinteressen sowie der Vermögens-, Einkommens- und Familienverhältnisse des Schuldners geeignet sind, zu einer angemessenen Schuldenbereinigung zu führen; in den Plan ist aufzunehmen, ob und inwieweit Bürgschaften, Pfandrechte und andere Sicherheiten der Gläubiger vom Plan berührt werden sollen.

Nachstehend ist ein Muster des Antrages für den Schuldner auf Eröffnung des Insolvenzverfahrens abgedruckt.

Verbraucherinsolvenzvordruck VO   **Anl. VbrInsVV 6**
                                                          Anlage

☐			
1	**Antrag auf Eröffnung des Insolvenzverfahrens (§ 305 InsO) des/der**	Vorname und Name	
		Straße und Hausnummer	
		Postleitzahl und Ort	
		Telefon tagsüber	
		Verfahrensbevollmächtigte(r)	
2	An das Amtsgericht – Insolvenzgericht – in		
3	**I. Eröffnungsantrag**	Ich stelle den **Antrag**, über mein Vermögen das Insolvenzverfahren **zu eröffnen**. Nach meinen Vermögens- und Einkommensverhältnissen bin ich nicht in der Lage, meine bestehenden Zahlungspflichten, die bereits fällig sind oder in absehbarer Zeit fällig werden, zu erfüllen.	
4	**II. Restschuldbefreiungsantrag**	☐ Ich stelle den **Antrag auf Restschuldbefreiung** (§ 287 InsO).	☐ Restschuldbefreiung wird **nicht** beantragt.

5	**III. Anlagen**	Personalbogen	(Anlage 1)	⊗
		Bescheinigung über das Scheitern des außergerichtlichen Einigungsversuches mit außergerichtlichem Plan	(Anlage 2)	⊗
		Gründe für das Scheitern des außergerichtlichen Plans	(Anlage 2 A)	⊗
		Abtretungserklärung nach § 287 Abs. 2 InsO	(Anlage 3)	○
		Erklärung zur Abkürzung der Wohlverhaltensperiode	(Anlage 3 A)	○
		Vermögensübersicht	(Anlage 4)	⊗
		Vermögensverzeichnis mit den darin genannten Ergänzungsblättern	(Anlage 5)	⊗
		Gläubiger- und Forderungsverzeichnis	(Anlage 6)	⊗
		Schuldenbereinigungsplan für das gerichtliche Verfahren:		
		Allgemeiner Teil	(Anlage 7)	⊗
		Besonderer Teil – Musterplan mit Einmalzahlung/festen Raten	(Anlage 7 A)	○
		oder Besonderer Teil – Musterplan mit flexiblen Raten	(Anlage 7 A)	○
		oder Besonderer Teil – Plan mit sonstigem Inhalt	(Anlage 7 A)	○
		Besonderer Teil – Ergänzende Regelungen	(Anlage 7 B)	⊗
		Erläuterungen zur vorgeschlagenen Schuldenbereinigung	(Anlage 7 C)	○
		Sonstige:..		○

6	**IV. Auskunfts- und Mitwirkungspflichten**	Als Schuldner bin ich gesetzlich verpflichtet, dem Insolvenzgericht über alle das Verfahren betreffenden Verhältnisse vollständig und wahrheitsgemäß Auskunft zu erteilen, insbesondere auch jede Auskunft, die zur Entscheidung über meine Anträge erforderlich ist (§§ 20, 97 InsO). Können solche Auskünfte durch Dritte, insbesondere durch Banken und Sparkassen, sonstige Kreditinstitute, Versicherungsgesellschaften, Sozial- und Finanzbehörden, Sozialversicherungsträger, Rechtsanwälte, Notare, Steuerberater und Wirtschaftsprüfer erteilt werden, so obliegt es mir, auf Verlangen des Gerichts alle Personen und Stellen, die Auskunft über meine Vermögensverhältnisse geben können, von ihrer Pflicht zur Verschwiegenheit zu befreien.

7

Ort, Datum   Unterschrift

Amtliche Fassung 3/2002   Eigenantrag Verbraucherinsolvenz: Eröffnungsantrag (Hauptblatt), **Seite 1 von 1**

6 VbrInsVV Anl. 1	Verbraucherinsolvenzvordruck VO

Anlage 1
Zum Eröffnungsantrag des/der ....

Personalbogen: Angaben zur Person

[8]

Name		Akademischer Grad
Vorname(n) *(Rufnamen unterstreichen)*		Geschlecht ☐ männlich / ☐ weiblich
Geburtsname		früherer Name
Geburtsdatum	Geburtsort	
Wohnanschrift Straße		Hausnummer
Postleitzahl	Ort	
Telefon (privat)		mobil
Telefax		E-Mail

[9] Familienstand: ☐ ledig ☐ verheiratet seit __.__.____ ☐ eingetragene Lebenspartnerschaft begründet seit __.__.____ beendet seit __.__.____ ☐ geschieden seit __.__.____ ☐ getrennt lebend seit __.__.____ ☐ verwitwet __.__.____

[10] Unterhaltsberechtigte Personen: ☐ nein ☐ Ja, Anzahl: ...., davon minderjährig: ....
(Einzelheiten siehe Ergänzungsblatt 5 J)

[11] Beteiligung am Erwerbsleben

Erlernter Beruf
zurzeit oder zuletzt tätig als
☐ ehemals selbständig als

☐ zurzeit unselbständig beschäftigt als ☐ Arbeitnehmer(in) ☐ Angestellte(r) ☐ Beamter/Beamtin ☐ Aushilfe ☐ Sonstiges, und zwar	☐ zurzeit keine Beteiligung am Erwerbsleben, weil ☐ Rentner(in)/Pensionär(in) seit .... ☐ arbeitslos seit .... ☐ Schüler(in)/Student(in) bis .... ☐ Hausmann/Hausfrau ☐ Sonstiges, und zwar ....

[12] Verfahrensbevollmächtigter
☐ für das Verfahren insgesamt
☐ nur für das Schuldenbereinigungsverfahren
☐ Vollmacht liegt an
☐ Vollmacht wird nachgereicht

Name		Akademischer Grad
Vorname	Beruf	
ggf. Bezeichnung der geeigneten Stelle		
Straße		Hausnummer
Postleitzahl	Ort	
Telefon	Telefax	
E-Mail		
Geschäftszeichen	Sachbearbeiter	

Amtliche Fassung 3/2002 — Eigenantrag Verbraucherinsolvenz: Personalbogen (Anlage 1), **Seite 1** von 1

Verbraucherinsolvenzvordruck VO **Anl. 2   VbrInsVV**

Anlage 1

Zum Eröffnungsantrag des/der ....

Bescheinigung über das Scheitern des außergerichtlichen Einigungsversuches
(§ 305 Abs. 1 Nr. 1 InsO)

– Die Anlage 2 ist von der geeigneten Person oder Stelle auszufüllen –

[13]	**I. Bezeichnung der geeigneten Person oder Stelle**	Name		
		Straße		Hausnummer
		Postleitzahl	Ort	
		Ansprechpartner		
[14]	**II. Behördliche Anerkennung der geeigneten Person oder Stelle**	☐ Ja Anerkennende Behörde: .... Datum des Bescheides: .... Aktenzeichen:.................................. ☐ Nein, die Eignung ergibt sich jedoch aus folgenden Umständen: ☐ Rechtsanwalt ☐ Notar ☐ Steuerberater ☐ Sonstiges:		
[15]	**III. Außergerichtlicher Einigungsversuch**	1. Der außergerichtliche Plan vom .... ist beigefügt		

		2. Allen im Gläubigerverzeichnis benannten Gläubigern ist dieser Plan übersandt worden
		  ☐ Ja
		  ☐ Nein, Begründung:		

		3. Der Einigungsversuch ist endgültig gescheitert am		
		4. Die wesentlichen Gründe für das Scheitern des Plan ergeben sich aus der Darstellung in der Anlage 2 A		
[16]	**IV. Bescheinigung**	Ich bescheinige/Wir bescheinigen, dass die Schuldnerin bzw. der Schuldner ☐ mit meiner/unserer Unterstützung erfolglos versucht hat, eine außergerichtliche Einigung mit den Gläubigern über die Schuldenbereinigung auf der Grundlage eines Plans zu erzielen.		
[17]				

(Ort, Datum)   (Unterschrift/Stempel der bescheinigenden Person oder Stelle)

Amtliche Fassung 3/2002   Eigenantrag Verbraucherinsolvenz: Bescheinigung (Anlage 2), **Seite 1** von 1

Das Schuldenbereinigungsplanverfahren soll nunmehr nur noch fakultativ durchgeführt werden, was das Insolvenzgericht nach freiem Ermessen entscheidet. Eine Beschwerde gegen die Entscheidung besteht nicht.

§ 306 Abs. 1 S. 3 InsO
Entscheidung des Gerichts ist nicht angreifbar.

Streitig ist, ob im Schuldenbereicherungsverfahren/Verbraucherinsolvenzverfahren / Restschuldbefreiung ein sog. »Null-«/»Fast-Null-Plan« zulässig ist.

Nach überwiegender Meinung sind so genannte »Null-Pläne« und so genannte »flexible Null-Pläne«, in denen der Schuldner sich verpflichtet, über einen bestimmten Zeitraum an die Gläubiger Abtretungsbeiträge zu leisten, sofern sich seine wirtschaftliche Situation verbessert und er ein pfändbares Einkommen erzielt, mit der Insolvenzordnung zu vereinbaren. Das Verbot von »Null-Plänen« könnte weder aus dem Befriedigungszweck der Insolvenzordnung noch aus dem Gebot einer angemessenen Gläubigerbefriedigung abgeleitet werden. Der Gesetzgeber habe bewusst auf die Einführung von Mindestquoten verzichtet, so dass derartige Quoten auch nicht durch die Gerichte im Wege der Rechtsfortbildung eingeführt werden können. Nach a.A. soll sich aus dem Gebot einer »angemessenen Schuldenbereinigung« ein Indiz für die Unzulässigkeit von sog. »Null-Plänen« oder auch Plänen, bei denen den Gläubigern nur eine geringfügige Befriedigungsnote angeboten wird, einem Nullplan gleichkomme, ergeben.

§ 305 Abs. 1 Nr. 4 InsO

Der Gesetzgeber hat aus diesen Gründen das Schuldenbereinigungsplanverfahren fakultativ ausgestaltet.

§ 306 Abs. 1 S. 3 InsO

Das Gericht stellt den Gläubigern den Schuldenbereinigungsplan zur Stellungnahme zu.

Erfolgt durch die Gläubiger kein Widerspruch oder antworten sie nicht fristgerecht, gilt ihr Schweigen als Zustimmung.

Schuldner hat dem Insolvenzgericht die Gläubiger zu benennen.
§ 307 Abs. 2 InsO

Danach erlöschen bei Annahme des Schuldenbereinigungsplanes die Forderungen des Gläubigers, soweit sie nicht im Plan als bestehen bleibend benannt sind.

3. Stufe: Vereinfachtes Insolvenzverfahren

§§ 311 ff. InsO

Scheitert sowohl die außergerichtliche Schuldenbereinigung als auch der gerichtliche Schuldenbereinigungsplan, geht das Verfahren automatisch in das – vereinfachte – Insolvenzverfahren über.

Hierzu ist kein neuer Antrag erforderlich, das Verfahren richtet sich grundsätzlich nach den allgemeinen Regeln des Insolvenzverfahrens, in vereinfachter Form.

1. Insolvenzgrund

§§ 17, 18 InsO

Als Insolvenzgründe kommen bei natürlichen Personen Zahlungsunfähigkeit und drohende Zahlungsunfähigkeit in Betracht.

§ 17 InsO

- Zahlungsunfähigkeit ist dann gegeben, wenn der Schuldner nicht mehr in der Lage ist, seine fälligen Verbindlichkeiten zu erfüllen. Dies wird bei Zahlungseinstellung widerlegbar vermutet.

Besonderheit bei Konsumentenkrediten

Bei Konsumentenkrediten liegt Zahlungsunfähigkeit vor, wenn nicht nur derzeit die liquiden Mittel zur Tilgung einer gerade fälligen Schuld fehlen, sondern die fälligen Verbindlichkeiten, Verzugszinsen und Rechtsverfolgungskosten die vom Schuldner leistbaren Teilzahlungen auf Dauer überschreiten, so dass die Gesamtforderungen trotz der Tilgungsbemühungen weiter steigen.

- Drohende Zahlungsunfähigkeit ist gegeben, wenn der Schuldner voraussichtlich nicht in der Lage sein wird, seine Zahlungsverpflichtungen im Zeitpunkt der Fälligkeit zu erfüllen.

2. Vereinfachter Verfahrensablauf

Zunächst ergeht ein Eröffnungsbeschluss, der öffentlich bekannt gemacht wird und den Gläubigern und Schuldnern des Insolvenzschuldners zuzustellen ist.

§ 312 Abs. 1 InsO

Die Gläubiger werden zur Forderungsanmeldung aufgefordert. Es gibt nur einen Prüfungstermin.

Das Gericht kann abweichend anordnen, dass das Verfahren schriftlich durchgeführt wird, wenn die Vermögensverhältnisse des Schuldners überschaubar und die Zahl der Gläubiger oder die Höhe der Verbindlichkeiten gering sind.

3. Treuhänder

Die Aufgaben des Insolvenzverwalters werden von einem Treuhänder wahrgenommen.

§ 313 InsO

Es gelten §§ 56 bis 66 InsO entsprechend.

Der Treuhänder wird vom Gericht bestimmt, i.d.R. werden dies Rechtsanwälte, Steuerberater, Wirtschaftsprüfer sein.

§ 313 Abs. 2 InsO

Ein Teil der Aufgaben des Verwalters wird auf die Gläubiger verlagert. So ist der Treuhänder nicht zur Insolvenzanfechtung berechtigt, die Gläubigerversammlung kann den Treuhänder oder einen Gläubiger jedoch mit der Anfechtung beauftragen.

Der Treuhänder ist weiterhin nicht zur Sicherheitenverwertung befugt. Durch die Verweisung von § 313 Abs. 3 S. 3 InsO auf § 173 Abs. 2 InsO kann das Gericht dem absonderungsberechtigten Gläubiger auf Antrag des Treuhänders jedoch eine Frist zur Verwertung des Gegenstandes setzen. Nach fruchtlosem Fristablauf ist der Treuhänder zur Verwertung berechtigt.

§ 313 Abs. 3 InsO

Es findet eine vereinfachte Verteilung statt. Auf Antrag des Treuhänders ordnet das Insolvenzgericht an, dass von einer Verwertung der Masse ganz oder teilweise abgesehen wird. Gleichzeitig wird dem Schuldner zusätzlich aufgegeben, binnen einer vom Gericht festgesetzten Frist an den Treuhänder einen Betrag zu zahlen, der dem Wert der Masse entspricht, die an die Insolvenzgläubiger zu verteilen wäre. Vor dieser Entscheidung sind die Insolvenzgläubiger zu hören. Das Gericht versagt die Restschuldbefreiung auf Antrag eines Insolvenzgläubigers, wenn der zu zahlende Betrag auch nach Ablauf einer weiteren Frist von zwei Wochen, die das Gericht unter Hinweis auf die Möglichkeit der Versagung der Restschuldbefreiung zu setzen hat, nicht gezahlt wurde. Vor dieser Entscheidung ist der Schuldner anzuhören.

§ 314 InsO

2. Restschuldbefreiung

§§ 286 ff. InsO

Ist der Schuldner eine natürliche Person, kann er Restschuldbefreiung erhalten und damit von sämtlichen, im Insolvenzverfahren nicht erfüllten, Forderungen seiner Insolvenzgläubiger befreit werden.

§§ 201 Abs. 3, 286 InsO

Ziel der Restschuldbefreiung ist es, dem Schuldner nach Ablauf einer Wohlverhaltensperiode durch Befreiung von seinen Verbindlichkeiten einen Neuanfang zu ermöglichen.

2.1. Vorangegangenes Insolvenzverfahren

Zwingende Voraussetzung der Restschuldbefreiung für natürliche Personen ist ein vorangegangenes Insolvenzverfahren.

Nur wenn sämtliche (pfändbare) Vermögenswerte des Schuldners in einem Insolvenzverfahren festgestellt, verwertet und die Erlöse zumindest teilweise zur Schuldentilgung eingesetzt worden sind, ist den Gläubigern für die (Rest-) Forderungen eine Restschuldbefreiung zumutbar.

Im Insolvenzverfahren ungedeckt gebliebene Forderungen sollen erledigt werden.

Unter Insolvenzverfahren ist dabei jedes Insolvenzverfahren zu verstehen. Daher haben insbesondere auch Vollkaufleute, Unternehmer und

Selbstständige die Möglichkeit Restschuldbefreiung zu erreichen. Dies gilt auch für persönlich haftende Gesellschafter oder Bürgen, die aus der Bürgschaft in Anspruch genommen sind.

Allerdings muss jeder Schuldner, der Restschuldbefreiung erlangen will, ein Insolvenzverfahren für sein eigenes Vermögen durchlaufen, die Gesellschaftsinsolvenz reicht nicht.

Nicht notwendig für die Restschuldbefreiung ist ein durchgeführtes Insolenzverfahren, auch ein massearmes Verfahren reicht aus.

Die Streitfrage, ob das Prozesskostenhilfeverfahren im (außer-) gerichtlichen Schuldbereinigungsverfahren / Verbraucherinsolvenzverfahren / Restschuldbefreiung anwendbar ist, ist mit der gesetzlichen Einführung des sog. Stundungsmodells erledigt.

§ 4 a ff. InsO

Stundung

Sowohl für das Verbraucher- als auch das Regelinsolvenzverfahren werden nach allen natürlichen Personen, soweit sie einen Eigenantrag verbunden mit dem Antrag auf Restschuldbefreiung gestellt haben, die Verfahrenskosten gestundet.

Voraussetzung für die Bewilligung der Stundung ist lediglich die Feststellung, dass das Vermögen des Schuldners nicht zur Deckung der Verfahrenskosten ausreicht. Im Gegensatz zur Gewährung von Prozesskostenhilfe findet zunächst keine Einkommensprüfung statt, des Weiteren keine Prüfung der Erfolgsaussicht.

Aufzählung ist abschließend.

Eine Gewährung der Stundung darf nur dann unterbleiben, wenn beim Antragsteller Versagungsgründe nach § 290 I Nr. 1 oder 3 InsO vorliegen; also entweder eine rechtskräftige Verurteilung wegen einer Insolvenzstraftat vorliegt oder in den letzten zehn Jahren eine Restschuldbefreiung bereits erfolgt oder in der Treuhandperiode versagt worden ist.

§ 4 a InsO

§ 63 II InsO

§ 293 II InsO

Beiordnung eines Rechtsanwaltes ist möglich.
§ 4 a II InsO

Gestundet werden alle notwendigen Kosten für alle Verfahrensabschnitte und zwar Gerichtskosten inklusive Zustellungs- und Veröffentlichungskosten, Verwalter- und Treuhänderkosten im Insolvenzverfahren und auch Treuhänderkosten in der Treuhandperiode. Den Verwaltern und Treuhändern wird insoweit ein Sekundäranspruch gegen die Staatskasse garantiert, der zum Tragen kommt, wenn die Masse nicht zur Deckung der Kosten ausreicht. Ausdrücklich vorgesehen ist auch die Stundung der Kosten eines beigeordneten Rechtsanwalts.

Nach der Vorstellung des Gesetzgebers soll jedoch eine anwaltliche Beiordnung grundsätzlich nicht erforderlich sein; auch nicht, wenn ein Gläubiger in dem Verfahren anwaltlich vertreten ist.

Die gestundeten Kosten werden zunächst aus der vorhandenen Insolvenzmasse gedeckt, auch aus den Beträgen, die der Treuhänder während der Treuhandperiode vor allem aus dem Arbeitseinkommen des Schuldners erhält, zunächst werden die – auch in vorhergehenden Verfahrensabschnitten – gestundeten Verfahrenskosten berichtigt werden. Damit wird auf Grund der langen Laufzeit der Abtretung eine höhere Rückführungsquote erreicht, was insbesondere dann der Fall ist, wenn auf Grund von vorrangigen Sicherungsabtretungen in den ersten beiden Jahren nach Verfahrenseröffnung verhindert wird, dass Einkommensbeträge in die Haftungsmasse fließen.

§ 287 InsO

Ist das Stundungskonto auch nach der Erteilung der Restschuldbefreiung nicht ausgeglichen, so haftet der Schuldner noch vier Jahre lang für die verbliebenen Beträge, wenn er zur Ratenzahlung in der Lage ist. Die Frage, ob und in welcher Ratenhöhe der Schuldner die Kosten nach der Beendigung des Verfahrens zurückzahlen muss, richtet sich nach den für die Bewilligung von Prozesskostenhilfe in § 115 I ZPO definierten Einkommensgrenzen. Spätestens vier Jahre nach der Beendigung des Verfahrens wird der Schuldner von der Pflicht zur Rückerstattung der Kosten endgültig befreit. In § 4 c InsO werden abschließend Tatbestände normiert, die zu einer Aufhebung der Stundung führen, wenn der Schuldner ihm obliegende Mitwirkungspflichten verletzt.

Gründe, die ausnahmslos in der Verantwortung des Schuldners liegen

§ 4 b InsO

2.2. Antrag des Schuldners

Die Restschuldbefreiung erfolgt nur auf Antrag des Schuldners, der mit dem Antrag auf Eröffnung des Insolvenzverfahrens verbunden werden soll. Wird er nicht mit diesem verbunden, so ist er innerhalb von zwei Wochen nach dem Hinweis gemäß § 20 Abs. 2 InsO zu stellen.

§ 287 Abs. 1 InsO

Im Verbraucherinsolvenzverfahren muss der Schuldner dagegen zwingend schon mit dem Insolvenzantrag entweder den Antrag auf Restschuldbefreiung stellen oder eine Erklärung abgeben, dass Restschuldbefreiung nicht beantragt wird.

§ 305 InsO

Dem Antrag auf Restschuldbefreiung hat der Schuldner eine Abtretungserklärung hinsichtlich seiner pfändbaren Bezüge aus einem Dienstverhältnis auf die Dauer von sechs Jahren nach Eröffnung des Insolvenzverfahrens an den Treuhänder beizufügen, bzw. eine Mitteilung der vor Eröffnung bereits erfolgten Abtretung oder Verpfändung der Lohnansprüche.

§ 287 Abs. 2 InsO

Einschränkende Vereinbarungen sind unwirksam.
§ 114 Abs. 1 InsO

2.3. Entscheidung des Insolvenzgerichts

Im Schlusstermin des Insolvenzverfahrens entscheidet das Gericht nach Anhörung der Insolvenzgläubiger und des Treuhänders über den Antrag auf Restschuldbefreiung.

Entscheidung ergeht durch Beschluss.

Die Entscheidung kann beinhalten:

- **Versagung der Restschuldbefreiung**

§ 290 InsO

Eine Versagung der Restschuldbefreiung kann erfolgen, wenn ein Gläubiger dies beantragt und ein Versagungsgrund vorliegt.

Alle Versagungsgründe beruhen auf dem Grundsatz, dass nur ein redlicher Schuldner, der sich seinen Gläubigern gegenüber nichts hat zuschulden kommen lassen, Restschuldbefreiung erhalten soll.

Folgende abschließende Gründe kommen in Betracht:

§ 290 Abs. 1 Nr. 1 InsO
- Der Schuldner ist wegen Insolvenzdelikten (§§ 283-283 c StGB) rechtskräftig verurteilt worden, die nicht im Zusammenhang mit dem Insolvenzverfahren stehen müssen, in dem die Restschuldbefreiung beantragt wird.

§ 290 Abs. 1 Nr. 2 InsO
- Der Schuldner hat in den letzten drei Jahren vor dem Eröffnungsantrag oder danach vorsätzlich oder grob fahrlässig schriftlich unrichtige und unvollständige Angaben über seine wirtschaftlichen Verhältnisse gemacht, um einen Kredit zu erhalten, Leistungen aus öffentlichen Mitteln zu beziehen oder Leistungen an öffentliche Kassen zu vermeiden.

§ 290 Abs. 1 Nr. 4 InsO
- Der Schuldner hat im letzten Jahr vor dem Antrag auf Eröffnung des Insolvenzverfahrens oder nach diesem Antrag vorsätzlich oder grob fahrlässig die Befriedigung der Insolvenzgläubiger dadurch beeinträchtigt, dass er unangemessene Verbindlichkeiten begründet oder Vermögen verschwendet oder ohne Aussicht auf eine Besserung seiner wirtschaftlichen Lage die Eröffnung des Insolvenzverfahrens verzögert hat.

§ 290 Abs. 1 Nr. 5 InsO
- Der Schuldner hat während des Insolvenzverfahrens Auskunfts- oder Mitwirkungspflichten nach diesem Gesetz vorsätzlich oder grob fahrlässig verletzt oder

§ 290 Abs. 1 Nr. 6 InsO
- der Schuldner hat in den nach § 305 Abs. 1 Nr. 3 vorzulegenden Verzeichnissen seines Vermögens und seines Einkommens seiner Gläubiger und der gegen ihn gerichteten Forderungen vorsätzlich oder grob fahrlässig unrichtige oder unvollständige Angaben gemacht.

- Der Schuldner hat in der Verbraucherinsolvenz trotz Fristsetzung den zur Vermeidung zur Verwertung bestimmten Betrag nicht gezahlt. § 314 Abs. 3 InsO

Der den Antrag stellende Gläubiger hat die behaupteten Versagungsgründe glaubhaft zu machen.

- **Ankündigung der Restschuldbefreiung**

Liegen die vorgenannten Versagungsgründe nicht vor oder wird kein Antrag auf Versagung gestellt, erfolgt die Ankündigung der Restschuldbefreiung.

Dies stellt das Gericht nach Anhörung der Insolvenzgläubiger (u.U. auch des Insolvenzverwalters § 289 Abs. 1 InsO) durch Beschluss fest. § 291 InsO

Der Beschluss weist darauf hin, dass der Schuldner Restschuldbefreiung erlangt, wenn er während einer sechsjährigen Wohlverhaltensperiode bestimmte Obliegenheiten erfüllt und Versagungsgründe während dieser Zeit oder danach nicht auftreten.

Wird der Ankündigungsbeschluss nicht angefochten, liegt es nunmehr allein in der Hand des Schuldners, durch Erfüllung seiner Obliegenheit die Restschuldbefreiung zu erlangen.

2.4. Wohlverhaltensperiode

Der Grundsatz der Wohlverhaltensperiode ist, dass der Schuldner auf die Dauer von sechs Jahren seine Arbeitskraft nutzt (insbesondere jede zumutbare Arbeit annimmt) und aus den Erlösen den pfändbaren Teil an seine Gläubiger abführt.

Das geschieht in der Weise, dass er seine pfändbaren Arbeitseinkünfte an einen vom Gericht zu bestimmenden Treuhänder abtritt.

Im Einzelnen gilt:

- **Einsetzung eines Treuhänders**

In dem Beschluss über die Ankündigung der Restschuldbefreiung bestimmt das Gericht gleichzeitig einen Treuhänder, auf den die Lohn-/Gehaltsansprüche des Schuldners übergehen. § 291 Abs. 2 InsO

Hauptaufgabe des Treuhänders ist es, die abgetretenen Lohn- und Gehaltsansprüche des Schuldners einzuziehen und sie an die Insolvenzgläubiger einmal jährlich abzuführen.

Die eingenommenen Beträge sind vom eigenen Vermögen getrennt zu halten.

§ 292 InsO

Zur Überwachung des Schuldners ist der Treuhänder aber grundsätzlich nicht verpflichtet, es sei denn, die Gläubigerversammlung beauftragt ihn. In diesem Falle hat der Treuhänder Anspruch auf Vergütung (12,50 €/Std.), die entweder aus den zur Verteilung anstehenden Einkünften gedeckt wird oder von den Gläubigern vorzuschießen ist.

Die allgemeine Vergütung bestimmt das Gericht nach Abschluss des Insolvenzverfahrens.

Diese wird nach folgenden Sätzen bemessen:
- bis 25.000,00 € = 10 %
- von dem Mehrbetrag über 25.000,00 € bis 50.000,00 € = 5 %
- von dem Mehrbetrag über 50.000,00 € = 1 %

Verfügt der Schuldner über einen längeren Zeitraum nicht über pfändungsfreie Einkünfte, erhält der Treuhänder einen Mindestsatz von 200,00 € pro Jahr seiner Tätigkeit.

§ 288 InsO

Als Treuhänder können Schuldner und Gläubiger jede geeignete natürliche Person vorschlagen.

Wenn die Gläubigerversammlung dem Treuhänder zusätzlich die Aufgabe überträgt, die Erfüllung der Obliegenheiten des Schuldners zu überwachen, hat der Treuhänder die Gläubiger unverzüglich zu benachrichtigen, wenn er einen Verstoß des Schuldners feststellt.

• **Lohn- und Gehaltsabtretung**

§ 287 InsO

Mit dem Antrag auf Restschuldbefreiung muss der Schuldner die Abtretung seiner pfändbaren Lohn- und Gehaltsansprüche für die Zeit von sechs Jahren nach Eröffnung des Insolvenzverfahrens an den vom Gericht zu bestimmenden Treuhänder erklären. Diese Abtretung wird mit Einsetzung des Treuhänders wirksam, d.h. wenn dieser sein Amt übernommen hat.

§ 287 Abs. 2 InsO
§ 850 c ZPO

Die Abtretung erfasst:
- Dienstbezüge, soweit pfändbar
- Leistungen der Sozialversicherungsträger (Renten),
- Arbeitslosengeld,
- Erwerbsunfähigkeitsrenten.

§ 287 InsO

Lohnabtretungsverbote, wie sie z.B. in Tarifverträgen oder Betriebsvereinbarungen oder sonstigen Vereinbarungen vorkommen, sind unwirksam.

Bereits bestehende Lohnabtretungen hat der Schuldner anzugeben, sie bleiben nur noch für die Dauer von zwei Jahren nach Eröffnung des Insolvenzverfahrens wirksam.

§ 114 Abs. 1 InsO

Der Treuhänder hat den/die Arbeitgeber über die Abtretung zu benachrichtigen, die Zahlungen auf die abgetretenen Forderungen einzuziehen, die erlangten Leistungen von seinem eigenen Vermögen getrennt zu halten und diese Beträge einmal jährlich an die Insolvenzgläubiger aufgrund des Schlussverzeichnisses zu verteilen.

- **Neuvermögen**

Zur Insolvenzmasse gehört nicht nur das bei Eröffnung vorhandene Vermögen, sondern auch das während des Verfahrens erworbene Vermögen.

§ 35 InsO

Dazu zählen insbesondere:
- Der pfändbare Teil der Lohn- und Gehaltsansprüche. Dieser ist ausschließlich für die Insolvenzgläubiger reserviert, da Neugläubiger erst nach Abschluss des Insolvenzverfahrens Zugriff auf das Schuldnervermögen haben. Gegen Zwangsvollstreckungsmaßnahmen steht dem Treuhänder die Drittwiderspruchsklage (§ 771 ZPO) zu.
- Die Hälfte des Wertes einer Erbschaft.
- Die Schuldner werden daher die Erbschaft ausschlagen, die dann in voller Höhe an ihre Kinder fällt.

§ 36 Abs. 1 S. 2 InsO
i.V.m. §§ 850 ff. ZPO

§ 295 Abs. 1 Nr. 2 InsO

Das übrige Neuvermögen des Schuldners, z.B. aufgrund einer Schenkung, ist dem Zugriff der Insolvenzgläubiger entzogen.

Jedes Abkommen des Schuldners ist mit einzelnen Gläubigern, das diesen Sondervorteile verschaffen soll, ist nichtig.

§ 294 Abs. 2 InsO

- **Obliegenheiten des Schuldners**

Dem Schuldner werden während der Wohlverhaltensperiode bestimmte Obliegenheiten auferlegt. Ziel der Regelung ist es, dass der Schuldner sich während dieser Zeit bemühen soll, die Forderungen seiner Gläubiger zu tilgen:
- Er hat eine angemessene Erwerbstätigkeit auszuüben, sich zumindest um eine solche zu bemühen und darf dabei keine zumutbare Tätigkeit ablehnen. Bei selbstständiger Tätigkeit muss er durch Zahlungen an den Treuhänder die Insolvenzgläubiger so stellen, als ob er ein angemessenes Dienstverhältnis eingegangen sei.
- Er hat Vermögen, das er ererbt hat, zur Hälfte des Wertes an den Treuhänder herauszugeben.

- Jeder Wohnsitz- und Arbeitsplatzwechsel ist unverzüglich dem Insolvenzgericht und dem Treuhänder anzuzeigen.
- Vor der Abtretung erfasste Bezüge oder eventuelle Erbschaften dürfen nicht verheimlicht werden.
- Auf Anforderung des Gerichts oder des Treuhänders muss der Schuldner Auskunft über seine Erwerbstätigkeit, sein Bemühen um eine solche sowie über Einkünfte und Vermögen erteilen.
- Zahlungen zur Befriedigung der Insolvenzgläubiger darf der Schuldner nur an den Treuhänder leisten, und er darf keinem Gläubiger einen Sonder-Vorteil verschaffen.

§§ 296, 300 InsO

Ein Verstoß gegen diese Pflichten kann zur Versagung der Restschuldbefreiung führen.

§ 296 InsO

Verstoß gegen Obliegenheiten

(1) Das Insolvenzgericht versagt die Restschuldbefreiung auf Antrag eines Insolvenzgläubigers, wenn der Schuldner während der Laufzeit der Abtretungserklärung eine seiner Obliegenheiten verletzt und dadurch die Befriedigung der Insolvenzgläubiger beeinträchtigt; dies gilt nicht, wenn den Schuldner kein Verschulden trifft. Der Antrag kann nur binnen eines Jahres nach dem Zeitpunkt gestellt werden, in dem die Obliegenheitsverletzung dem Gläubiger bekanntgeworden ist. Er ist nur zulässig, wenn die Voraussetzungen der Sätze 1 und 2 glaubhaft gemacht werden.

(2) Vor der Entscheidung über den Antrag sind der Treuhänder, der Schuldner und die Insolvenzgläubiger zu hören. Der Schuldner hat über die Erfüllung seiner Obliegenheiten Auskunft zu erteilen und, wenn es der Gläubiger beantragt, die Richtigkeit dieser Auskunft an Eides Statt zu versichern. Gibt er die Auskunft oder die eidesstattliche Versicherung ohne hinreichende Entschuldigung nicht innerhalb der ihm gesetzten Frist ab oder erscheint er trotz ordnungsgemäßer Ladung ohne hinreichende Entschuldigung nicht zu einem Termin, den das Gericht für die Erteilung der Auskunft oder die eidesstattliche Versicherung anberaumt hat, so ist die Restschuldbefreiung zu versagen.

(3) Gegen die Entscheidung steht dem Antragsteller und dem Schuldner die sofortige Beschwerde zu. Die Versagung der Restschuldbefreiung ist öffentlich bekanntzumachen.

Dagegen führt nicht zur Versagung der Restschuldbefreiung, dass der Schuldner während der gesamten Wohlverhaltensperiode seine Verbindlichkeiten nicht erfüllen kann.

Durch die Obliegenheitsverletzung muss die Befriedigung des Gläubigers beeinträchtigt werden.

Verstößt der Schuldner während der Wohlverhaltensperiode gegen seine Obliegenheiten, so versagt das Insolvenzgericht auf Antrag eines Insolvenzgläubigers die Restschuldbefreiung. Regelmäßig erfolgt die

Versagung am Ende der Wohlverhaltensperiode, dies kann jedoch auch schon früher geschehen. Diesen Antrag kann der Gläubiger innerhalb eines Jahres nach Kenntnis von der Obliegenheitsverletzung stellen. Vorher sind Treuhänder, Schuldner und die Insolvenzgläubiger zu hören.

§ 296 Abs. 2 InsO

In folgenden Fällen wird die Wohlverhaltensperiode schon früher abgebrochen:

- Auf Antrag des Gläubigers bei rechtskräftiger Verurteilung des Schuldners wegen einer Insolvenzstraftat (§§ 283 bis 283 c StGB).
- Auf Antrag des Treuhänders, wenn die an ihn abgeführten Beträge des jeweiligen Jahres nicht zur Deckung seiner Mindestvergütung ausreichen und der Schuldner den fehlenden Betrag nicht nach Aufforderung des Gerichts binnen zwei Wochen aus dem unpfändbaren Vermögen zahlt.

Der Schuldner ist vor der Entscheidung zu hören.

§ 298 Abs. 1 InsO

Die Versagung unterbleibt, wenn der Schuldner binnen zwei Wochen nach Aufforderung durch das Gericht den fehlenden Betrag einzahlt oder dem Schuldner der Betrag entsprechend § 4 a InsO gestundet wird.

2.5. Bewilligung der Restschuldbefreiung

Nach Ablauf der Wohlverhaltensperiode entscheidet das Gericht nach Anhörung aller Beteiligten durch Beschluss über die Erteilung der Restschuldbefreiung.

§ 300 InsO

Diese wird gewährt, wenn sich der Schuldner keiner Obliegenheitsverletzung schuldig gemacht hat, ohne dass es darauf ankommt, ob und in welcher Höhe die Gläubiger befriedigt worden sind.

Der Beschluss ist mit der sofortigen Beschwerde angreifbar.

Die Wirkung der Restschuldbefreiung richtet sich gegen alle Insolvenzgläubiger, auch gegen solche, die ihre Forderung nicht angemeldet haben. Die (Rest-)Forderungen erlöschen zwar nicht, sie sind aber nicht mehr durchsetzbar.

2.6. Widerruf

Auch nach der Restschuldbefreiung kann es ausnahmsweise auf Antrag eines Gläubigers zu einem Widerruf kommen, wenn sich nachträglich herausstellt, dass der Schuldner seine Obliegenheiten vorsätzlich verletzt und dadurch die Befriedigung der Gläubiger erheblich beeinträchtigt.

§ 303 InsO

3. Wiederholungsfragen

○ 1. Welche Anzahl von Gläubigern ist für das Verbraucherinsolvenzverfahren erforderlich? Lösung S. 137

○ 2. Was ist ein Schuldenbereinigungsplan? Lösung S. 143

○ 3. Welche Voraussetzungen hat das vereinfachte Insolvenzverfahren? Lösung S. 144

○ 4. Welche Aufgabe hat der Treuhänder? Lösung S. 145

○ 5. Wer kann unter welchen Voraussetzungen Restschuldbefreiung beantragen? Lösung S. 145 ff.

○ 6. Was versteht man unter Wohlverhaltensperiode? Lösung S. 149

○ 7. Wie wird etwaiges Neuvermögen des Schuldners behandelt? Lösung S. 151

○ 8. Wer entscheidet über die Restschuldbefreiung? Lösung S. 153

Außergerichtlicher Vergleich

1.	Allgemeines	156
2.	Verschiedene Formen	156
2.1.	Stufenvergleich	157
2.2.	Treuhandvergleich	157
2.3.	Liquidationsvergleich	158
2.4.	Sanierungsvergleich	158
2.5.	Beteiligungsvergleiche	159
3.	**Das außergerichtliche Vergleichsverfahren**	**162**
3.1.	Vorbereitungen	162
3.2.	Die Durchführung des Vergleichsverfahrens	163
3.3.	Sicherheiten	163
3.4.	Abwicklung des Vergleichs	169
4.	**Wiederholungsfragen**	**171**

1. Allgemeines

Die nachstehenden Ausführungen befassen sich mit dem außergerichtlichen Vergleich, der sich häufig als vernünftige Alternative zum Insolvenzverfahren anbietet.

Unternehmens-/
Verbraucherinsolvenz

Das außergerichtliche Vergleichsverfahren ist dabei in erster Linie für die Unternehmensinsolvenz gedacht, bietet sich aber auch für die Verbraucherinsolvenz an, da diese ausdrücklich als Voraussetzung den Versuch einer außergerichtlichen Einigung ohne Mitwirkung des Gerichts verlangt.

Selbstverständlich wird im Rahmen des Verbraucherinsolvenzverfahrens kein derart aufwendiges Verfahren stattfinden wie bei der Unternehmensinsolvenz, die Grundzüge sind aber für beide gleich.

Von daher sollten zur Vermeidung von Fehlern diese Grundsätze auch bei der Verbraucherinsolvenz beachtet werden.

2. Verschiedene Varianten im Einzelnen

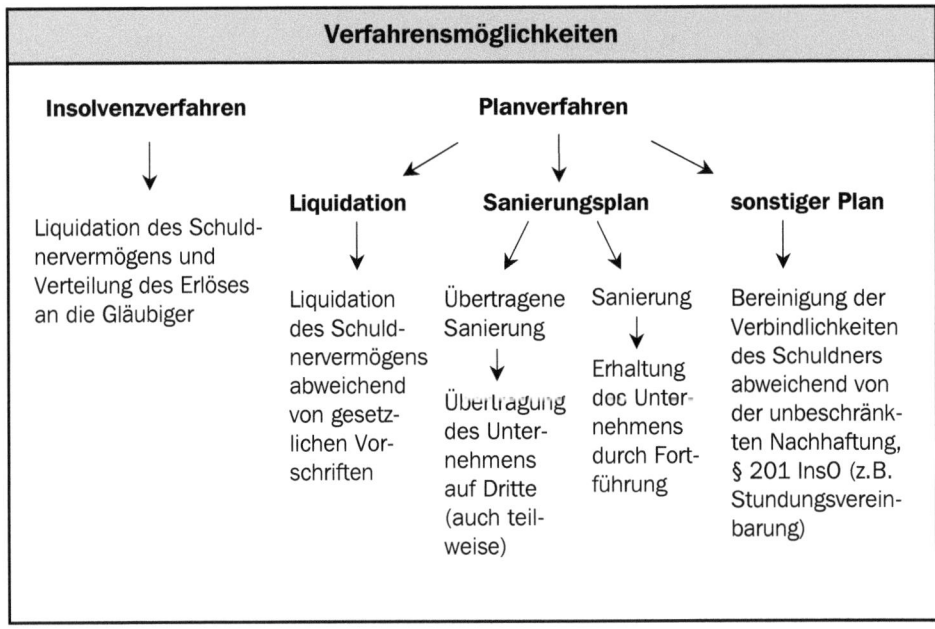

Wie immer, bieten sich auch im Rahmen eines außergerichtlichen Vergleichs bestimmte Muster an, die in einen Vergleichsvertrag einfließen.

Dabei kommen diese einzelnen Varianten regelmäßig nicht in reiner Form vor, sondern in Kombination untereinander.

Es bietet sich ein außergerichtlicher Vergleich in Form eines Stundungs- und Ratenvergleichs (Moratorium) an oder ein Erlassvergleich (Quotenvergleich) mit oder ohne Nachzahlungsversprechen.

<small>Moratorium</small>
<small>Quotenvergleich</small>

In Betracht kommt weiter ein Eventualvergleich, bei dem der Schuldner mehrere Vergleichsmöglichkeiten in einem Vergleichsvorschlag niederlegt und sich vorbehält, nach der Entwicklung seiner Vermögensverhältnisse zu entscheiden.

<small>Eventualvergleich</small>

Überlässt der Schuldner seinen Gläubigern die Möglichkeit, unter verschiedenen Vorschlägen zu wählen, spricht man von einem Wahlvergleich.

<small>Wahlvergleich</small>

Denkbar ist auch ein Teilvergleich, bei dem der Schuldner nur mit einem Teil der Gläubiger eine Vergleichsvereinbarung trifft. Auf diese Art und Weise kann man bestimmte Gläubigergruppen voneinander trennen und Handlungsspielraum gewinnen.

<small>Teilvergleich</small>

2.1. Stufenvergleich

Bei dem Stufenvergleich handelt es sich um eine besondere Art des Erlassvergleichs. Hierbei wird nicht allen Gläubigern dieselbe Quote zur Erfüllung angeboten. Zumeist erhalten die Kleingläubiger eine höhere Quote oder werden in vollem Umfang befriedigt, während die Großgläubiger niedrigere Quoten erhalten.

<small>Unterschiedliche Quotierung</small>

Möglich ist auch, dass die Höhe der Quote degressiv von der Höhe der Forderung abhängt bzw. mehrere Zahlungsziele angeboten werden, wobei auf den früheren Teil eine geringere Quote entfällt als auf die späteren Termine.

2.2. Treuhandvergleich

Aus Kostengründen kann der Schuldner selbst die Verhandlungen mit seinen Gläubigern mit dem Ziel eines Vergleichsabschlusses führen. Zur Verbesserung des »Verhandlungsklimas« bietet sich jedoch meist an, die Verhandlungen von einem Außenstehenden führen zu lassen, der sowohl das Vertrauen des Unternehmers als auch der Gläubiger genießt. Der Treuhandvertrag wird üblicherweise zwischen dem Schuldner und dem Treuhänder als ein Vertrag zugunsten Dritter (Gläubiger) abgeschlossen.

<small>§ 328 ff. BGB</small>

Außergerichtlicher Vergleich

Treuhandvertrag ist Geschäftsbesorgungsvertrag i.S.d. § 675 BGB.

Die in einem solchen Falle gebotene Einschaltung eines Treuhänders soll die Gewähr bieten, dass es im Zuge der Durchführung des Vergleichsverfahrens nicht zu Unredlichkeiten seitens der Beteiligten kommt.

Im Rahmen bestehender Treuhand sind zwei Alternativen denkbar:

Echte Treuhand

- Zum einen kann das Unternehmen alle zur Erfüllung des Vergleichs vorgesehenen Vermögenswerte auf den Treuhänder übertragen (echte Treuhand).

Unechte Treuhand

- Zum anderen kann die Treuhand auch ohne Vermögensübertragung begründet werden (unechte Treuhand). In diesem Fall beschränkt sich die Funktion des Treuhänders auf die Verwaltung und Verwertung des Schuldnervermögens entweder im Namen des Unternehmens oder auch in eigenem Namen.

Denkbar ist auch die Vereinbarung einer Treuhandklausel zwischen Unternehmen und Gläubigern. Hierbei wird das Unternehmen von den Gläubigern zur Einschaltung eines Treuhänders verpflichtet.

2.3. Liquidationsvergleich

Inhalt des Liquidationsvergleichs ist, das noch vorhandene Unternehmensvermögen auf bestmögliche Art und Weise zu verwerten und dann den Gläubigern zur – regelmäßig teilweisen – Befriedigung ihrer Forderungen zu überlassen.

Das Risiko der Verwertung tragen in diesem Fall allein die Gläubiger.

Teilerlassvergleich ist für Gläubiger selten interessant.

Es handelt sich um einen Teilerlassvergleich mit Stundungsabrede, der abgewickelt wird durch einen Treuhänder in Form der echten Treuhandschaft.

Bei dieser Art des Vergleichs erlischt die Gläubigerforderung mit der Übertragung des Vermögens auf den Treuhänder.

2.4. Sanierungsvergleich

Inhalt des Sanierungsvergleichs ist die Erhaltung des Unternehmens, um in einer späteren Phase entweder eine volle oder wenigstens eine möglichst hohe Befriedigung der Gläubigerforderungen zu erhalten.

2.5. Beteiligungsvergleiche

Lässt sich das Not leidende Unternehmen nicht mehr durch interne oder externe Sanierung retten, so bleibt neben der Möglichkeit der Liquidation noch die Möglichkeit, das Unternehmen neu zu strukturieren oder auf ein bestehendes oder neu zu begründendes anderes Unternehmen zu übertragen. Dies kann in unterschiedlicher Form geschehen.

Hierbei bleibt das Not leidende Unternehmen rechtsidentisch mit der Sanierungsgesellschaft. Eine Sanierungsgesellschaft »entsteht« regelmäßig durch Aufnahme neuer Gesellschafter in das Krisenunternehmen oder durch Gesamtrechtsnachfolge im Wege der Fusion, Umwandlung oder Anwachsung.

<small>Sanierungsgesellschaft</small>

Handelt es sich bei dem zu sanierenden Unternehmen um eine Personengesellschaft, haften die neu eintretenden Gesellschafter für Alt- und Neuschulden mit ihrem gesamten Vermögen, was ein erhebliches Risiko darstellt und für die Kreditwirtschaft kaum in Betracht kommt.

Bei anderen Gesellschaften wird regelmäßig die Einlage »durch die offene Forderung«, erbracht, d.h. der Neugläubiger rechnet mit seiner Forderung gegenüber der Einlageforderung auf. Das ist dann zulässig, wenn die Aufrechnungsforderung fällig, unbestritten und insbesondere vollwertig ist. Ist die Aufrechnungsforderung nicht vollwertig, läuft der Neugläubiger Gefahr, im Falle der Insolvenz die Differenz zwischen Nennwert und tatsächlichem Wert auf die Einlage nachentrichten zu müssen.

<small>Aufrechnungsforderung</small>

Anders als bei der Sanierungsgesellschaft handelt es sich bei der Auffanggesellschaft um eine rechtlich neue Gesellschaft, die dann das Krisenunternehmen mit Anlage- und Umlaufvermögen entweder aus der Insolvenz oder schon vorher zum Zerschlagungswert übernimmt. Dies kann im Einzelfall billiger sein, als Geldbeträge in Form kapitalersetzender Darlehen in das Not leidende Unternehmen selbst einzubringen.

<small>Auffanggesellschaft</small>

Man unterscheidet die echte und die unechte Auffanggesellschaft:

- **Die echte Auffanggesellschaft**

Als echte Auffanggesellschaft bezeichnet man eine auf Zeit angelegte, rechtlich selbstständige Gesellschaft, die von den Gläubigern und / oder von Dritten mit dem Ziel gegründet wird, sanierungsbedürftige und sanierfähige Schuldnerunternehmen durch diese objektiv geeignete Maßnahme aufgrund eines Pacht- oder Treuhandvertrages bis zur nachhaltigen Gesundung oder optimalen Verwertung weiterzuführen, damit aus den erzielten Gewinnen eine Schuldenbereinigung entspre-

<small>Echte Auffanggesellschaft:
• Weiterführung des Unternehmens nach Neugründung einer Gesellschaft
Unechte Auffanggesellschaft:
• Neugründung einer Gesellschaft ohne Schuldenübernahme</small>

chend einer vergleichsweise mit den Gläubigern getroffenen Vereinbarung ermöglicht wird.

Durch die geschlossenen Pacht- oder Treuhandverträge werden alle Nachteile einer echten Übernahme oder Umwandlung, wie z.B. Notariats- oder Gerichtsgebühren, Umsatzsteuer, Grunderwerbssteuer sowie Formerfordernisse vermieden. In jedem Falle greifen im Falle der Übernahme des Betriebes die Haftungsvorschriften der §§ 613 a BGB, 25 HGB ein.

§ 613a Abs. 1, 2 BGB	**Rechte und Pflichten bei Betriebsübergang**

(1) Geht ein Betrieb oder Betriebsteil durch Rechtsgeschäft auf einen anderen Inhaber über, so tritt dieser in die Rechte und Pflichten aus den im Zeitpunkt des Übergangs bestehenden Arbeitsverhältnissen ein. Sind diese Rechte und Pflichten durch Rechtsnormen eines Tarifvertrags oder durch eine Betriebsvereinbarung geregelt, so werden sie Inhalt des Arbeitsverhältnisses zwischen dem neuen Inhaber und dem Arbeitnehmer und dürfen nicht vor Ablauf eines Jahres nach dem Zeitpunkt des Übergangs zum Nachteil des Arbeitnehmers geändert werden. Satz 2 gilt nicht, wenn die Rechte und Pflichten bei dem neuen Inhaber durch Rechtsnormen eines anderen Tarifvertrags oder durch eine andere Betriebsvereinbarung geregelt werden. Vor Ablauf der Frist nach Satz 2 können die Rechte und Pflichten geändert werden, wenn der Tarifvertrag oder die Betriebsvereinbarung nicht mehr gilt oder bei fehlender beiderseitiger Tarifgebundenheit im Geltungsbereich eines anderen Tarifvertrags dessen Anwendung zwischen dem neuen Inhaber und dem Arbeitnehmer vereinbart wird.

(2) Der bisherige Arbeitgeber haftet neben dem neuen Inhaber für Verpflichtungen nach Absatz 1, soweit sie vor dem Zeitpunkt des Übergangs entstanden sind und vor Ablauf von einem Jahr nach diesem Zeitpunkt fällig werden, als Gesamtschuldner. Werden solche Verpflichtungen nach dem Zeitpunkt des Übergangs fällig, so haftet der bisherige Arbeitgeber für sie jedoch nur in dem Umfang, der dem im Zeitpunkt des Übergangs abgelaufenen Teil ihres Bemessungszeitraums entspricht.

§ 613 a BGB findet dann Anwendung, wenn ein Not leidendes Unternehmen auf Veranlassung seiner Gläubiger die Abwicklung seiner laufenden Geschäfte einer Auffanggesellschaft überlässt, die zu diesem Zweck treuhänderisch und befristet alle wesentlichen Betriebsmittel übernimmt.

Außergerichtlicher Vergleich 161

FORTFÜHRUNG DER FIRMA

Haftung des Erwerbers bei Firmenfortführung § 25 HGB

(1) Wer ein unter Lebenden erworbenes Handelsgeschäft unter der bisherigen Firma mit oder ohne Beifügung eines das Nachfolgeverhältnis andeutenden Zusatzes fortführt, haftet für alle im Betrieb des Geschäfts begründeten Verbindlichkeiten des früheren Inhabers. Die in dem Betrieb begründeten Forderungen gelten den Schuldnern gegenüber als auf den Erwerber übergegangen, falls der bisherige Inhaber oder seine Erben in die Fortführung der Firma gewilligt haben.

(2) Eine abweichende Vereinbarung ist einem Dritten gegenüber nur wirksam, wenn sie in das Handelsregister eingetragen und bekanntgemacht oder von dem Erwerber oder dem Veräußerer dem Dritten mitgeteilt worden ist.

(3) Wird die Firma nicht fortgeführt, so haftet der Erwerber eines Handelsgeschäfts für die früheren Geschäftsverbindlichkeiten nur, wenn ein besonderer Verpflichtungsgrund vorliegt, insbesondere wenn die Übernahme der Verbindlichkeiten in handelsüblicher Weise von dem Erwerber bekanntgemacht worden ist.

Nach § 25 Abs. 1 S. 1 HGB haftet die Auffanggesellschaft für alle Verbindlichkeiten des früheren Inhabers, es sei denn, es ist eine anderweitige Vereinbarung getroffen worden, die entweder in das Handelsregister eingetragen und bekannt gemacht worden ist oder sonst Dritten mitgeteilt worden ist, § 25 Abs. 2 HGB.

- **Die unechte Auffanggesellschaft**

Eine unechte Auffanggesellschaft ist gegeben, wenn eine vom Gläubiger und/oder Dritten gegründete und rechtlich selbstständige Gesellschaft das Vermögen der Not leidenden Unternehmung käuflich erwirbt, ohne gleichzeitig auch die Schulden zu übernehmen. Entspricht der vereinbarte Kaufpreis dem tatsächlichen Wert des Unternehmens, kommt eine Übernahmehaftung nach § 25 HGB ebenso wenig in Betracht wie eine Insolvenzanfechtung nach den §§ 129 ff. InsO (kongruente Deckung).

Das Personal ist zu übernehmen.

Nicht ausgeschlossen werden kann allerdings die zwingende Regelung des § 613 a BGB.

3. Das außergerichtliche Vergleichsverfahren

3.1. Vorbereitungen

Wie bei jeder Sanierung hat primär die Erstellung eines Vermögensstatus zu erfolgen. Ohne einen solchen Status steht jeder spätere Vergleichsvorschlag und auch die Überlegung, wie das Verfahren durchzuführen ist, auf unsolider Basis.

In eine Vermögensübersicht ist das gesamte den Gläubigern haftende Vermögen aufzunehmen, einschließlich bestellter Sicherheiten, Außenstände und deren Bewertung.

Was für die Aktiva gilt, muss auch für die vorliegenden Passiva gelten.

Um einen Überblick zu erhalten, wer an dem Vergleich beteiligt ist bzw. gegen wen noch Ansprüche geltend gemacht werden können, ist darüber hinaus die Aufstellung eines Gläubiger- und Schuldnerverzeichnisses erforderlich.

Frühzeitige Zielfestlegung

Weiterhin muss sich das Schuldnerunternehmen darüber schlüssig werden, mit welcher Zielsetzung es das Vergleichsverfahren betreiben will. Will es seinen Geschäftsbetrieb aufgeben, bietet sich das Liquidationsverfahren an, will es auch künftig am Markt tätig sein, kommt der Sanierungsvergleich in Betracht.

3.2. Die Durchführung des Vergleichsverfahrens

Im Sanierungsfalle sind zunächst einmal die vorhandenen Gläubiger von dem beabsichtigten Verfahren zu unterrichten.

Dabei ist es unumgänglich, sie über die reale wirtschaftliche Lage des Unternehmens rückhaltlos aufzuklären. Geschieht dies nicht in wahrheitsgemäßer Form, macht dies den späteren Vergleich anfechtbar und kann zu Regressansprüchen führen.

Vermeidung von Anfechtungsgründen

Soweit möglich, sollte von vornherein ein konkreter Vergleichsvorschlag gemacht werden, damit die betroffenen Gläubiger einen Überblick über den Forderungsstand erhalten.

Zudem sind die Gläubiger – wie im gerichtlichen Insolvenzverfahren – aufzufordern, ihre Ansprüche anzumelden unter gleichzeitiger Angabe, welche Sicherheiten ihnen zur Verfügung stehen.

Geht eine Forderungsanmeldung eines Gläubigers ein, wird das Unternehmen zu prüfen haben, ob diese Forderung berechtigt ist. Bestätigt es die Berechtigung, stellt dies ein deklaratorisches Schuldanerkenntnis dar, was zur Folge hat, dass alle bis dahin bekannten Einwendungen und Einreden gegen die Forderung ausgeschlossen sind.

§ 781 BGB

3.3. Sicherheiten

Unter derartigen Sonderrechten sollen hier bestehende Sicherheiten verstanden werden, insbesondere solche, die im gerichtlichen Insolvenzverfahren zu Aus- oder Absonderungsrechten führen würden.

Diese müssten zwar – sofern ihre Sicherheiten die Forderungen voll abdecken – nicht unbedingt an einem außergerichtlichen Vergleich teilnehmen, zweckmäßig ist dies gleichwohl, weil gerade sie es sind, denen in aller Regel Einbußen abverlangt werden.

Dass hierzu wirtschaftliche Anreize geboten werden müssen, versteht sich von selbst. Niemand beteiligt sich freiwillig an einer für ihn ungünstigen Regelung, wenn er sich nicht letztlich irgendwelche Vorteile, und sei es die Fortsetzung der Geschäftsbeziehung, davon verspricht.

Für den Lieferanten, der unter verlängertem Eigentumsvorbehalt geliefert hat, ist dies schon deshalb interessant, weil er nicht darauf angewiesen ist, die gelieferten Waren zurückzunehmen und damit auf den kalkulierten Gewinn zu verzichten, sondern vielmehr abwarten kann, bis er nach Produktion und Veräußerung der Fertigwaren seinen vollen Kaufpreis einschließlich Gewinn erhält.

Außergerichtlicher Vergleich

Die Bildung von Sicherheitspools hat sich bewährt.

Die Bildung von Sicherheitspools bietet sich zum einen an, um Beweisschwierigkeiten zu vermeiden, im Sanierungsvergleichsverfahren verschaffen sie unter Umständen auch wirtschaftliche Vorteile.

Wird ein Unternehmen produzierend tätig, beziehen sich die Sicherheiten auf diese Gegenstände, nämlich die Halb- und Fertigprodukte. Hieran haben die Kreditinstitute regelmäßig Anteil in Form von Sicherungsübereignungen. Die aus dem Verkauf der Fertigprodukte sich ergebenen Kaufpreisforderungen unterliegen der Sicherungsabtretung oder Globalzession. Die Lieferanten dieser Produkte liefern heute ausschließlich unter Eigentumsvorbehalt, gestatten die Weiterverarbeitung und den Verkauf, bedingen sich aber ebenfalls eine Zession aus.

Da zudem häufig Fertigprodukte aus mehreren Grundstoffen bestehen, die von verschiedenen Lieferanten geliefert wurden, bestehen häufig im Falle der Verarbeitung Schwierigkeiten, die Rechte der einzelnen Gläubiger richtig einzuordnen und auseinander zu halten.

Gründung einer BGB-Gesellschaft, in die Sicherheiten eingebracht werden können

Diese Beweisschwierigkeiten können die Gläubiger umgehen, wenn sie ihre bestehenden oder möglicherweise bestehenden Sicherheiten in eine Gesellschaft bürgerlichen Rechts einbringen, die die Chance bietet, ein einheitliches Verwaltungs- und Verwertungsverfahren durchzuführen. Statt in langwierigen Einzelrechtsstreitigkeiten ihre Rechte durchsetzen zu müssen, erhalten die Gläubiger kraft Vereinbarung einen bestimmten Anteil an der Pool-Gesellschaft.

Die Pool-Mitglieder können dann die Ihnen zur Verfügung stehenden Sicherheiten vom Unternehmen oder vom Treuhänder herausverlangen und dann einer Verwertung zuführen. Allerdings wirkt die Pool-Vereinbarung nur zwischen den dem Pool beigetretenen Mitgliedern. Ein Herausgabeanspruch scheidet dann aus, wenn noch Rechte Dritter bestehen, die dem Pool nicht beigetreten sind.

In rechtlicher Hinsicht bestehen gegen eine Sicherheiten-Pool-Vereinbarung dann keine Bedenken, wenn die einzelnen Sicherungsrechte als genügend bestimmbar angesehen werden können und durchsetzbar wären, und die Pool-Vereinbarung nur zu dem Zweck der Ausräumung tatsächlicher Beweisschwierigkeiten geschlossen wird.

Pool-Bildung bietet wirtschaftliche Vorteile.

Wirtschaftlich gesehen bietet die Pool-Bildung den Vorteil, dass die an das Unternehmen veräußerten Halbfertigwaren, Rohstoffe etc. weiterbearbeitet werden können, was ihren Wert steigert, so dass damit zu rechnen ist, dass ein höherer Preis am Markt zu erzielen ist. Untereinander setzen sich die Pool-Gläubiger in Anwendung der Regeln der §§ 749 ff. BGB auseinander. Nach Abzug der Verwaltungskosten wird der erzielte Erlös nach dem vorher vereinbarten Schlüssel unter die Gläubiger verteilt.

Der eigentliche außergerichtliche Vergleich stellt eine vertragliche Abrede dar, die an § 779 BGB zu messen ist.

> **Begriff des Vergleiches, Irrtum über die Vergleichsgrundlage** § 779 BGB
>
> (1) Ein Vertrag, durch den der Streit oder die Ungewißheit der Parteien über ein Rechtsverhältnis im Wege gegenseitigen Nachgebens beseitigt wird (Vergleich), ist unwirksam, wenn der nach dem Inhalt des Vertrags als feststehend zugrunde gelegte Sachverhalt der Wirklichkeit nicht entspricht und der Streit oder die Ungewißheit bei Kenntnis der Sachlage nicht entstanden sein würde.
>
> (2) Der Ungewißheit über ein Rechtsverhältnis steht es gleich, wenn die Verwirklichung eines Anspruchs unsicher ist.

Vor Abschluss des Vergleichs verbindet die beteiligten Gläubiger das gemeinsame wirtschaftliche Ziel, eine rechtliche Bindung besteht noch nicht. Erst mit Abschluss des Vergleichs kann eine Rechtsgemeinschaft zwischen den Gläubigern, die sich am Vergleich beteiligt haben, entstehen.

Dies geschieht jedoch noch nicht dadurch, dass einzelne isolierte Verträge zwischen dem Krisenunternehmen und den Gläubigern geschlossen werden, von dem Entstehen einer BGB-Gesellschaft kann erst dann ausgegangen werden, wenn die Gläubiger ihre gemeinsame Willensbildung in irgendeiner Form nach außen hin dokumentieren, etwa durch eine als konstitutiven Akt zu wertende Gläubigerversammlung. Kommt es zu einem solchen Gründungsakt nicht, stellt der außergerichtliche Vergleich nichts anderes dar als eine Summe von Einzelverträgen, die allerdings durch das gemeinsame Ziel eine gewisse Verknüpfung erfahren.

Diese Unterscheidung spielt eine Rolle dafür, in welcher Weise später nach Vergleichsabschluss einzelne Gläubiger eventuell gegen diesen Vergleich vorgehen wollen. Handelt es sich um Einzelverträge, kann dies jeder einzelne Gläubiger für sich tun, besteht eine BGB-Gesellschaft, können dies nur alle Gesellschafter gemeinsam vornehmen.

Erörtert worden ist vielfach, ob auch der außergerichtliche Vergleich vom Grundsatz der Gleichbehandlung getragen wird. Hierbei ist zu differenzieren: Sicherlich geht jeder Gläubiger davon aus, dass alle Gläubiger nur das erhalten, was ihnen im Vergleichsangebot vorgeschlagen worden ist.

Der Gleichbehandlungsgrundsatz spielt beim Insolvenzplan eine erhebliche Rolle, § 226 InsO.

Dies bedeutet jedoch noch nicht, dass das Vergleichsangebot selbst keine Unterschiede hinsichtlich der quotenmäßigen Befriedigung der einzelnen Gläubiger oder Gläubigergruppen machen darf.

Der Gleichbehandlungsgrundsatz spielt aber dann eine Rolle, wenn insgeheim einem am Vergleich beteiligten Gläubiger für den Beitritt eine höhere Quote als ursprünglich vorgesehen versprochen wurde, oder ob die dem Vergleich beigetretenen Gläubiger an dem Vergleich festgehalten werden können, wenn andere Gläubiger wider Erwarten nicht beitreten.

Konsensbildung der Gläubiger erforderlich

Häufig droht die Gefahr, dass bestimmte Gläubiger dem außergerichtlichen Vergleich nicht beitreten wollen, weil ihnen die zugedachte Quote als nicht ausreichend erscheint. Dann liegt es nahe, zur Rettung des Gesamtwerks diesen Gläubigern eine höhere Quote als ursprünglich vorgesehen zuzubilligen. Taucht eine solche Vergünstigung aber in allen Gläubigern zugänglichen Dokumenten auf, werden diese z.U. ebenfalls eine Erhöhung ihrer Quote verlangen, folglich wird ein solches Einzelversprechen heimlich vorgenommen.

§ 138 BGB

Eine solche heimliche Vorzugsbehandlung ist als nichtig anzusehen.

§ 138 BGB

Sittenwidriges Rechtsgeschäft; Wucher

(1) Ein Rechtsgeschäft, das gegen die guten Sitten verstößt, ist nichtig.

(2) Nichtig ist insbesondere ein Rechtsgeschäft, durch das jemand unter Ausbeutung der Zwangslage, der Unerfahrenheit, des Mangels an Urteilsvermögen oder der erheblichen Willensschwäche eines anderen sich oder einem Dritten für eine Leistung Vermögensvorteile versprechen oder gewähren lässt, die in einem auffälligen Missverhältnis zu der Leistung stehen.

Die Annahme sittenwidrigen Handelns rechtfertigt sich aus dem bewussten und gewollten Zusammenwirken zwischen Unternehmen und Gläubiger zum Zwecke der Täuschung der anderen Gläubiger.

Die Nichtigkeit lässt sich ebenfalls aus § 116 BGB herleiten, d.h. die Zustimmung zum außergerichtlichen Vergleich gilt als uneingeschränkt erteilt.

Ist schon eine Zahlung über die vorgesehene Quote hinaus erfolgt, kann diese nach den Grundsätzen über die ungerechtfertigte Bereicherung zurückverlangt werden zum Zwecke der gleichmäßigen Nachbefriedigung der anderen Gläubiger.

Für außergerichtlichen Vergleich ist Zustimmung aller Gläubiger erforderlich.

Grundsätzlich kommt der außergerichtliche Vergleich erst dann zustande, wenn alle von ihm erfassten Gläubiger beigetreten sind, also zugestimmt haben.

Ein Beitritt ist nur dann nicht erforderlich, wenn diese Gläubiger anderweitig Befriedigung erfahren haben, etwa durch Verwertung von Sicherheiten oder durch im Vergleich vorgesehene volle Befriedigung aus dem Schuldnervermögen, etwa bei Kleingläubigern.

Treten aber Gläubiger, deren Beitritt notwendig ist, wegen der eingerechneten Verzichtserklärungen dem Vergleich nicht bei, kann den übrigen Gläubigern nicht mehr zugemutet werden, ihrerseits am geschlossenen Vergleich festzuhalten.

Jeder außergerichtliche Vergleich ist nach Treu und Glauben und mit Rücksicht auf die Verkehrssitte dahin auszulegen, dass den Gläubigern ein Rücktrittsrecht zusteht, wenn sich die Erwartung der Gleichbehandlung entsprechend dem Vergleichsvorschlag nicht erfüllt.

§ 242 BGB
§ 157 BGB

Angesichts der rein schuldrechtlichen Konstruktion des außergerichtlichen Vergleichs dürfte außer Frage stehen, dass diese am Vergleich nicht teilnehmenden Gläubiger an den Willensentschluss der Gläubigermehrheit nicht gebunden sind.

Im Wege richterlicher Rechtsfortbildung kann eine zwangsweise Beteiligung der sog. Akkordstörer an einem außergerichtlichen Vergleich – anders als im gerichtlichen Liquidationsverfahren – nicht vorgenommen werden. Dies würde einen Verstoß gegen Art. 20 Abs. 3 GG bedeuten.

Ein geschlossener Vergleich ist unwirksam, wenn der nach dem Inhalt des Vertrages als feststehend zugrunde gelegte Sachverhalt der Wirklichkeit nicht entspricht und der Streit oder die Ungewissheit bei Kenntnis der Sachlage nicht entstanden sein würde.

§ 779 Abs. 1 BGB

Entscheidend hierfür, aus welchen Motiven die Vergleichsparteien gegenseitig nachgegeben und sich dann geeinigt haben.

Was im Vorfeld des Vergleichsabschlusses unsicher geblieben ist, kann nicht zur Unwirksamkeit führen, lediglich dann, wenn ein ganz bestimmter Sachverhalt, etwa ein Vermögensstatus als feststehend angesehen wurde, kann § 779 Abs. 1 BGB überhaupt eingreifen.

§ 779 Abs. 1 BGB

Hat das Schuldnerunternehmen im Rahmen der tatsächlichen Basis seines Vergleichsvorschlages bewusst falsche Angaben über seine Vermögensverhältnisse etc. gemacht, können die Gläubiger den geschlossenen Vergleich nicht nur über § 779 Abs. 1 BGB angreifen, sondern ihm auch wegen arglistigen Verhaltens anfechten.

§ 123 BGB

Grundsätzlich wird ein außergerichtlicher Vergleich nicht unter dem Gesichtspunkt des Wegfalls der Geschäftsgrundlage anzupassen sein oder entfallen. Da regelmäßig die Unsicherheit über das vorhandene Vermögen, die einzuziehenden Forderungen und ihre Realisierbarkeit Motiv für den Vergleichsabschluss ist, kann es schon von daher keinerlei Geschäftsgrundlage geben.

Anpassung des Vergleiches wegen Wegfalls der Geschäftsgrundlage nur eingeschränkt möglich

Denkbar wäre allerdings, wenn bestimmte künftige Vorstellungen der vertragsschließenden Parteien zur Grundlage des Vertrages gemacht und diese nicht erfüllt worden wären. Möglich scheint daher die Anwendung des Instituts des Wegfalls der Geschäftsgrundlage dann, wenn tatsächlich ein bestimmtes unternehmerisches Ziel Basis des Vergleichs geworden wäre, jedoch unmittelbar nach Vergleichsabschluss ein völlig anderer Weg gegangen worden wäre, erklärtes Ziel der Sanierung die Fortführung des Unternehmens in vorhandener Struktur gewesen wäre, sofort nach Vergleichsabschluss das Unternehmen an Dritte veräußert worden ist.

• **Schon vor Vergleichsabschluss bestehende Drittsicherheiten**

Gläubiger, die ihre Forderungen gegen das Krisenunternehmen schon vor Beginn des außergerichtlichen Vergleichsverfahrens abgesichert hatten, können, müssen aber nicht, an dem Verfahren teilnehmen.

Grundsätzlich hat der außergerichtliche Vergleich nicht die Wirkung eines Vertrages zu Lasten Dritter, so dass einem nicht am Vergleich Beteiligten gestellte Sicherheiten im Prinzip von dem Vergleich unberührt bleiben.

Anders ist dies nur bei akzessorischen Sicherheiten.

Haftung des Bürgen kann wieder aufleben.

Verringert sich im Vergleich die besicherte Forderung, reduziert sich in gleichem Maße auch die Verwertungsmöglichkeit der gegebenen Sicherheiten. Tritt der Gläubiger aus bestimmten Gründen vom außergerichtlichen Vergleich zurück, lebt die ursprüngliche Forderung allerdings wieder auf, z.B. die Haftung des Bürgen geht wieder auf den ursprünglichen Vertragsumfang.

§ 774 BGB

Wird aber der Bürge aus seiner Bürgschaft vom Gläubiger in Anspruch genommen, geht die Gläubigerforderung in Höhe der geleisteten Zahlung auf den Bürgen über. Dieser wird quasi selbst Gläubiger. Erst in diesem Falle wird er Beteiligter des Vergleichsverfahrens. Er kann allerdings schon vorher dem Gläubiger, der ihn in Anspruch nehmen will, alle Einreden aus dem Vergleich wie Stundung, Ratenzahlungen oder Erlass entgegenhalten.

§ 767 BGB

Für den am Vergleich nicht beteiligten Verpfänder gilt Ähnliches, sofern er in Ansehung des bestellten Pfandrechtes Zahlungen an den Pfandgläubiger leistet. Nach § 1225 BGB geht die Forderung auf ihn über, während das Pfandrecht nach § 1256 BGB erlischt.

Bei der Hypothek sind die §§ 1142 Abs. 1, 1143 Abs. 1 BGB einschlägig, die die gleichen Rechtsfolgen aufweisen.

Bei der Sicherungsübereignung bzw. Globalzession kann der Gläubiger seine ausbedungenen Verwertungsrechte ausüben, wenn er nicht am Vergleich teilnimmt.

Werden die Sicherheiten allerdings am Vergleichsverfahren beteiligt, erfahren sie regelmäßig Änderungen dadurch, dass der Sicherungsnehmer ganz oder teilweise auf sie verzichtet, sie fallen also in das Gesamtpaket des Vergleichs.

- **Für den Vergleich bestellte Sicherheiten**

Wie jedes andere aus wirtschaftlichen Erwägungen vorgenommene Rechtsgeschäft auch, steht und fällt der außergerichtliche Vergleich damit, dass, wenn nicht aus dem Schuldnervermögen, so doch aus dem Vermögen Dritter, Sicherheiten für das Zustandekommen und die spätere Erfüllung des Vergleichs gestellt werden.

Häufig sind daher Banken, die selbst auch wegen ihrer Kreditforderungen am Vergleich beteiligt sind, bereit, im Interesse des Vergleichsabschlusses und deren Erfüllung Sicherheiten zu stellen, wobei sich Garantie und Bürgschaft als Sicherungsmittel anbieten. Diese Sicherheiten werden aber unter der Bedingung zur Verfügung gestellt, dass es zum Vergleichsabschluss kommt. Geschieht dies nicht, wird die gegebene Sicherheit hinfällig. Tritt einer der am Vergleich beteiligten Gläubiger später vom Vergleich zurück, verliert er in seiner Person die Sicherheit, die im Übrigen aber bestehen bleibt.

3.4. Abwicklung des Vergleichs

Der Gleichbehandlungsgrundsatz gilt auch bei der späteren Abwicklung des abgeschlossenen Vergleichs.

Gleichbehandlungsgrundsatz

Das bedeutet, dass beispielsweise die Ausschüttung erwirtschafteter Erlöse gleichmäßig an alle Gläubiger zu erfolgen hat. Geschieht dies nicht, laufen die zunächst nicht bedachten Gläubiger Gefahr, mit ihren Forderungen leer auszugehen.

Wird also ausgeschüttet, muss eine Verteilung an alle Gläubiger im Verhältnis ihrer Forderungen erfolgen.

Beide Verfahren laufen parallel, d.h. liegen die gesetzlichen Insolvenzgründe vor, besteht für die entsprechenden Gesellschaftsorgane Insolvenzantragstellungspflicht.

Dabei sind die vom Gesetz vorgegebenen Fristen zu beachten, die ebenfalls unabhängig vom außergerichtlichen Vergleichsverfahren laufen.

Die am außergerichtlichen Verfahren beteiligten Gläubiger nehmen regelmäßig mit ihrer ursprünglichen Forderung am Insolvenzverfahren teil, wenn sie in dem Vergleich eine Wiederauflebensklausel aufgenommen haben. Diese bewirkt, dass gewährte Stundungen oder Ratenzahlungen oder auch Verzichtserklärungen für den Fall des Insolvenzverfahrens entfallen.

Wie allgemein üblich, endet der außergerichtliche Vergleich als schuldrechtlicher Vertrag mit seiner Erfüllung.

Dies kann dadurch erfolgen, dass der einzelne Gläubiger aus dem Bereich der Gläubigergesellschaft ausscheidet, sobald seine Forderung befriedigt worden ist.

§ 371 BGB

Nach Erfüllung des Vergleichs hat das Unternehmen nicht nur einen Anspruch auf Herausgabe erstrittener vollstreckbarer Titel, Sicherheitengeber erhalten in diesem Falle ihre Sicherheiten für den Vergleich zurück.

Allerdings kann ein Anspruch auf Freigabe von Sicherheiten schon dann entstehen, wenn eine Übersicherung eingetreten ist.

4. Wiederholungsfragen

- 1. Welche Arten von außergerichtlichem Vergleich sind möglich? Lösung S. 157
- 2. Was versteht man unter einem Treuhandvergleich? Lösung S. 158
- 3. Wer trägt das Verwertungsrisiko beim Liquidationsvergleich? Lösung S. 158
- 4. Was ist der Unterschied zwischen einer Sanierungs- und einer Auffanggesellschaft? Lösung S. 159
- 5. Welche Voraussetzungen hat das außergerichtliche Vergleichsverfahren? Lösung S. 162
- 6. Welchen Vorteil bietet eine Pool-Bildung? Lösung S. 164
- 7. Wann kommt der außergerichtliche Vergleich zustande? Lösung S. 165
- 8. Wie wird der außergerichtliche Vergleich abgewickelt? Lösung S. 169

Klausurfälle

1.	Tipps für Klausuren	174
2.	Tipps für Hausarbeiten	178
3.	Ein Fall zur Eröffnung des Insolvenzverfahrens	180
4.	Ein Fall aus dem Insolvenzanfechtungsverfahren	185

1. Tipps für Klausuren

Bereits in der Einführung dieses Buches wurden die wichtigsten Schritte zur erfolgreichen Fallbearbeitung dargestellt. In einer Klausur oder Hausarbeit kommen aber noch weitere Schwierigkeiten dazu. Folgende Prämisse ist dabei zu beachten: Treffende Antworten ordentlich und in der knappen Zeit zu Papier zu bringen.

Treffende Antworten: Um eine erfreuliche Note zu erlangen, ist die Fähigkeit erforderlich, den vorhandenen juristischen Sachverstand in geeigneter Weise umzusetzen. Auch enzyklopädisches Wissen garantiert keinen Erfolg, vielmehr wird die Transferleistung honoriert. Die Honorarausschüttung übernimmt der Korrektor. Infolge dessen sollte man das zu Papier bringen, was er vermutlich positiv bewerten wird – nicht mehr und nicht weniger. Positiv bewerten wird er nur das juristische Know-how, welches aufgrund des vorgegebenen Falles gefordert ist, nicht dagegen ungefragtes Lehrbuchwissen.

Ordentliche Form: Der Korrektor wird immer – zumindest unterbewusst – von der äußeren Form beeinflusst. Dem sollte hinreichend Rechnung getragen werden.

Tempo: Gerade in Klausuren herrscht erheblicher Zeitdruck. Damit ist präzises, aber auch schnelles Arbeiten gefordert. Jeder wird im Laufe der Zeit seine eigenen Methoden entwickeln. Die folgenden Hinweise sind als erste Orientierung gedacht.

Erfassen des Sachverhaltes

Der Schlüssel zur guten Klausur ist die wirkliche Durchdringung des Sachverhaltes, die nur durch mehrfaches, analytisches Lesen möglich ist. Gehen Sie davon aus, dass alle Sachverhaltsangaben wichtig sind, auch wenn sie auf den ersten Blick unbedeutend erscheinen.

Bei zivilrechtlichen Arbeiten sind meistens mehrere Personen im Spiel. Um die Übersicht nicht zu verlieren, empfiehlt es sich, die rechtlichen Beziehungen der Personen untereinander zu skizzieren. Die Namen der Personen kürzt man mit ihrem Anfangsbuchstaben ab. Die rechtlichen Beziehungen symbolisiert man mit den einschlägigen Paragraphen. Ereignisse zu verschiedenen Zeitpunkten listet man in einer Zeittafel auf.

Bearbeitervermerk

Jetzt kann zur Lösung des Falles geschritten werden, wobei der Befolgung des Bearbeitervermerkes höchste Priorität einzuräumen ist. Beantworten Sie wirklich nur das, was gefragt ist. Sehr häufig gibt der Bearbeitervermerk Hilfestellungen, in dem die einzelnen Fragen schon eine Grobgliederung vorzeichnen. Deshalb sollte auch nicht von der Reihenfolge der Beantwortung der Fragen abgewichen werden, außer, es ist zugelassen oder es besteht offensichtlich kein Zusammenhang zwischen den Fragen.

Lösungsskizze

Die zentrale Frage heißt meistens: »Wie hat das Gericht zu entscheiden?« Damit muss man sich auf die Suche nach Zulässigkeitsnormen und möglichen Anspruchsgrundlagen machen. Suchen Sie nach allen rechtlich erwägenswerten Anspruchsgrundlagen, auch wenn sie wirtschaftlich gesehen zunächst untergeordnet erscheinen. Ordnen Sie die für das materielle Recht in Frage kommenden Anspruchsgrundlagen nach vertraglichen, dann vertragsähnlichen, dann außervertraglichen Ansprüchen.

Während dieser »Orientierungsphase« sollten Sie bereits einen Blick auf die in Frage kommenden Gegennormen und Definitionsnormen werfen.

Es folgt die eigentliche Subsumtion, deren Qualität Ihnen besonders am Herzen liegen sollte. Zu prüfen ist danach, ob sich alle gesetzlichen Voraussetzungen der anzuwendenden Norm im Sachverhalt wieder finden. Nur wenn alle Voraussetzungen tatsächlich erfüllt sind, können Sie die Rechtsfolge bejahen.

Das Hin- und Hergeblätter in der InsO ist zeitintensiv; schnelles Arbeiten ist daher ein Schlüssel zum Erfolg. Ein gewisser Zeitdruck für die Falllösung ist von den Prüfungsstellern beabsichtigt, um die Spreu vom Weizen zu trennen. Deshalb sollte das Blättern möglichst überflüssig werden.

Markieren Sie sich die wichtigsten Paragraphen der InsO-Textausgabe vorab durch Registeretiketten und »beschildern« Sie die in der konkreten Klausur immer wieder benötigten Stellen mit Klebezetteln.

Kontrolllesen: Bevor Sie mit der Niederschrift starten, sollten Sie mit der Lösungsskizze im Hinterkopf noch einmal den Sachverhalt durchlesen. Denn nun, nach der juristischen Aufbereitung des Falles, wird so manches klarer, oder es zeigt, dass vermeintliche Nebensächlichkeiten doch eine tiefere Bedeutung haben. Möglich ist auch, dass Sie Probleme übersehen haben. Das jetzige Durchlesen sollte auch der Kontrolle dienen, ob Sie jede Sachverhaltsinformation in der Lösungsskizze untergebracht haben.

Vergegenwärtigen Sie sich, dass der Klausurersteller alles mit Hintersinn konstruiert hat. Es gilt das »Echoprinzip« – jedes Stück Sachverhalt muss juristisch Sinn machen und sich in der Lösung wieder finden.

Gliederung

Hat man den Fall gedanklich gelöst, kann die Gliederung erstellt werden, die essentiell für die Qualität der Arbeit ist. Alles, was später aufs Papier gebracht wird, kann nur so gut sein, wie die Gliederung es vorgibt. Die Gliederung ist zwingende Voraussetzung für ein strukturiertes Vorgehen, das in Jura so unerlässlich ist. Die Gliederung in juristischen Arbeiten richtet sich im Allgemeinen nach folgendem Muster:

. Teil..
  A. ....
    I. ....
      1. ....
        a) ....
          aa) ....
            (1) ....
              (a) ....
                (aa) ....
                  (aaa) ....

Niederschrift

Nach einem Drittel der Arbeitszeit sollten die Lösungsskizze und die Gliederung stehen. Jetzt empfiehlt es sich, mit der Niederschrift zu beginnen. Peilen Sie auf alle Fälle diese Zeiteinteilung an! Abstriche in Richtung auf einen späteren »Schreibstart« stellen sich meist von ganz alleine ein. Zu vermeiden ist jedenfalls das Ärgernis, die Klausur vorzüglich gelöst und durchdacht zu haben, aber dann nur die Hälfte hinschreiben zu können. Wenn Sie an irgendeinem Problem nicht weiterkommen, das nicht unabdingbar für die Gesamtlösung ist, schieben Sie es lieber auf. Wenn Sie die Niederschrift des Restes beendet und noch Zeit übrig haben, können Sie sich noch immer näher damit befassen.

Der Zeitdruck sollte auch bei der Ausführlichkeit der Niederschrift im Hinterkopf bleiben. Natürlich muss der Subsumtionsvorgang wiedergegeben werden, doch darf das nicht dazu führen, jede Selbstverständlichkeit auszubreiten. Wenn der Sachverhalt die Tatsache mitteilt, dass ein Kaufvertrag geschlossen wurde, soll nicht über die vorangegangenen Willenserklärungen nach §§ 145 ff. spekuliert werden. In diesen Fällen liegen die Probleme mit Gewissheit ganz woanders. Das Echoprinzip schlägt sich insoweit bei der Benotung nieder; nur die sachgemäße Gewichtung in der Klausurlösung führt zum Bestehen bzw. zu guten Noten. Darüber hinaus führt die falsche Schwerpunktbildung unweigerlich zu neuen Zeitzwängen.

Von Vorbemerkungen, welcher Art auch immer, ist grundsätzlich abzusehen. Aufbau und System einer Arbeit müssen aus sich heraus verständlich sein. Vorbemerkungen sind meist ein Zeichen dafür, dass der Verfasser die Arbeit ungenügend strukturiert hat.

»Adeln« Sie Ihre Klausur durch die Verwendung der gebotenen juristischen Terminologie und vermeiden Sie alle laienhaften Ausdrücke. Formulieren Sie knapp und präzise.

Unverzichtbar ist der Gutachtenstil: Es darf nie das Ergebnis vorweggenommen, sondern es muss im Konjunktiv darauf hingeführt werden. Andererseits sollte bei Selbstverständlichkeiten die Subsumtion auf ein Minimum reduziert werden.

Alle Behauptungen, Zwischen- und Endergebnisse sollten mit den einschlägigen Paragraphenzitaten versehen werden. Die beste Argumentation taugt nichts, wenn sie »in der Luft hängt«. Außerdem geben Sie dem Korrektor die Gelegenheit, hinter die so untermauerten Ergebnisse ein Häkchen zu machen.

Formalien

Bemühen Sie sich um eine leserliche Schrift. Die Bedeutung der äußeren Form bei Klausuren wird häufig unterschätzt, doch kann man ihren Stellenwert nicht hoch genug ansetzen. Denn ein Korrektor, der mitunter hunderte von Klausuren auf dem Schreibtisch hat, wird zunächst unterbewusst von der Form beeinflusst.

Achten Sie stets auf Übersichtlichkeit der Falllösung und stellen Sie Gliederungspunkte deutlich als Überschriften heraus. So merkt auch der Korrektor, dass die Linie stimmt und dass die Schlüsselbegriffe vorhanden sind.

Geizen Sie nicht mit den Absätzen – der Korrektor will nicht 10 oder 20 Seiten Fließtext lesen. Beschreiben Sie das Papier nur einseitig und lassen Sie ein Drittel Rand. So können Sie auf der Rückseite noch Zusätze anfügen.

Nummerieren Sie die Seiten, damit der Korrektor auch beim Auseinanderfallen der Klausur die Reihenfolge nachvollziehen kann. Insoweit ist es sinnvoll, die Klausur mit einem Schnellhefter zusammenzuklammern.

2. Tipps für Hausarbeiten

Der große Unterschied der Hausarbeit zur Klausur ist, dass der Zeitdruck nicht in diesem Maße auf dem Bearbeiter lastet. Dem müssen Sie in der Weise Rechnung tragen, dass Sie umso sorgfältiger bei der Ausarbeitung vorgehen.

Literatur

Es genügt nicht die nackte – wenn auch richtige – Lösung des Falles, gefordert sind Quellennachweise. Das bedeutet zum einen, dass auch relativ eindeutige juristische Beurteilungen mit Verweisen auf Lehrbücher, Kommentare oder Zeitschriften (z.B. Neue Juristische Wochenschrift – NJW) untermauert werden. Dabei ersetzt jedoch ein Zitat keine Begründung. Zum anderen wird man auf Probleme stoßen, die ohne Literaturstudium überhaupt nicht lösbar sind. Diese rechtlichen Klippen sind dann meistens zwischen den juristischen Fachautoren umstritten. Allerdings kann es einem auch die Sicht verbauen, wenn nach dem ersten Lesen der Angabe in die Bibliothek gestürzt wird, um Berge von Entscheidungen und Aufsätzen zu kopieren, die entweder überhaupt nichts mit dem Thema zu tun haben oder letztendlich nicht gelesen werden.

Beginnen Sie daher die Recherche nur mit dem Gesetz und eventuell mit einem Standardkommentar. In diesem Stadium werden häufig die besten Ideen entwickelt. Prüfen Sie stets, ob eine Literaturstelle den zu lösenden Fall konkret betrifft. Auch von »heißen« Ideen der Studienkollegen sollten Sie sich nicht verrückt machen lassen. Setzen Sie auf sich selbst.

Formalien

Dass Hausarbeiten mit Computer angefertigt werden, ist inzwischen üblich. Außerdem ermöglichen Textverarbeitungssysteme eine schöne Formatierung, Seitenaufteilung, Fehlerkorrektur u.v.m.

Jeder Hausarbeit sind das Deckblatt, die Gliederung und das Literaturverzeichnis voranzustellen. Das Deckblatt enthält Namen, Vornamen und Anschrift des Verfassers. Es folgt das Semester, die Bezeichnung der Übung, der Name des Dozenten etc.

Nach dem Deckblatt kommt die Gliederung. Sie sollte keine ausformulierten Sätze, aber aussagekräftige Überschriften enthalten. Der Korrektor sollte schon aus der Gliederung die Lösung in groben Zügen entnehmen können. Am rechten Rand sind die Seitenzahlen der einzelnen Gliederungspunkte anzugeben.

Auf die Gliederung folgt das Literaturverzeichnis. Es muss alle Quellen enthalten. Lehrbücher und Kommentare müssen mit Autor, Titel, Auflage, Erscheinungsort und -datum zitiert werden. Beispiel: Baumbach-Lauterbach, Zivilprozessrecht, 58. Auflage, München 2000.

Im eigentlichen Gutachten werden die dargestellten Auffassungen mit Fußnoten, die auf die Literaturquellen verweisen, belegt. Bei Kommentaren arbeiten häufig mehrere Autoren mit, so dass auch der Name des konkreten Verfassers auftauchen muss. Beispiel: Heidelberger Kommentare, Eickmann/Flessner, § 113, Rd. 4.

Die fertige Hausarbeit sollte in einem Schnellhefter abgegeben werden.

3. Ein Fall zur Eröffnung des Insolvenzverfahrens

Sachverhalt

Bauherr Rahn und (nachmaliger) Schuldner Sauer schlossen am 01.04.2002 einen Bauvertrag über die Durchführung der Rohbauarbeiten im Zusammenhang mit der Errichtung eines Wohn- und Geschäftshauses in Wesel, es wurden ein Werklohn in Höhe von 650.000,- € vereinbart.

Am 17.05.2002 stellte Sauer die Arbeiten auf der Baustelle ein. Am 16.06.2002 wurde über dessen Vermögen das Insolvenzverfahren eröffnet und Adel zum Insolvenzverwalter bestellt. Der Gesamtwert der von Sauer bis zum Zeitpunkt der Einstellung der Arbeiten erbrachten Werkleistungen beträgt – nach den Feststellungen des Sachverständigen – 100.000,- €.

Am 01.07.2002 einigen sich Rahn und Adel darauf, dass die Rohbauarbeiten, wie im Bauvertrag vom 01.04.2002 vereinbart, durchgeführt werden.

Als Adel nach Fertigstellung und Abnahme der Rohbauarbeiten am 01.10.2002 die Werklohnforderung i.H.v. 650.000,- € geltend macht, erklärt Rahn, nach Zahlung eines Betrages i.H.v. 420.000,- €, die Aufrechnung mit ihm, unstreitig, gegenüber S zustehenden Kaufpreisforderungen i.H.v. insgesamt 230.000,- € aus vor Eröffnung des Insolvenzverfahrens geschlossenen Kaufverträgen über zwei Baufahrzeuge, deren Zahlung B bis zum 01.06.2002 gestundet hatte.

Weiterhin macht er den vertraglich vereinbarten Sicherheitseinbehalt in Höhe von 5 % der Werklohnforderung geltend.

Adel nimmt Rahn auf Zahlung der Restwerklohnforderung i.H.v. 230.000,- € in Anspruch vor dem Landgericht Duisburg.

Hat die Klage Aussicht auf Erfolg?

Lösungsvorschlag

I. Zulässigkeit der Klage

Das angerufene Landgericht Duisburg ist örtlich und sachlich zuständig. Der beklagte Bauherr Rahn hat seinen allgemeinen Wohnsitz in Wesel, wofür das Landgericht Duisburg örtlich zuständig ist.

Die sachliche Zuständigkeit folgt aus § 23 Nr. 1 GVG.

Adel müsste klagebefugt sein. Er wurde durch Beschluss des Insolvenzgerichts vom 16.06.02 zum Insolvenzverwalter bestellt, in dem gleichzeitig über das Vermögen des Sauer das Insolvenzverfahren eröffnet worden war. Hierdurch ging das Recht des Sauer, das zur Insolvenzmasse gehörende Vermögen zu verwalten und hierüber zu verfügen, auf Adel gem. § 80 Abs. 1 InsO über. Daher ist Adel klagebefugt.

Sonstige Bedenken hinsichtlich der Zulässigkeitsvoraussetzungen bestehen nicht. Daher ist die Klage zulässig.

II. Begründetheit der Klage

Der von Adel geltend gemachte Anspruch auf Zahlung des Restwerklohnes ergibt sich aus §§ 631, 632 BGB. Bauherr Rahn hat gegenüber der Werklohnforderung als solcher keine Einwendungen erhoben. Daher ist davon auszugehen, dass dieser Anspruch fällig ist und die erforderliche Abnahme vorliegt.

Der Restwerklohnanspruch könnte jedoch durch die von Rahn erklärte Aufrechnung mit der Kaufpreisforderung i.H.v. 230.000,– € erloschen sein. Voraussetzung hierfür ist eine wirksame Aufrechnung.

Eine solche Aufrechnungslage könnte sich aus §§ 387 ff. BGB i.V.m. §§ 94 ff. InsO ergeben.

Die Aufrechnung setzt nach § 387 BGB voraus, dass eine fällige, durchsetzbare Forderung der B einer gleichartigen, erfüllbaren Forderung des Sauer gegenübersteht.

Hinsichtlich der Gegenseitigkeit der Forderung bestehen keine Bedenken, die Restwerklohnforderung gegen B ist auch nach Eröffnung des Insolvenzverfahrens im Vermögen des Schuldners Sauer verblieben.

Die Kaufpreisforderung der Rahn und die restliche Werklohnforderung des Sauer stehen sich, da beide auf die Leistung von Geld gerichtet sind, als gleichartige Forderungen gegenüber.

Der Werklohnanspruch des Sauer ist mit Abschluss des Werkvertrages nach § 631 Abs. 1 BGB für B erfüllbar.

Die zur Aufrechnung gestellten Kaufpreisforderungen der Rahn sind fällig, die Stundungsvereinbarung endete am 01.06.2002, und durchsetzbar.

Danach bestand eine Aufrechnungslage, § 95 Abs. 1 S. 1 InsO.

Die Aufrechnung des Rahn könnte jedoch nach § 96 Abs. 1 Nr. 1 InsO ausgeschlossen sein. Dann müsste die restliche Werklohnforderung erst nach Eröffnung des Insolvenzverfahrens schuldig geworden sein.

Die Verpflichtung des Bestellers zur Zahlung der vereinbarten Werklohnvergütung nach § 631 Abs. 1 BGB entsteht bereits mit Abschluss des Werkvertrages, ist jedoch durch die Abnahme des Werkes durch den Besteller nach § 640 Abs. 1 BGB aufschiebend bedingt, § 641 BGB.

Im Rahmen des § 96 Nr. 1 InsO ist allein maßgebend, wann die Forderung durch Abschluss des Vertrages entstanden ist, anderenfalls würde die in § 95 Abs. 1 S. 1 InsO enthaltene Regelung, wonach ein Insol-

venzgläubiger auch mit einer ursprünglich bedingten oder betagten Forderung aufrechnen kann, sobald ihre Voraussetzungen eingetreten sind, ins Gegenteil verkehrt.

Vorliegend ist somit auf den Zeitpunkt des Abschlusses des Werkvertrages am 1.4. abzustellen, so dass der Werklohnanspruch nach § 96 Nr. 1 InsO bereits vor Eröffnung des Insolvenzverfahrens entstanden ist.

Die Verpflichtung des Rahn zur Zahlung der Werklohnforderung hat jedoch nach der Rspr. des BGH durch die Eröffnung des Insolvenzverfahrens gem. § 103 Abs. 1 InsO ihre Durchsetzbarkeit, § 320 BGB, verloren. Erst durch das Erfüllungsverlangen des Insolvenzverwalters werden die Ansprüche neu begründet. Danach lässt die Erklärung des Insolvenzverwalters, er wähle Erfüllung, die gegenseitigen Erfüllungsansprüche als neue Ansprüche entstehen.

Dann müssten die Voraussetzungen des § 103 Abs. 1 InsO erfüllt sein, d.h. keine der beiden Vertragsparteien dürfte die ihr obliegende Verpflichtung vor Eröffnung des Insolvenzverfahrens vollständig erbracht haben.

Der Rahn schuldete bei Eröffnung des Insolvenzverfahrens aus dem Bauvertrag noch die gesamte Werklohnvergütung i.H.v. 650.000,- €, der Sauer hatte zu diesem Zeitpunkt erst einen Teil der aus dem Werkvertrag geschuldeten Werkleistungen erbracht. Danach hatten beide Vertragsparteien bei Eröffnung des Insolvenzverfahrens ihre Leistungspflichten noch nicht vollständig erfüllt, so dass die Voraussetzungen des § 103 Abs. 1 InsO vorliegen.

Fraglich ist jedoch, ob die Rechtsfolgen des § 103 Abs. 1 InsO sich auf die gesamten Erfüllungsansprüche der Vertragsparteien erstrecken.

Nach der Rspr. des BGH und einem Teil der Lit. erstreckt sich die Wirkung des § 103 Abs. 1 InsO nicht auf den Teil der von dem Vertragspartner geschuldeten Gegenleistung, die der vom Insolvenzschuldner vor Verfahrenseröffnung erbrachten Leistungen entspricht.

Grundgedanke des § 103 Abs. 1 InsO sei es, dass der Masse im Interesse der gleichwertigen Befriedigung aller Insolvenzgläubiger für die von ihr erbrachte Leistung auch die volle Gegenleistung zustehen solle, soweit der Insolvenzschuldner jedoch einen gegenseitigen Vertrag bereits vor Verfahrenseröffnung erfüllt habe, greife dieser Rechtsgedanke nicht ein, denn diese Leistungen müssten nicht mehr mit Mitteln der Masse erbracht werden, deshalb müsste auch die Gegenleistung nicht zum Erhalt der vollwertigen Masse eingezogen werden.

Der Auffassung ist zu folgen. Die Gegenansicht, wonach die Anwendbarkeit des § 103 Abs. 1 InsO sich auf den gesamten Erfüllungsanspruch, somit auch auf eine bereits erbrachte Teilleistung, erstreckt, ist mit dem durch die §§ 94 ff InsO bezweckten Schutz bestehender Aufrechnungslagen nicht vereinbar.

Die Masse bedarf eines derart ausgedehnten Schutzes nicht, da die bereits vor Eröffnung des Insolvenzverfahrens erbrachten Teilleistungen nicht zu ihren Lasten gehen. Für die Teilbarkeit von Bauleistungen ist grundsätzlich ausreichend, vgl. § 105 InsO, wenn sich die erbrachten Leistungen, wie vorliegend, feststellen und bewerten lassen. Es sind dieselben Grundsätze anzuwenden, wie wenn der Bauvertrag im Zeitpunkt der Insolvenzeröffnung aus wichtigem Grund gekündigt worden wäre.

Der Vergütungsanspruch des S i.H.v. 100.000,- €, der den bereits vor Verfahrenseröffnung erbrachten Teilleistungen entspricht, hat somit nach § 103 Abs. 1 InsO mit der Insolvenzeröffnung nicht seine Durchsetzbarkeit verloren, mit der Folge, dass der B im Rahmen der allgemeinen Einschränkungen der §§ 95, 96 InsO mit seiner eigenen Insolvenzforderung aufrechnen kann. § 96 Abs. 1 Nr.1 InsO steht der Aufrechnung nicht entgegen.

In Höhe von. 100.000,- € ist danach der Vergütungsanspruch des Sauer durch Aufrechnung erloschen.

Zu prüfen ist, ob der Rahn auch in Höhe der verbleibenden 130.000,- € gegen den Teil des Vergütungsanspruchs aufrechnen kann, der den nach Eröffnung des Insolvenzverfahrens erbrachten Leistungen des Sauer entspricht.

Nach § 103 Abs. 1 InsO war am 16.06.2002 der Anspruch des Sauer auf Vergütung für die noch nach Eröffnung des Insolvenzverfahrens zu erbringenden Werkleistungen i.H.v. 550.000,- € auf Grund der beiderseitigen Nichterfüllungseinrede, § 320 BGB, vorläufig nicht durchsetzbar.

Dieser Erfüllungsanspruch könnte jedoch durch die Erfüllungswahl des Insolvenzverwalters nach § 103 Abs. 1 InsO neu entstanden sein.

Am 01.07.2002 haben sich der Insolvenzverwalter und Rahn darauf geeinigt, dass die Rohbauarbeiten, wie ursprünglich vereinbart, fertig gestellt werden sollten. Der Insolvenzverwalter hat damit i.S.d. § 103 Abs. 1 InsO die Erfüllung des Bauvertrages gewählt. Der Anspruch der Sauer auf restliche Vergütung i.H.v. 550.000,- € ist somit am 01.07.2002 mit dem ursprünglichen Vertragsinhalt neu entstanden.

Zu prüfen ist danach, ob der Rahn gegen diesen Vergütungsanspruch mit seiner restlichen Kaufpreisforderung i.H.v. 130.000,- € aufrechnen kann.

Nach der Rspr. des BGH kann der Insolvenzgläubiger gegen den Erfüllungsanspruch des Insolvenzverwalters nach § 103 Abs. 1 InsO nicht mit einem vor Verfahrenseröffnung begründeten Anspruch aufrechnen, da der Insolvenzgläubiger die Erfüllung seiner Leistungsverpflichtung aufgrund des erfolgten Erfüllungsverlangens i.S.d. § 96 Abs.1 Nr. 1 InsO erst nach Eröffnung des Insolvenzverfahrens schuldig geworden ist.

Dieser Auffassung ist zu folgen, da nach der Gegenansicht der Zweck des § 103 Abs. 1 InsO in sein Gegenteil verkehrt wäre, wenn die mit Mitteln der Masse erbrachte Vertragserfüllung ihr nicht auch zugleich die geschuldete Gegenleistung zuführte, sondern einem einzelnen Insolvenzgläubiger die privilegierte Befriedigung ermöglichte. § 96 Abs.1 Nr. 1 InsO schließt danach die Aufrechnung gegen den Erfüllungsanspruch gem. § 103 Abs. 1 InsO aus.

Der Rahn ist somit die Werklohnvergütung i.H.v. 550.000,– € durch das Erfüllungsverlangen des Insolvenzverwalters erst am 01.07.2002, somit nach Eröffnung des Insolvenzverfahrens, schuldig geworden, so dass er nicht mit der ihm zustehenden restlichen Kaufpreisforderung i.H.v. 130.000,– € gegen den Vergütungsanspruch des S aufrechnen kann, § 96 Abs.1 Nr. 1 InsO.

Möglicherweise kann Bauherr Rahn den Sicherheitseinbehalt i.H.v. 5 % der Werklohnforderung mithin 32.500,– € gegenüber der Klageforderung geltend machen.

Mit der Erfüllungswahl hat der Insolvenzverwalter grundsätzlich den Vertrag so zu erfüllen, wie ihn der Insolvenzschuldner vor Insolvenzeröffnung hätte erfüllen müssen.

Alle vertraglichen Nebenpflichten des Schuldners, somit auch die Gewährleistungsverpflichtungen, werden Masseverbindlichkeiten, wie sich aus § 55 Abs. 1 Nr. 2 InsO ergibt.

Der Rahn kann danach den Sicherheitseinbehalt in Höhe von 5 % (32.500,– €) geltend machen.

Der Vergütungsanspruch des Insolvenzverwalters besteht somit, derzeit, in Höhe von 97.500,– €.

Das Landgericht Duisburg wird deshalb der Klage des Adel i.H.v. 97.500,– € stattgeben und im Übrigen die Klage abweisen. Von den Kosten des Rechtsstreits werden dem Adel 58 % und Rahn 42 % auferlegt. Das Landgericht Duisburg wird im Übrigen das Urteil für vorläufig vollstreckbar erklären.

4. Ein Fall aus dem Insolvenzanfechtungsrecht

Sachverhalt

Der Kläger Kurz ist Insolvenzverwalter in dem am 01.10.2002 über das Vermögen der Firma Förmchen GmbH (Schuldnerin) eröffnete Insolvenzverfahren. Die Schuldnerin unterhielt bei der beklagten Aurora-Bank ein Geschäftskonto. Die Beklagte bewirkte auf Grundlage einer vollstreckbaren notariellen Urkunde gegen die Schuldnerin am 15.03.2002 einen Pfändungs- und Überweisungsbeschluss über 1.000.000,– DM. Hierdurch wurden die Ansprüche der Schuldnerin aus den Kontenverbindungen zu zwei verschiedenen ortsansässigen Banken gepfändet.

Die Beklagte hatte bereits zuvor ein vorläufiges Zahlungsverbot erwirkt, das jeweils am 13.03.2002 den beiden Banken (Drittschuldnern) zugestellt worden war. Die Zustellung des Pfändungs- und Überweisungsbeschlusses erfolgte am 25.03.2002 bzw. am 08.04.2002. Am 15.04.2002 überwies eine Drittschuldnerin 80.000,– €. Die andere Drittschuldnerin überwies am 23.04.2002 17.000,– €. Die Beklagte ließ danach die Pfändung aufheben.

Am 21.06.2002 ging der Insolvenzantrag der Schuldnerin beim zuständigen Insolvenzgericht ein. Am 27.06.2002 kündigte die Beklagte ihre Geschäftsbeziehung zur Schuldnerin.

Der Kläger nimmt die Beklagte auf insolvenzrechtliche Rückgewähr in Höhe von 97.000,– € in Anspruch.

Wie wird das örtlich zuständige Landgericht entscheiden?

Lösungsvorschlag

I. Zulässigkeit der Klage

Die vor dem örtlich zuständigen Landgericht erhobene Klage müsste zulässig sein.

Bedenken hinsichtlich der Zulässigkeit könnten allenfalls bei der Klagebefugnis bestehen. Durch den Eröffnungsbeschluss vom 01.10.2002 ist gem. § 80 Abs. 1 InsO das Recht der Förmchen GmbH, das zur Insolvenzmasse gehörende Vermögen zu verwalten und darüber zu verfügen, auf Kurz übergegangen. Kurz als Insolvenzverwalter ist daher klagebefugt.

Sonstige Bedenken hinsichtlich der Zulässigkeit der Klage sind nicht ersichtlich.

II. Begründetheit der Klage

Die Klage wäre begründet, wenn die vom Insolvenzverwalter Kurz erklärte Anfechtung durchgreift.

Die vom Kläger erklärte Anfechtung könnte nach § 133 Abs. 1 InsO greifen. Dann müsste die Schuldnerin in den letzten 10 Jahren vor dem Antrag auf Eröffnung des Insolvenzverfahrens oder nach dem Antrag mit dem Vorsatz, ihre Gläubiger zu benachteiligen, eine Rechtshandlung vorgenommen haben, wobei der andere Teil zur Zeit der Handlung den Vorsatz der Schuldnerin kennen musste. Diese Vorschrift setzt daher eine Rechtshandlung der Schuldnerin voraus. Die hier angefochtenen, den Zahlungen zugrunde liegenden Vollstreckungshandlungen hat aber nicht die Schuldnerin, sondern die Beklagte als ihre Gläubigerin vorgenommen. Die Rechtshandlungen hat daher ein Dritter herbeigeführt. Eine Rechtshandlung der Schuldnerin liegt nicht vor.

Aus dem Sachverhalt ergibt sich nicht, dass ein einverständliches Zusammenwirken der Beklagten mit der Schuldnerin vorliegen könnte. Die Zwangsvollstreckung wurde ausschließlich von der Beklagten betrieben, wobei die Schuldnerin nicht mitgewirkt hat.

Die Anfechtung kann daher nicht auf § 533 Abs. 1 InsO gestützt werden.

Die Anfechtung könnte durch §§ 130, 131 InsO gerechtfertigt sein. Dann müsste die fragliche Rechtshandlung, die zu einer Gläubigerbenachteiligung im Sinne des § 129 InsO geführt haben muss, in den letzten drei Monaten vor dem Antrag auf Eröffnung des Insolvenzverfahrens gem. §§ 139, 140 InsO vorgenommen worden sein.

Hier kommen als jeweils selbstständig anfechtbare Rechtshandlungen die Vorpfändung, die Hauptpfändung und die Zahlungen seitens der Drittschuldnerin in Betracht.

Die Vorpfändung ist schon am 15.03.2002 erfolgt. Sie geschah daher außerhalb des in §§ 130, 131 InsO bezeichneten Dreimonatszeitraumes. Sie kann daher nicht erfolgreich angefochten werden.

Fraglich ist, ob die Hauptpfändung erfolgreich angefochten werden konnte. Die Hauptpfändung war im dritten Monat vor dem Eröffnungsantrag erfolgt, so dass die Beklagte durch sie allein keine insolvenzfeste Sicherung erlangt haben konnte. Möglicherweise hat jedoch die außerhalb des Dreimonatszeitraumes ausgebrachte Vorpfändung zu einer insolvenzfesten Sicherung geführt.

Es wird die Ansicht vertreten, wonach eine spätere an sich anfechtbare Rechtshandlung (Befriedigung) nicht mehr angefochten werden kann, wenn ihr eine nicht anfechtbare Rechtshandlung (Pfändung und Überweisung) vorausgegangen ist, die dem Anfechtungsgegner eine insolvenzfeste Sicherung verschafft hat. Durch die spätere Rechtshandlung würde dann die Gläubigergemeinschaft nicht mehr benachteiligt. Der Pfändungsgläubiger erhalte nur das, was ihm bereits aufgrund des Pfändungspfandrechtes zustehe. Dieser Rechtsgedanke kann dann auch auf das Verhältnis zwischen Vorpfändung und Hauptpfändung übertragen werden.

Demgegenüber wird die Auffassung vertreten, dass die für sich nicht mehr anfechtbare Vorpfändung ihre Wirkung verliert, wenn die später erfolgte Hauptpfändung erfolgreich angefochten werden könne.

Der erstgenannten und überwiegend vertretenen Auffassung ist zu folgen.

Schon durch die Vorpfändung wird dem Vermögen des späteren Schuldners ein Wert zum Nachteil der Konkursgläubiger in Höhe der Belastung entzogen. Diese Wirkung hat die Vorpfändung, wenn ihr die Hauptpfändung innerhalb der Frist des § 845 Abs. 2 ZPO rechtzeitig nachfolgt. Dies ist im vorliegenden Fall geschehen. Bei der Vorpfändung handelt es sich somit um eine tatsächliche Pfandrechtsbegründung. Nur wenn die fristgerechte Hauptpfändung in die Sperrfrist fällt, ist die Vollstreckungsmaßnahme unwirksam.

Demgegenüber vermag die in der Minderheit vertretene Meinung den Widerspruch zur Rechtsprechung, wonach die Hauptpfändung mangels Gläubigerbenachteiligung gerade nicht erfolgreich angefochten werden kann, nicht zu widerlegen. Vielmehr wird die bloße Anfechtbarkeit der Rechthandlung mit deren Unwirksamkeit gleichgesetzt. Der Unterschied zwischen einer Unwirksamkeit und bloßer Anfechtbarkeit ist durch die Schaffung der Insolvenzordnung nicht aufgegeben worden.

Namentlich verfängt der von der Literatur teilweise gewählte Ansatz, die InsO entwickle den Tatbestand des § 131 Abs. 1 Nr. 1 InsO »wertungsmäßig« mit Rücksicht auf § 88 InsO weiter, nicht. Der Gesetzgeber hat die »Rückschlagsperre« des § 88 InsO gerade nicht auf den zweiten und dritten Monat vor dem Insolvenzantrag erstreckt. Hätte er mit § 88 InsO nur das regeln wollen, was in § 131 Abs. 1 Nr. 1 InsO – voraussetzungslose Anfechtbarkeit einer durch Zwangsvollstreckung, also inkongruent erlangten Sicherung – ohnehin geregelt ist, hätte es der Vorschrift nicht bedurft. Eine rechtsähnliche Anwendung dieser Vorschrift auf weiter zurückliegende Zeiträume verbietet sich schon nach dem eindeutigen Wortlaut der Vorschrift. Es hätte dem Gesetzgeber frei gestanden, die Rückschlagsperre auch auf den zweiten und dritten Monat vor dem Insolvenzantrag zu erstrecken. Davon hat er keinen Gebrauch gemacht. Daraus folgt, dass der Gesetzgeber – wie bewährte Rechtsprechung und Rechtsmeinung bislang – bewusst den Unterschied zwischen Unwirksamkeit und bloßer Anfechtbarkeit aufrechterhalten und Rechtshandlungen, die im zweiten und dritten Monat vor dem Insolvenzantrag vorgenommen worden sind, »nur« den auch sonst geltenden Regeln der Insolvenzanfechtung unterworfen hat. Aus § 88 InsO lässt sich für diesen Zeitraum auch »wertungsmäßig« nichts gewinnen.

Da im vorliegenden Fall die Hauptpfändung nicht innerhalb der Sperrfrist des § 88 InsO erfolgte, behielt die Vorpfändung die durch § 845 Abs. 2 ZPO angeordnete Wirkung.

Gegen die vollstreckungsrechtliche Wirksamkeit der Vollstreckungsmaßnahme bestehen keine Bedenken. Die Beklagte hat daher ein insolvenzbeständiges Pfändungspfandrecht erworben, das sie in der Insolvenz zur Absonderung gem. 50 InsO berechtigt hätte. Die Hauptpfändung ist nicht nach § 88 InsO unwirksam geworden. Sie wurde vor Beginn der dort angeordneten Rückschlagsperre ausgebracht.

Das Landgericht wird daher die Klage abweisen und dem Kläger die Kosten des Rechtsstreites auferlegen sowie das Urteil für vorläufig vollstreckbar erklären.

Register

Abgesonderte Befriedigung
Vom Insolvenzverfahren losgelöste Befriedigung eines Gläubigers, der wegen einer persönlichen Forderung gegen den Schuldner durch ein dingliches Recht an einem zur Insolvenzmasse gehörenden Gegenstand gesichert ist (§§165 ff. InsO) ⇨ S. 90

ABl. EG
Amtsblatt der Europäischen Gemeinschaften ⇨ S. 26

Abschlussprüfung
Handels- und steuerrechtliche Rechnungslegung (155 InsO) ⇨ S. 66

Absonderung
Gläubiger, der wegen einer persönlichen Forderung gegen den Schuldner durch ein dingliches Recht an einem zur Insolvenzmasse gehörenden Gegenstand gesichert ist, kann eine vom Insolvenzverfahren abgesonderte Befriedigung verlangen (§§165 ff. InsO) ⇨ S. 5, 86, 90

Abtretung
Vertrag, durch den der bisherige Gläubiger eine Forderung auf einen neuen Gläubiger überträgt (§398 BGB) ⇨ S. 10, 87, 147

AG
Aktiengesellschaft ist eine handelsrechtliche Kapitalgesellschaft mit eigener Rechtspersönlichkeit, für deren Verbindlichkeiten den Gläubigern lediglich das Gesellschaftsvermögen haftet und ein in Aktien zerlegtes Grundkapital hat ⇨ S. 25

AGB
Allgemeine Geschäftsbedingungen ⇨ S. 77

AktG
Aktiengesetz ⇨ S. 25, 123

Aktiva
Alle Rechte, Forderungen und Rechtsverhältnisse, die auf Geld gehen oder einen geldwerten Inhalt haben ⇨ S. 22, 162

Aktivlegitimation
Rechtsinhaber nach materiellem Recht kann die Forderung geltend machen ⇨ S. 12

Akzessorietät
Abhängigkeit eines Sicherungsrechtes von der gesicherten Forderung (Akzessorietät der Hypothek, Bürgschaft) ⇨ S. 57, 168

Amtsgericht
Unterste Instanz der ordentlichen Gerichte, zuständig für Streitwerte bis 5.000,– Euro ⇨ S. 19

Analogie
Füllen einer Gesetzeslücke mit Hilfe der entsprechenden Anwendung einer gleichgelagerten Norm ⇨ S. 59, 63, 94

Anderkonto
Konto, das jemand im eigenen Namen treuhänderisch für einen anderen unterhält und verfügungsbefugt ist ⇨ S. 25

AnfG
Gesetz über die Anfechtung von Rechtshandlungen des Schuldners außerhalb des Insolvenzverfahrens ⇨ S. 105 ff.

Anfechtung
Schutz vor Vermögensverschiebungen durch den Schuldner ⇨ S. 5, 68, 71, 106

Anhängigkeit
Einreichung der Klageschrift bei Gericht ⇨
S.118

Anspruchsgrundlage
Rechtsnorm, die einen Anspruch zuspricht ⇨
S. 8, 175

Anwalt
Selbständiges Organ der Rechtspflege ⇨
S.14, 119, 146

Anwartschaft
Rein tatsächliche Aussicht auf einen künftigen
Rechtserwerb ⇨ S. 50, 57

AO
Abgabenordnung ⇨ S. 132

Arrest
Sicherung künftiger Vollstreckungsmaßnahmen
⇨ S. 70

Aufenthaltsort
Lebensmittelpunkt einer Prozesspartei ⇨ S. 19

Auflassungsvormerkung
Sicherung des Anspruches auf Einräumung,
Aufhebung oder inhaltliche Änderung eines
Grundstücksrechtes oder dessen Rang durch
Eintragung einer Vormerkung im Grundbuch
(§883 BGB) ⇨ S. 109, 125

Aufschiebende Bedingung
Wirkung des Rechtsgeschäftes erst mit Eintritt
der Bedingung (§158 Abs. 1 BGB) ⇨ S. 50

Aufrechnung
Rechtsgeschäft, bei dem zwei sich Gegenüber-
stehende Forderung wechselseitig getilgt werden (§§387 ff. BGB) ⇨ S. 95

Auftrag
Unentgeltliche Besorgung eines übertragenen
geschäfts (§ 662 BGB) ⇨ S. 61

Aussonderung
Anspruch auf Herausgabe außerhalb des Insol-
venzverfahrens durch die Feststellung, dass ein
Gegenstand im Besitz des Schuldners nicht zur
Insolvenzmasse gehört (§47 InsO) ⇨ S. 5, 85

Bankrott
Zahlungsunfähigkeit des Schuldners gegenüber
seinen Gläubigern ⇨ S. 123

Bargeschäft
Anfechtbarkeit eines Rechtsgeschäftes, bei
dem eine Leistung des Schuldners unmittelbar
eine gleichwertige Gegenleistung in sein Vermögen gelangt (§142 InsO) ⇨ S. 82

Bauträgervertrag
Geschäftsbesorgungsvertrag eigener Art mit
Werkvertragscharakter, in dem der Baubetreuer
sich verpflichtet, für den Bauherrn neben der
Errichtung des Hauses auch die organisatori-
sche und finanzielle Abwicklung vorzunehmen
⇨ S. 59

Berichtstermin
Gläubigerversammlung, in der auf Grundlage
eines Berichtes des Insolvenzverwalters über
den Fortgang des Verfahrens beschlossen wird
(§29 Abs. 1 Nr. 1 InsO) ⇨ S. 34

Berufung
Rechtsmittel, das gegen das Urteil der ersten
Instanz gegeben ist ⇨ S. 103

Beschlagnahme
Pfändung eines Gegenstandes in Form staatlichen Hoheitsaktes durch Vollstreckungsorgan
⇨ S. 37

Bestreiten
Entgegengesetzte Darstellung des Sachverhaltes durch eine Partei ⇨ S. 102

Betriebsübergang
Übernahme eines Betriebes oder Betriebsteils durch Rechtsgeschäft ⇨ S. 160

Bewegliche Sachen
Körperliche Gegenstände, die nicht Grundstücke oder Häuser sind (§ 90 BGB) ⇨ S. 28, 49, 59, 90

Beweis des ersten Anscheins
Eine Form des Indizienbeweises auf der Grundlage von Erfahrungssätzen ⇨ S. 79

Beweislast
Aufgabe einer Prozesspartei, die Tatsachen zu beweisen, die ihr Vorbringen tragen ⇨ S. 51, 81

BGB
Bürgerliches Gesetzbuch ⇨ S. 40, 48, 76, 79, 165

BGB-Gesellschaft
Gesellschaft des bürgerlichen Rechts ist eine auf Vertrag beruhende Vereinigung von Personen zur Förderung eines von ihnen gemeinsamen verfolgten Zwecks (§ 705 BGB) siehe auch GbR ⇨ S. 165

Bilanz
Ein das Vermögen und die Schulden gegenüberstellender Abschluss ⇨ S. 126

Briefhypothek
Regelfall der Hypothek, die durch Einigung und Übergabe des Hypothekenbriefes übertragen wird (§ 1116 BGB) ⇨ S. 49

Buchführung
Führung der Handelsbücher und Bilanzen ⇨ S. 126

Buchhypothek
Hypothek, bei der die Erteilung eines Hypothekenbriefes ausgeschlossen ist (§ 1116 BGB) ⇨ S. 49

Bürgschaft
Vertrag, durch den sich der Bürge gegenüber dem Gläubiger verpflichtet, für die Erfüllung der Verbindlichkeiten des Schuldners einzustehen (§ 765 BGB) ⇨ S. 57, 168

Bundesanzeiger
Vom Bundesjustizministerium herausgegebenes Bekanntmachungsblatt ⇨ S. 37

Bundesgerichtshof / BGH
Oberster Gerichtshof des Bundes für das Gebiet der ordentlichen Gerichtsbarkeit (Revisionsinstanz) ⇨ S. 54, 57

Bürgschaft
Vertrag, durch den sich der Bürge gegenüber dem Gläubiger verpflichtet, für die Erfüllung der Verbindlichkeiten eines Dritten (Schuldner) einzustehen, § 765 BGB ⇨ S. 57, 117, 168

Computer
Programmgesteuerte, elektronische Rechenanlage ⇨ S. 178

Dauerschuldverhältnis
Schuldverhältnis, dessen Rechte und Pflichten über einen längeren Zeitraum bestehen (vgl. Dienstvertrag, Mietvertrag) ⇨ S. 31, 56, 59

Deklaratorisch
Feststellung oder Klarstellung des Bestehens eines Rechtes oder Rechtsverhältnisses ⇨ S.52, 163

Differenzgeschäft
Abschluss eines Lieferungsvertrages mit der Absicht, bei Fälligkeit nicht zu liefern, sondern nur den Unterschied zwischen dem vereinbarten und dem Marktpreis zu erhalten ⇨ S.125

Dritter
Ein am Prozess unbeteiligter ⇨ S. 69

Drittschuldner
Der Schuldner eines Schuldners ⇨ S. 94

Drittwiderspruchsklage
Prozessuale Gestaltungsklage eines berechtigten Dritten zwecks Angriffs einer einzelnen Vollstreckungsmaßnahme (§771 ZPO) ⇨ S. 85, 107, 151

Drohende Zahlungsunfähigkeit
Schuldner ist voraussichtlich nicht in der Lage, Zahlungsverpflichtungen zu erfüllen ⇨ S. 21

Duldung
Das wissentliche und widerspruchslose Geschehenlassen eines bestimmten Vorganges ⇨ S. 109

Durchsuchung
Der Gerichtsvollzieher ist berechtigt, die Wohnung des Schuldners zu durchsuchen (§758 ZPO) ⇨ S. 38

EG
Europäische Gemeinschaft ⇨ S. 26

EGInsO
Einführungsgesetz zur Insolvenzordnung ⇨ S.31

Ehegatte
Hat ein Zeugnisverweigerungsrecht im Rechtsstreit seines Ehegatten (§383 ZPO) ⇨ S. 41

Ehesachen
Verfahren auf Scheidung, Aufhebung oder Nichtigerklärung, Feststellung des Bestehens oder Nichtbestehens einer Ehe (§§622, 632 ZPO) ⇨ S. 48

Eidesstattliche (Offenbarungs-) Versicherung
Der Schuldner hat auf Antrag des Gläubigers ein Vermögensverzeichnis zu erstellen, wenn eine Pfändung nicht zur vollständigen Befriedigung der Forderung führt (§889 ZPO) ⇨ S.111

Eidesstattliche Versicherung
Tatsachenerklärung zur Glaubhaftmachung vor allem beim vorläufigen Rechtsschutz (§294 ZPO) ⇨ S. 152

Eigentum
Umfassendes Recht zur rechtlichen und tatsächlichen Nutzung einer Sache (§§903 ff. BGB) ⇨ S. 85

Eigentümergrundschuld
Grundschuld, die dem Eigentümer des belasteten Grundstückes zusteht, wodurch Identität zwischen Gläubiger und Eigentümer des haftenden Grundstückes besteht (§1196 BGB) ⇨ S. 70

Eigentumsvorbehalt
Liegt vor, wenn die Eigentumsübertragung bei einer beweglichen Sache unter der aufschiebenden Bedingung vollständiger Kaufpreiszahlung erfolgt (§449 Abs. 1 BGB) ⇨ S. 57, 59

Einreden
Gegenrechte, die die Durchsetzbarkeit des Rechts eines anderen hindern, ohne das Recht selbst zu beseitigen ⇨ S. 69

Einstweilige Verfügung
Eine vorläufige Anordnung des Gerichts, die der Sicherung eines Anspruches oder des Rechtsfriedens dient (§§935, 940 ZPO) ⇨ S. 70, 86

Eintragung
Niederlegung eines rechtserheblichen Umstandes in einem öffentlichen Register (z.B. Grundbuch, Handelsregister) ⇨ S. 50

Einwendungen
Vorschriften, die einen Anspruch nie zum Entstehen kommen lassen oder nachträglich vernichten ⇨ S. 33

Einwilligung
Zuvor erteilte Zustimmung (§183 BGB) ⇨ S.161

Endurteil
Endgültige Entscheidung über die Klage oder ein Rechtsmittel ⇨ S. 63

Erbe
Die Person, auf die mit dem Tod des Erblassers sein Vermögen als Ganzes übergeht (§§1922 Abs. 1 BGB) ⇨ S. 39

Erbengemeinschaft
Mehrere Erben steht der gesamte Nachlass gemeinschaftlich zur gesamten Hand zu (§2032 Abs. 1 BGB) ⇨ S. 39

Erinnerung
Rechtsbehelf gegen Maßnahmen des Rechtspflegers oder Urkundsbeamten oder Gerichtsvollziehers (§766 ZPO) ⇨ S. 11 ff., 29, 33

Erledigung der Hauptsache
Verfahren wird durch ein Ereignis nach Eintritt der Rechtshängigkeit gegenstandslos (§91 a ZPO) ⇨ S. 119

Eröffnungsbeschluss
Eröffnung des Insolvenzverfahrens auf Antrag eines Gläubigers oder des Schuldners durch das Insolvenzgericht (§27 InsO) ⇨ S. 5, 34, 101

Eröffnungsgrund
Voraussetzung für die Eröffnung des Insolvenzverfahrens sind Zahlungsunfähigkeit oder Überschuldung (§§16 ff. InsO) ⇨ S. 20

Eröffnungsvermerk
Eintragung im Grundbuch über die Eröffnung des Insolvenzverfahrens (§32 InsO) ⇨ S. 50

ex nunc
Rechtliche Wirkung nur für die Zukunft ⇨ S. 106

ex tunc
Rechtliche Wirkung seit der Vergangenheit ⇨ S. 106

Fälligkeit
Zeitpunkt, von dem an der Gläubiger vom Schuldner die Erbringung der geschuldeten Leistung verlangen darf (§271 Abs. 1 BGB) ⇨ S. 21

Falllösung
Methodisches Vorgehen zur Klärung rechtlicher Problemstellungen ⇨ S. 8, 175

Feststellungsklage
Antrag auf Feststellung des Bestehens oder Nichtbestehens eines Rechts oder Rechtsverhältnisses (§56 ZPO) ⇨ S. 33, 102

Feststellungsurteil
Eine Feststellungsklage stattgebendes und alle klageabweisenden Urteile ⇨ S. 103

Finanztermingeschäft
Kaufvertrag über Waren oder Wertpapiere, die einen Börsenpreis haben ⇨ S. 58

Firma
Name des Kaufmannes, unter dem er sein Geschäft betreibt (§17 Abs. 1 HGB) ⇨ S. 34

Fixgeschäft
Rechtsgeschäft, bei dem die vereinbarte Leistung zu einem genau bestimmten Zeitpunkt oder innerhalb einer genau bestimmten Frist zu erbringen ist, wobei der zur Leistung bestimmten Zeit so wesentliche Bedeutung zukommt, dass eine Erbringung nach Verstreichen der Frist für den Gläubiger keinen Wert mehr hat ⇨ S. 58

Forderungsaufstellung
Gläubiger haben ihre Forderungen innerhalb einer bestimmten Frist beim Insolvenzverwalter anzumelden (§28 InsO) ⇨ S. 42

Formelles Recht
Verfahrensrecht ⇨ S. 4

Fragestellung
Zu beurteilende Problematik des Sachverhaltes ⇨ S. 8, 175

Funktionale Zuständigkeit
Welches Rechtspflegeorgan in ein und demselben Rechtsstreit tätig zu werden hat ⇨ S. 19

GBO
Grundbuchordnung ⇨ S. 121

GbR
Gesellschaft bürgerlichen Rechts (§§705 ff. BGB) siehe BGB-Gesellschaft ⇨ S. 164

Gegennorm
Vorschrift, die einen möglichen Anspruch vernichten oder verhindern kann ⇨ S. 175

Gemeinschuldner
Frühere Bezeichnung des Schuldners, über dessen Vermögen das Konkursverfahren eröffnet wurde ⇨ S. 64

Genehmigung
Nachträgliche Zustimmung des Berechtigten (§184 BGB) ⇨ S. 103

Gerichtsbarkeit
Ausübung der Rechtspflege (Gerichtshoheit) ⇨ S. 31

Gerichtskosten
Gebühren und Auslagen, die einem gerichtlichen Verfahren anfallen (Gerichtskostengesetz) ⇨ S. 24

Gerichtsstand
Pflicht, eine Streitsache vor das Gericht eines bestimmten Bezirkes zu bringen ⇨ S. 19

Gerichtsvollzieher
Person, die Vollstreckungsmaßnahmen hoheitlich durchführt ⇨ S. 29, 37

Gesamtschuld
Eine Schuld, die mehrere in der Weise schulden, dass jeder die ganze Leistung zu bewirken verpflichtet ist (§421 BGB) ⇨ S. 100

Gesamtvollstreckungsordnung
galt im Gebiet der ehemaligen DDR bis zum Inkrafttreten der Insolvenzordnung ⇨ S. 2

Geschäftsbesorgungsvertrag
Entgeltliche oder unentgeltliche Ausführung selbstständiger Tätigkeiten für einen anderen (§§662, 675 BGB) ⇨ S. 158

Geschäftsfähigkeit
Fähigkeit, Willenserklärung wirksam abzugeben und entgegenzunehmen (§§104 ff. BGB) ⇨ S. 48

Geschäftsführer
Gesetzlicher Vertreter einer GmbH (§35 Abs. 1 GmbHG) ⇨ S. 42, 131

Gesellschafter
Mitglied einer Gesellschaft, das aufgrund eines Gesellschaftsvertrages bestimmte Rechte und Pflichten hat ⇨ S. 67

Gesetzlicher Vertreter
Person, deren Vertretungsmacht sich aus dem Gesetz ergibt und nicht erst bevollmächtigt werden muss ⇨ S. 18

GG
Grundgesetz ⇨ S. 167

Gläubiger
Derjenige, dem ein Anspruch gegen einen anderen zusteht ⇨ S. 2 ff., 13

Gläubigerausschuss
Organ der Insolvenzgläubiger; persönliche Gläubiger, die einen zur Zeit der Eröffnung des Insolvenzverfahrens begründeten Vermögensanspruch gegen den Schuldner haben. ⇨ S. 2

Gläubigerversammlung
Organ der Insolvenzgläubiger, durch das diese ihre gemeinschaftlichen Interessen vertreten ⇨ S. 2, 65

Glaubhaftmachung
Beweisführung, die dem Gericht einen geringeren Grad von Wahrscheinlichkeit vermitteln soll als der volle Beweis (§294 ZPO) ⇨ S. 19, 22, 117

Globalzession
Abtretung sämtlicher bestehender und künftiger Forderungen des Schuldners, soweit sie hinreichend abgrenzbar sind ⇨ S. 164, 168

GmbH
Gesellschaft mit beschränkter Haftung ⇨ S. 25

GmbH & Co. KG
Kommanditgesellschaft, deren meist einzig vollhaftender Gesellschafter eine GmbH ist ⇨ S. 22

GmbHG
Gesetz betreffend die Gesellschaften mit beschränkter Haftung ⇨ S. 67

Good will
Gesamtheit aller tatsächlichen Verhältnisse und Beziehungen, insbesondere zu anderen Kaufleuten und Kunden eines kaufmännischen Unternehmens, die den Wert des Betriebes durch den Substanzwert hinaus beeinflussen ⇨ S. 22

Grundbuch
Ein vom Grundbuchamt (Amtsgericht) zugeführtes öffentliches Register, in dem alle Grundstücke des Amtsgerichtsbezirkes und die sie betreffenden Rechtsverhältnisse aufgenommen werden ⇨ S. 52, 59

Grundbuchamt
Teilung des Amtsgerichts, dem die Führung des Grundbuches obliegt ⇨ S. 50

Grundschuld
Belastung eines Grundstückes in der Weise, dass an denjenigen, zu dessen Gunsten die Belastung erfolgt, eine bestimmte Geldsumme aus dem Grundstück zu zahlen ist (§§1191 ff. BGB) ⇨ S. 48, 70, 81

Gütergemeinschaft
Grundsätzlich ist das gesamte vorhandene Vermögen der Eheleute gemeinschaftliches Vermögen beider Ehegatten (§§415 ff. BGB) ⇨ S. 41

Gutachtenstil
Formulierungsstil, bei dem das Ergebnis einer rechtlichen Bewertung erst am Ende festgestellt wird ⇨ S. 8, 15, 177

Gutgläubiger Erwerb
Eigentumserwerb vom Nichtberechtigten, wenn der Erwerber nicht bösgläubig ist oder der Gegenstand dem Berechtigten abhanden gekommen ist (§§929 ff. BGB) ⇨ S. 48

GVG
Gerichtsverfassungsgesetz ⇨ S. 180

Handelsbücher
Jeder Kaufmann ist verpflichtet nach den Grundsätzen ordnungsmäßiger Buchführung Handelsbücher zu führen, aus denen sich die Geschäftsvorfälle lückenlos ergeben (§243 HGB) ⇨ S. 123

Handelsgeschäft
Jedes Geschäft eines Kaufmannes, das zum Betrieb seines Handelsgewerbes gehört (§343 Abs. 1 HGB) ⇨ S. 126

Handelsgesellschaft
Personengesellschaften des Handelsrechts (oHG, KG) sowie Kapitalgesellschaften (GmbH, AG) ⇨ S. 18

Handelsrecht
Sonderrecht für Kaufleute, geregelt im HGB; im weiteren Sinne gehört auch das Gesellschaftsrecht dazu ⇨ S. 123, 161

Handelsregister
Öffentliches Verzeichnis beim Amtsgericht, das über die Verhältnisse der Kaufleute und Handelsgesellschaften Auskunft gibt ⇨ S. 19, 161

Hauptniederlassung
Niederlassung von der aus das gesamte Unternehmen geleitet wird ⇨ S. 19

Herausgabe
Übertragung des unmittelbaren Besitzes an einer Sache ⇨ S. 170

Herausgabetitel
Urteilsmäßige Feststellung des Bestehens des Herausgabeanspruches ⇨ S. 37

HGB
Handelsgesetzbuch ⇨ S. 66

Hypothek
Belastung eines Grundstückes in der Weise, dass gegenüber demjenigen, zu dessen Gunsten die Belastung erfolgt, wegen einer bestimmten Forderung das Grundstück haftet (§1113 BGB) ⇨ S. 90, 168

Inkongruente Deckung
Gläubiger hat auf Sicherung oder Befriedigung keinen Anspruch ⇨ S. 77

Innenverhältnis
Beziehung zwischen Rechtsanwalt und Mandant ⇨ S. 85

Insolvenz
Verfahren zur gleichmäßigen Befriedigung aller Gläubiger eines zahlungsunfähigen Schuldners ⇨ S. 2

Insolvenzanfechtung
Rechtshandlungen, die vor der Eröffnung des Insolvenzverfahrens vorgenommen wurden und die die Gläubiger benachteiligen, kann der Insolvenzverwalter anfechten (§§129 ff. InsO) ⇨ S. 68, 71

Insolvenzfähigkeit
Ein Insolvenzverfahren kann über das Vermögen jeder natürlichen und juristischen Person des Privatrechtes wie über einen Nachlass und das Gesamt einer Gütergemeinschaft eröffnet werden ⇨ S. 4, 20

Insolvenzgericht
Amtsgericht, in dessen Bezirk der Schuldner seinen allgemeinen Gerichtsstand oder seine gewerbliche Niederlassung hat ⇨ S. 19, 65

Insolvenzgläubiger
Persönliche Gläubiger, die einen zur Zeit der Eröffnung des Insolvenzverfahrens begründeten Vermögensanspruch gegen den Schuldner haben ⇨ S. 5, 12, 99

Insolvenzmasse
Gesamtes Vermögen des Schuldners zum Zeitpunkt der Eröffnung des Verfahrens ⇨ S. 64

InsO
Insolvenzverordnung ⇨ S. 6

Insolvenzplan
Von der Insolvenzordnung abweichende Regelung der Absonderungsberechtigten und Insolvenzgläubiger ⇨ S. 3, 5, 119

Insolvenzschuldner
Bezeichnung des Schuldners nach Eröffnung des Insolvenzverfahrens (§80 InsO) ⇨ S. 48

Insolvenztabelle
Jede angemeldete Forderung ist vom Insolvenzverwalter in eine Tabelle einzutragen (§175 InsO) ⇨ S. 67, 101

Insolvenzverwalter
Organ zur Durchführung eines Insolvenzverfahrens ⇨ S. 2 ff., 64

Jahresabschluss
Teil der Handelsbücher, der für ein Geschäftsjahr die Jahresabschlussbilanz umfasst ⇨ S. 23

Juristische Person
Vereinigung (Verein, Stiftung, GmbH, Aktiengesellschaft usw.) mit eigener Rechtsfähigkeit ⇨ S. 22

Justizverwaltungsakt
Anordnungen, Verfügungen und sonstige Maßnahmen von Justizbehörden auf dem Gebiet des Bürgerlichen Recht, des Zivilprozesses, der Freiwilligen Gerichtsbarkeit und der Strafrechtspflege, der mit dem Antrag auf gerichtliche Entscheidung nach §§23 ff. EGGVG angefochten werden kann ⇨ S. 65

Kapitalersetzende Darlehen
Wird in der Krise der Gesellschaft anstelle der notwendigen Zuführung von Eigenkapital ein Darlehen gegeben, kann der Gesellschafter seinen Rückgewähranspruch im Insolvenzverfahren über das Vermögen einer GmbH nur als nachrangiger Insolvenzgläubiger geltend machen ⇨ S. 108

Kaufmann
Kaufmann ist, wer ein Handelsgewerbe betreibt. ⇨ S. 126

KG a.A.
Kommanditgesellschaft auf Aktien ist eine Kapitalgesellschaft, die rechtlich als eine besondere Art der Aktiengesellschaft ausgestaltet ist ⇨ S. 25, 67

Klageänderung
Kläger ändert seinen Antrag oder stützt seinen Anspruch auf einen anderen Grund (§§263 ff. ZPO) ⇨ S. 119

Klage auf vorzugsweise Befriedigung
Bevorrechtigte Befriedigung einer Forderung aus dem gepfändeten Gegenstand vor dem

vollstreckenden Gläubiger (§805 ZPO) ⇨ S. 90

Klageerhebung
Einreichung der Klage beim zuständigen Gericht (§253 ZPO) ⇨ S. 69

Klagerücknahme
Prozessbeendigung durch einseitige Erklärung des Klägers ⇨ S. 119

KO
Konkursordnung war die Vorläuferin der Insolvenzordnung ⇨ S. 31

Körperschaft des öffentlichen Rechts
Verbandsförmig organisierte juristische Person des öffentlichen Rechts, die wesentlich auf Mitgliedschaft der ihr zugehörigen Personen aufgebaut ist ⇨ S. 26

Kommanditgesellschaft
Handelsrechtliche Personengesellschaft, die sich von der oHG allein dadurch unterscheidet, dass bei einem Teil der Gesellschafter die Haftung gegenüber den Gesellschaftsgläubigern auf einen bestimmten Betrag begrenzt ist ⇨ S. 18

Kommanditist
Beschränkt haftender Gesellschafter einer Kommanditgesellschaft ⇨ S. 100

Komplementär
Unbeschränkt haftender Gesellschafter einer Kommanditgesellschaft ⇨ S. 100

Kongruente Deckung
Gläubiger hatte Anspruch auf Sicherung oder Befriedigung ⇨ S. 75

Konkursordnung
Regelung des gerichtlichen Verfahrens, in dem durch Vollstreckung in das gesamte Vermögen des Gemeinschuldners alle persönlichen Gläubiger anteilig befriedigt werden sollten ⇨ S. 68, 76

Kostenerstattungsanspruch
Anspruch einer Partei gegen den Verfahrensgegner, die ihr entstandenen Prozesskosten zu ersetzen ⇨ S. 63

Kündigungsschutzklage
Klage beim Arbeitsgericht auf Feststellung der Unwirksamkeit einer Kündigung des Arbeitgebers ⇨ S. 63

Ladung
Aufforderung, zu einem bestimmten gerichtlichen Termin zu erscheinen ⇨ S. 152

Landgericht
Ordentliches Gericht, das im Aufbau zwischen dem Amtsgericht und dem Oberlandesgericht steht ⇨ S. 19

Leasingvertrag
Mietvertrag, bei dem der Leasinggeber dem Leasingnehmer gegen Entgelt eine Sache zum Gebrauch überlässt und der Leasingnehmer die Gefahr für Instandhaltung, Untergang und Beschädigung trägt ⇨ S. 60

Liegenschaftsrecht
Grundstücksrecht ⇨ S. 48

Liquidation
Abwicklung und Auflösung einer Gesellschaft ⇨ S. 120

Liquidationswert
Zu erwartender Erlös bei Auflösung der Gesellschaft, der bei Veräußerung oder Entnahme eines Wirtschaftsgutes zu versteuern ist ➪ S. 22

Lohnpfändung
Staatliche Beschlagnahme des Arbeitseinkommens in gesetzlich vorgesehenem Umfang (§ 850 ZPO) ➪ S. 147

Massearmut
Insolvenzmasse reicht nicht aus, um die Kosten des Verfahrens zu decken (§ 207 InsO) ➪ S. 3, 117

Massegläubiger
Gläubiger, deren Ansprüche durch das Verfahren selbst veranlasst werden, die vorweg vor den Insolvenzgläubigern zu befriedigen sind (§ 53 InsO) ➪ S. 5, 97

Masseverbindlichkeiten
Entstehen durch Handlungen des Insolvenzverwalters, gegenseitigen Verträgen und Verbindlichkeiten aus einer ungerechtfertigten Bereicherung der Masse ➪ S. 24, 31, 39, 55, 65

Masseunzulänglichkeit
Masse reicht nicht aus, um die fälligen sonstigen Masseverbindlichkeiten zu erfüllen ➪ S. 24

Materielles Recht
Normen, die die rechtlichen Beziehungen zwischen den Rechtssubjekten, unabhängig von einem evtl. gerichtlichen Verfahren, ordnen und bestimmen ➪ S. 4

Miteigentümer
Das Eigentum an einer Sache steht mehreren Personen zu ➪ S. 109

Mobiliarvollstreckung
Zwangsvollstreckung in das bewegliche Vermögen ➪ S. 2

Moratorium
Zahlungsaufschub ➪ S. 157

Nachlassinsolvenz
Dient der Absonderung des Nachlasses von dem Eigenvermögen des Erben und der Beschränkung der Erbenhaftung (§§ 315 ff. InsO) ➪ S. 40

Nachlassverwalter
Nachlasspflegschaft zwecks Befriedigung der Nachlassgläubiger ➪ S. 39

Nichtigkeit
Die für und gegen alle wirkende Unwirksamkeit eines Rechtsgeschäftes oder einer Prozesshandlung ➪ S. 166

Nichtigkeitsklage
Wiederaufnahme eines Zivilprozesses bei besonders bezeichneten Verfahrensverstößen (§ 579 ZPO) ➪ S. 102

Nichtrechtsfähiger Verein
Verein, der nicht im Vereinsregister eingetragen ist und deshalb nicht rechtsfähig ist, aber an-

sonsten wie ein rechtsfähiger Verein behandelt wird (§54 BGB) ⇨ S. 20

Nötigung
Strafdelikt gegen die Willensbildungs- und Willensbetätigungsfreiheit des Einzelnen (§240 StGB) ⇨ S. 128

Obliegenheit
Obliegenheiten begründen weder Verpflichtungen noch Ansprüche, Einhaltung im eigenen Interesse ⇨ S. 151

Offene Handelsgesellschaft
Gesellschaft, deren Zweck auf den Betrieb eines Handelsgewerbes unter gemeinschaftlicher Firma gerichtet ist und bei der alle Gesellschafter den Gesellschaftsgläubigern gegenüber unbeschränkt haften ⇨ S. 23

OHG
⇨ Offene Handelsgesellschaft

Partei
Derjenige, von dem oder gegen den bei Gericht Rechtsschutz gewährt wird (Kläger oder Beklagter) ⇨ S. 54, 64

Parteifähigkeit
Fähigkeit, in einem Rechtsstreit Partei zu sein; deckt sich mit der Rechtsfähigkeit (§50 ZPO) ⇨ S. 11, 20

Parteiwechsel
Neue Partei tritt an Stelle einer ausscheidenden Partei in den Rechtsstreit ein ⇨ S. 118

Passiva
Die jemandem obliegenden Verpflichtungen und Schulden ⇨ S. 22, 162

Passivlegitimation
Stellung als richtiger Beklagter ⇨ S. 12

Persönlicher Arrest
Sicherung künftiger Zwangsvollstreckungsmaßnahmen durch Zugriff auf den Schuldner selbst (§918 ZPO) ⇨ S. 70

Pfändbarkeit
Umfang der möglichen Forderungspfändung ⇨ S. 33

Pfändung
Staatliche Beschlagnahme zum Zweck der Befriedigung einer Geldforderung des Gläubigers (§808 ZPO) ⇨ S. 11, 13

Pfändungs- und Überweisungsbeschluss
Beschluss des Vollstreckungsgerichts zur Beschlagnahme von Forderungen und anderen Rechten (§§829, 857 ZPO) ⇨ S. 185

Pfändungspfandrecht
Der Gläubiger erwirbt durch die Pfändung ein Pfandrecht an dem beschlagnahmten Gegenstand (§804 ZPO) ⇨ S. 13, 77, 187

Pfandrecht
Recht, eine bewegliche Sache zur Erfüllung einer Verbindlichkeit zu verwerten (§804 ZPO) ⇨ S. 77, 81, 86, 92, 168

Pfändung
Staatliche Beschlagnahme eines Gegenstandes zum Zweck der Befriedigung eines Gläubigers wegen dessen Geldforderung ⇨ S. 78, 186

Pflichtteilsanspruch
Gesetzlicher Anspruch naher Angehöriger, die vom Erblasser von der gesetzlichen Erbfolge ausgeschlossen werden (§2303 BGB) ⇨ S. 40

Pool-Gesellschaft
Zusammenschluss von Gläubigern zwecks Erhaltung des in die Insolvenz geratenen Betriebes ⇨ S. 78, 164

Postsperre
Anordnung des Insolvenzgerichts, das bestimmte oder alle Postsendungen für den Schuldner dem Verwalter zuzuleiten sind (§99 InsO) ⇨ S. 26

Privatrecht
Rechtsnormen, die die Beziehungen privater Personen zueinander regeln (Zivilrecht) ⇨ S. 129

Prozessfähigkeit
Fähigkeit, Prozesshandlungen selbst oder durch bestellte Vertreter wirksam vorzunehmen oder entgegenzunehmen ⇨ S. 12, 48

Prozessführungsbefugnis
Recht, einen Prozess als richtige Partei im eigenen Namen zu führen ⇨ S. 62, 118

Prozesshandlung
Jede prozessgestaltende Betätigung einer Partei oder des Gerichts sowie Dritter ⇨ S. 203

Prozesskostenhilfe
Vollständige oder teilweise Befreiung einer minderbemittelten Partei von den Prozesskosten (§§114 ff. ZPO) ⇨ S. 25, 146

Prozessstandschaft
Befugnis, im eigenen Namen einen Prozess über ein fremdes Recht zu führen (§265 ZPO) ⇨ S. 48

Prozessvergleich
Vereinbarung, die vor einem Gericht in einem Rechtsstreit zu dessen voller oder teilweiser Erledigung abgeschlossen wird ⇨ S. 37

Prozessvollmacht
Die auf Prozesshandlung oder Rechtsgeschäft beruhende Vertretungsmacht im Prozess (§§78 ff. ZPO) ⇨ S. 119

Prüfungstermin
Gläubigerversammlung, in der die angemeldeten Forderungen geprüft werden (§29 Abs. 1 Nr. 2 InsO) ⇨ S. 67, 101, 144

Rechtliches Gehör
Einer gerichtlichen Entscheidung dürfen nur solche Tatsachen und Beweisergebnisse zugrunde gelegt werden, zu denen die Beteiligten Stellung nehmen konnten ⇨ S. 29

Rechtsbehelf
Jedes von der Rechtsordnung zugelassene Gesuch, eine gerichtliche Entscheidung anzufechten (Oberbegriff). Förmliche und formlose Gesuche, über die im gleichen Rechtszug ent-

204   Register

schieden wird (Einspruch, Widerspruch, Erinnerung) ⇨ S. 33

Rechtsfähigkeit
Fähigkeit, selbständiger Träger von Rechten und Pflichten zu sein ⇨ S. 18

Rechtsfolge
Rechtliche Konsequenz, die gegeben ist, wenn durch Subsumtion ermittelt wurde, dass die tatsächlichen Gegebenheiten den Tatbestandsvoraussetzungen entsprechen ⇨ S. 8

Rechtshängigkeit
Zustellung der Klage beim Beklagten durch das Gericht ⇨ S. 111

Rechtspfleger
Beamter des gehobenen Dienstes bestimmte Aufgaben der Rechtspflege selbständig wahrzunehmen ⇨ S. 18

Rechtsschutzbedürfnis
Berechtigtes Interesse eines in seinen Rechten Beeinträchtigten, ein Gericht in Anspruch zu nehmen ⇨ S. 12, 19

Rechtsverhindernd
Eine Einwendung ist rechtsverhindernd, wenn sie ein Recht nie zur Entstehung kommen ließ ⇨ S. 8

Rechtsvernichtend
Eine Einwendung ist rechtsvernichtend, wenn das Recht zwar zur Entstehung gekommen ist, dann aber durch die Einwendung wieder vernichtet wird ⇨ S. 8

Restitutionsklage
Wiederaufnahmeverfahren gegen ein rechtskräftiges Zivilurteil aufgrund abschließend geregelter Gründe (§580 ZPO) ⇨ S. 102

Restschuldbefreiung
Führt das Insolvenzverfahren nicht zur vollen Befriedigung der Gläubiger, kann ein Schuldner, der eine natürliche Person ist, unter bestimmten Voraussetzungen von dem im Insolvenzverfahren nicht erfüllten Verbindlichkeiten befreit werden (§286 InsO) ⇨ S. 4, 5, 145

Revision
Rechtsmittel gegen Berufungsurteil, das nur auf eine Rechtsverletzung gestützt werden kann (§545 ZPO) ⇨ S. 19

Richter
Organ der Rechtspflege, das über Rechtsstreitigkeiten entscheidet ⇨ S. 19

RPflG
Rechtspflegergesetz ⇨ S. 12, 18, 102, 118

Rückschlagsperre
Sicherungsrecht des Gläubigers ist nach Eröffnung des Insolvenzverfahrens unwirksam, wenn er es im letzten Monat vor dem Antrag auf Eröffnung des Verfahrens erlangt hat (§88 InsO) ⇨ S. 13, 51, 78, 138, 187

Sachliche Zuständigkeit
Klärt die Frage, welches erstinstanzliche Gericht nach der Art der Angelegenheit zuständig ist ⇨ S. 19

Sachverhalt
Das konkrete tatsächliche Geschehen, das durch die Subsumtion rechtliche bewertet wird ⇨ S. 8

Sachverständigengutachten
Der vom Gericht beauftragte Sachverständige hat seine Begutachtung regelmäßig schriftlich zu erstellen (§411 ZPO) ⇨ S. 24

Sachverständiger
Personen besonderer Sachkunde, die für das Gericht Tatsachen und Erfahrungssätze beurteilen oder feststellen sollen ⇨ S. 24

Sanierung
Neue Geldmittel werden der Gesellschaft als Eigenkapital zugeführt ⇨ S. 120, 158

Schadensersatz
Anspruch auf Ausgleich eines Schadens, den eine Person durch eine andere Person erlitten hat (§§717, 893, 945, ZPO) ⇨ S. 32, 53, 61, 83, 98, 132

Scheidung
Auflösung einer gescheiterten Ehe durch Urteil (§1564 BGB) ⇨ S. 48

Scheidungsverbund
In Familiensachen soll über die Scheidung möglichst nur dann entschieden werden, wenn auch die Folgesachen geregelt sind (§623 ZPO). Einheitliche Entscheidung des Familiengerichts über den Scheidungsantrag, den Versorgungsausgleich und weiterer geltend gemachter Folgesachen ⇨ S. 48

Schlusstermin
Gläubigerversammlung zwecks Erteilung der Zustimmung zur Schlussverteilung (§197 InsO) ⇨ S. 103

Schuldenbereinigungsplan
Vorschlag des Schuldners, wie unter Berücksichtigung der beiderseitigen Interessen und Verhältnisse eine angemessene Schuldenbereinigung herbeigeführt werden kann (§305 InsO) ⇨ S. 3, 136

Schuldrechtsreform
Umgestaltung des Schuldrechtes durch das Schuldrechtmodernisierungsgesetz zum 01.01.2002 ⇨ S. 53

Schwacher Insolvenzverwalter
Insolvenzverwalter ohne Verwaltungs- und Verfügungsbefugnis ⇨ S. 5

Schwacher Verwalter
Gericht bestimmt die Pflichten des vorläufigen Insolvenzverwalters, wobei dem Schuldner kein allgemeines Verfügungsverbot auferlegt wird ⇨ S. 32

Sequester
Hinterlegung einer Sache bei einem Verwahrer im Rahmen des vorläufigen Rechtsschutzes (§938 ZPO) ⇨ S. 31

SGB
Sozialgesetzbuch fasst die wichtigsten Sozialgesetze und die sich hieraus ergebenden sozialen Rechte zusammen ⇨ S. 32, 56, 61, 129

Sicherheitsleistung
soll den Schuldner vor Schäden schützen und den Gläubiger in die Lage versetzen, aus einem noch nicht rechtskräftigen Urteil die Zwangsvollstreckung zu betreiben (§717 ZPO) ⇨ S.111

Sicherungshypothek
Das Recht des Hypothekengläubigers bestimmt sich allein nach der zugrunde liegenden Forderung (§1184 BGB) ⇨ S. 52, 90, 168

Sicherungsmaßnahmen
Hat das Insolvenzgericht zu treffen, um bis zur Entscheidung über den Antrag eine den Gläubiger nachteilige Veränderung der Vermögenslage des Schuldners zu verhindern (§21 InsO) ⇨ S. 26

Sicherungsübereignung
Eigentumsübertragung mit der Abrede, die zur Sicherung übereignete Sache nur bei Nichterfüllung der gesicherten Forderung zu verwerten ⇨ S. 81, 86, 125

Sicherungszession
Abtretung nur zu Sicherungszwecken ist nach außen eine Vollabtretung. Im Innenverhältnis zwischen Zedent und Zessionar ist der neue Gläubiger nur eingeschränkt zur Verwertung der Forderung nach dem Inhalt der getroffenen Vereinbarung berechtigt ⇨ S. 61, 86

Sofortige Beschwerde
Unterart der einfachen Beschwerde in den vom Gesetz besonders bezeichneten Fällen (§577 ZPO) ⇨ S. 23, 33, 102

Solidargemeinschaft
Prinzip der Solidarität, wonach die Sozialversicherten wechselseitig miteinander verbunden sind ⇨ S. 129

Sozialversicherung
Gesetzliche Zwangsversicherung ⇨ S. 129

Starker Insolvenzverwalter
Insolvenzverwalter mit Verwaltungs- und Verfügungsbefugnis ⇨ S. 30

Starker Verwalter
Zu allen Rechtshandlungen ermächtigter Insolvenzverwalter ⇨ S. 5

Statthaftigkeit
Rechtsbehelf gegen eine Entscheidung muss vom Gesetz überhaupt vorgesehen sein ⇨ S.11

StGB
Strafgesetzbuch ⇨ S. 123

Stille Reserve
Differenz zwischen Buchwert und Teilwert bei Veräußerung ⇨ S. 22

Strafrecht
Teil des öffentlichen Rechts, das Strafen für bestimmtes Verhalten vorsieht ⇨ S. 123

Streitgegenstand
Der im Rechtsstreit geltend gemachte Anspruch ⇨ S. 70

Stammkapital
Stammeinlagen der Gesellschafter ⇨ S. 130

Stundung
Hinausschieben der Fälligkeit einer Leistung ⇨ S. 121

Subsumtion
Unterordnung eines Sachverhaltes unter eine Rechtsnorm. Dabei ist zu prüfen, ob die Fakten die gesetzlichen Voraussetzungen erfüllen ⇨ S.8, 15, 175 ff.

Sukzessivlieferungsvertrag
Einheitlicher Vertrag, durch den der eine Teil zur Lieferung einer bestimmten Warenmenge in Raten, der andere regelmäßig zu entsprechenden Ratenzahlungen sich verpflichtet ⇨ S. 56

Tatbestand
Bestandteil des Urteils, der den Tatsachenvortrag und die Anträge der Parteien enthält ⇨ S. 75

Testamentsvollstrecker
Vom Erblasser zur Fürsorge des Nachlasses eingesetzter Bevollmächtigter ➪ S. 39

Titel
Vollstreckungsfähiger Inhalt einer gerichtlichen Entscheidung, Vergleiches oder notariellen Vertrages ➪ S. 37

Titulierung
Erstellung des Vollstreckungstitels (Urteil, Vergleich) ➪ S. 2

Treuhänder
Hat die volle Rechtstellung eines Eigentümers, wobei er im Innenverhältnis starken Beschränkungen unterworfen ist ➪ S. 4, 78, 85, 144

Überschuldung
Vermögen des Schuldners deckt nicht mehr dessen bestehende Verbindlichkeiten (§19 Abs. 2 InsO) ➪ S. 5, 18, 22

Umkehr der Beweislast
Aufbürdung der Beweislast auf den grundsätzlich nicht Beweisbelasteten (Beweisvereitelung, Produzentenhaftung) ➪ S. 78

Unpfändbarkeit
Der Schuldner wird in bestimmtem Umfang aus sozialen Gründen hinsichtlich bestimmter Gegenstände, die der Zwangsvollstreckung unterliegen, geschützt (§811 Abs. 1 ZPO) ➪ S. 33, 111

Unterlassen
Nichtvornahme einer bestimmten Handlung ➪ S. 72

Untersuchungsgrundsatz
Das Gericht hat die für die Entscheidung des Rechtsstreites erheblichen Tatsachen von Amts wegen zu ermitteln ➪ S. 23

Urkundsbeweis
Beweisführung durch Vorlage von Urkunden (§§415 ff. ZPO) ➪ S. 23

Urteil
Gerichtliche Entscheidung (§300 ZPO) ➪ S. 100

Urteilsstil
Beurteilung eines rechtlichen Problems, beginnend mit dem Ergebnis (Urteil). Darauf folgt die Begründung ➪ S. 15

Verbraucherinsolvenzverfahren
Vereinfachte Art der Abwicklung akuter Liquiditätsprobleme natürlicher Personen, die nur eine geringfügige selbstständige wirtschaftliche Tätigkeit ausgeübt hat ➪ S. 3, 5, 137

Vereinfachtes Insolvenzverfahren
Fortsetzung des Insolvenzverfahrens nach Erhebung von Einwendungen gegen den Schuldenbereinigungsplan (§§311 ff. InsO) ➪ S. 4, 136 f., 141

Verfügungsbefugnis
Fähigkeit, über einen bestimmten Gegenstand eine wirksame Verfügung zu treffen ⇨ S. 27, 30, 48, 64, 118

Verfügungsverbot
Gesetzliches Veräußerungsverbot im öffentlichen Interesse ⇨ S. 26

Vergleich
Gegenseitiger Vertrag, durch den Streit der Parteien im Wege gegenseitigen Nachgebens beseitigt wird ⇨ S. 156

Verkehrswert
Gemeiner Wert eines Grundstückes, der vom Gutachterausschuss ermittelt wird ⇨ S. 109

Verlängerter Eigentumsvorbehalt
Vorbehaltskäufer darf die Sache im gewöhnlichen Geschäftsgang veräußern, überträgt aber sicherungshalber Eigentum am Erlös oder neu erstellter Sache ⇨ S. 163

Vermächtnis
Zuwendung eines einzelnen Vermögensvorteils im Wege der Verfügung von Todes wegen durch den Erblasser (§1939 BGB) ⇨ S. 39

Verstrickung
Folge einer staatlichen Beschlagnahme, wodurch die Verfügungsmacht des Staates über den beschlagnahmten Gegenstand begründet wird ⇨ S. 37

Verwaltungs- und Verfügungsbefugnis
Recht des Schuldners bis zur Eröffnung des Insolvenzverfahrens über sein Vermögen selbst zu bestimmen ⇨ S. 27, 30, 48, 64

Vollmacht
Durch Rechtsgeschäft erteilte Vertretungsmacht (§166 Abs. 2 BGB, §80 ZPO) ⇨ S.119

Vollstreckungserinnerung
Rechtsbehelf in der Zwangsvollstreckung, der sich gegen die Art und Weise des Verfahrens der Vollstreckungsorgane richtet (§766 ZPO) ⇨ S. 11, 15, 29

Vollstreckungsgegenklage
Verfahren, das sich gegen den im Urteil festgestellten Anspruch beim Prozessgericht richtet (§767 ZPO) ⇨ S. 33, 102 f.

Vollstreckungsgericht
Amtsgericht, das funktional zuständig für bestimmte Maßnahmen als Vollstreckungsorgan ist und über die Vollstreckungserinnerung entscheidet (§764 ZPO) ⇨ S. 12, 91

Vollstreckungsschutz
Gewährt das Prozessgericht, damit die Zwangsvollstreckung ganz und untersagt oder beschränkt wird (§§712, 765 a, 813 a, b ZPO). Dient der Vermeidung von Härten, die mit den guten Sitten nicht vereinbar sind (§765 a ZPO) ⇨ S. 25

Vollstreckungstitel
Urteil, Prozessvergleich oder vollstreckbare Urkunde (§§704, 722 f., 928, 936, 794 ZPO) ⇨ S. 122

Vollstreckungsverbot
Nach Eröffnung der Insolvenz ist eine Einzelzwangsvollstreckungsmaßnahme unzulässig ⇨ S. 11, 28, 51

Von Amts wegen
Verpflichtung eines Gerichtes von sich aus tätig zu werden, also unabhängig vom Antrag eines Beteiligten ⇨ S. 23

Vorgesellschaft
Stadium einer Gesellschaft in Gründung nach Abschluss des Gesellschaftsvertrages ⇨ S. 20

Register

Vorläufiger Rechtsschutz
Vorläufige Sicherung von Ansprüchen oder Sicherung des Rechtsfriedens (§§916 ff. ZPO) ⇨ S. 70, 86

Vorläufiger Insolvenzverwalter
Bestellung eines Verwalters vor Eröffnung des Verfahrens (§21 InsO) ⇨ S. 26, 30

Vormerkung
Sicherung des schuldrechtlichen Anspruches auf Einräumung, Aufhebung oder inhaltliche Änderung eines Grundstücksrechtes oder dessen Rang durch Eintragung im Grundbuch (§883 BGB) ⇨ S. 52, 58

Wegfall der Geschäftsgrundlage
Nichteintreten eines Umstandes, den zumindest eine Partei bei Vertragsabschluss vorausgesetzt hat, was im Einzelfall nach Treu und Glauben eine Änderung oder Nichtigkeit des Vertrages zur Folge hat ⇨ S. 167

Werkvertrag
Vertrag, bei dem sich der Unternehmer zur Herstellung eines bestimmten Werkes und der Besteller zur Zahlung einer Vergütung (Werklohn) verpflichtet (§631 BGB) ⇨ S. 181

Wiederauflebensklausel
Restschuldbefreiung kann auf Antrag eines Insolvenzgläubigers auch nachträglich noch widerrufen werden, wenn die Voraussetzungen für sie nicht vorgelegen haben (§303 InsO) ⇨ S. 169

Wiederaufnahme
Ein rechtskräftig beendetes Verfahren kann nur unter bestimmten Voraussetzungen wieder aufgenommen und neu durchgeführt werden (§§578 ff. ZPO) ⇨ S. 102

Wiederkehrende Leistungen
Fällig werdende Leistungen, die in gewissen Zeitabschnitten aus demselben Schuldverhältnis fällig werden (§258 ZPO) ⇨ S. 56

Wiederkehrschuldverhältnis
Lieferverträge auf Gas, Wasser Strom u.ä für Kleinabnehmer ⇨ S. 56

Willenserklärung
Äußerung eines auf die Herbeiführung einer bestimmten Rechtswirkung gerichteten Willens ⇨ S. 176

Wohlverhaltensperiode
Schuldner nutzt sechs Jahre seine Arbeitskraft und führt aus Erlösen den pfändbaren Teil ab ⇨ S. 149

Zahlungsunfähigkeit
Schuldner kann nicht mehr seine fälligen Zahlungsverpflichtungen erfüllen ⇨ S. 3, 4, 18, 20, 123

Zedent
Bisheriger Gläubiger der von ihm abgetretenen Forderung ⇨ S. 94

Zentralbank
Europäisches Zentralbanksystem zur Wahrung der Preisstabilität und Unterstützung der allgemeinen Wirtschaftspolitik ➩ S. 93

Zessionar
Neuer Gläubiger, der eine Forderung übertragen erhalten hat im Wege der Abtretung ➩ S. 94

Zivilgerichtsbarkeit
Zivilgerichte, die zur ordentlichen Gerichtsbarkeit gehören (§§12, 13 GVG) ➩ S. 2

Zivilrecht
Privatrecht ➩ S. 2

ZPO
Zivilprozessordnung als Verfahrensordnung der ordentlichen Gerichtsbarkeit in bürgerlichen Rechtsstreitigkeiten ➩ S. 2, 20

Zubehör
Bewegliche Sache, die ohne Bestandteil der Hauptsache zu sein, dem wirtschaftlichen Zweck der Hauptsache zu dienen bestimmt ist (§97 BGB) ➩ S. 90

Zug um Zug
Erbringung der einen Leistung nur bei Leistung der anderen ➩ S. 71

Zulässigkeit der Klage
Notwendige Voraussetzung für die Ingangsetzung eines Rechtsstreites. Das zuständige Gericht wird durch das im Rechtszug zunächst höhere Gericht bestimmt (§36 ZPO) ➩ S.180, 185

Zurückbehaltungsrecht
Schuldner hat aus demselben rechtlichen Verhältnis, auf den seine Verpflichtung beruht, einen fälligen Gegenanspruch, weshalb er grundsätzlich die geschuldete Gegenleistung verweigern kann, bis die ihm zustehende Leistung bewirkt wird (§273 BGB) ➩ S. 56, 58, 92

Zustellung
Übermittlung eines Schriftstückes an eine bestimmte Person in gesetzlicher Form (§§166 ff. ZPO) ➩ S. 118

Zustimmung
Einverständniserklärung zu dem von einem anderen vorgenommenen Rechtsgeschäft (§182 BGB) ➩ S. 24

ZVG
Gesetz über die Zwangsversteigerung und die Zwangsverwaltung ➩ S. 61, 70

Zwangshypothek
Sicherungshypothek, die auf Antrag des Gläubigers im Wege der Zwangsvollstreckung in das Grundbuch eingetragen wird (§§866 f. ZPO) ➩ S. 52

Zwangsverwaltung
Führt zur Beschlagnahme des Grundstückes und aller Gegenstände hierbei, auf die sich die Hypothek erstreckt (§148 ZVG) ➩ S. 61, 90

Zwangsvollstreckung
Verwirklicht Leistungs- und Haftungsansprüche durch staatlichen Zwang ➩ S. 12, 118, 186

Druck und Bindung: Strauss GmbH, Mörlenbach

MIX
Papier aus verantwortungsvollen Quellen
Paper from responsible sources
FSC® C105338

If you have any concerns about our products,
you can contact us on
ProductSafety@springernature.com

In case Publisher is established outside the EU,
the EU authorized representative is:
**Springer Nature Customer Service Center GmbH
Europaplatz 3, 69115 Heidelberg, Germany**

Printed by Libri Plureos GmbH
in Hamburg, Germany